働き方と
年収の壁の経済学

◀◀◀◀◀◀◀◀◀◀◀◀◀◀◀◀◀◀◀◀◀◀◀◀◀◀◀◀

石塚浩美
ISHIZUKA Hiromi

日本評論社

はじめに

　本書は、新古典派（ミクロ経済学に基づく経済学）の経済学者として、日本の喫緊の課題を解消し、老若男女が活き活きと働いて生きていける日本として存続させるために、日本の経済・労働市場について分析し、学術的にまとめたものである。

　特に第 7 章は、2003 年に査読審査を経て経済企画庁（現在の内閣府）の研究機関の学術雑誌に掲載され、2012 年からの「日本女性活躍・一億総活躍の働き方改革」の根拠である、IMF（国際通貨基金）のラガルド専務理事が来日して提言した IMF レポートに参考文献として引用されている。

　また本書第 2 章などに基づき、日本で本格的に働き方改革の一環として女性や若年層活用支援が始まったことを、2014 年にはノーベル経済学賞受賞者も招待されて研究発表した Shanghai Forum 2014 の招聘パネリストとして［Ishizuka（2014a）］、および 2012 年からの 2 年間に経済産業省 RIETI 経済産業研究所の「ダイバーシティとワークライフバランスの効果研究」の研究会委員として経済分析をおこなってまとめた研究成果が欧州の担当者の目に留まり VoxEU に掲載されて［Ishizuka（2014b）］、世界に公表した。

　専門を、新古典派の経済学とした理由は、確固としたシンプルな世界共通のミクロ経済学理論に基づき、主義主張のない客観性を重視し、数値データを用いて統計分析する計量経済学などで実証し、研究対象である日本経済・社会に政策提言する学問だからである。ミクロ経済学理論では、個々人が幸せと思える合理的な「満足度最大」と、企業等が存続するための合理的な「コスト最少」の両方を満たすことを条件としている。この学問を、お金儲けや、人間行動に冷たいというのは、真の内容を分かっていないからであろう。

　本書の基となるのは、東京都立大学（現・首都大学東京）博士課程の大学院生のときに博士論文として進めてきた研究業績を中心に、後に首都大学東京、東京国際大学・大学院、お茶の水女子大学などで延べ 15 年以上、労働

経済学（基礎理論、応用）を学生に教えることにより自らもさらに学問を深めてきた内容の一部、また国際比較を含め法制度や慣行を含む経済・社会システムが働くことや生活することなどに及ぼす影響を、ミクロ経済学理論に基づき計量経済学アプローチで実証分析してきた研究成果などである。

この十数年間、国内外の学会発表の他に、IMFだけでなく政府の報告書などに学術的にも引用され、政府、日本企業等のリーダーなどの勉強会で発表させていただくこともある。本書の歴史でも示すように「年収の壁」にかかわる諸制度の年収額に若干の変更はあるが、内容・影響を表す分析結果・課題は概ね変わりはなく、現在でも引用できる。筆者も大学院生の時に、大先輩に「日本の課題は変更なく同様」と言われたが、さらに現在の大学院生も、所属学会の発表などで同じ課題を研究テーマとして同様の分析をしていることに度々出会うため、直接かかわる大学院生などには研究完成に向けて多様なアドバイスを提供している。

一方、現状を熟知していない発信にも度々出会う。そのため、「年収の壁」の正確な内容、財政学理論などに基づく問題点、歴史分析で明らかになった一般に議論されていない自営業とのバランス政策といった問題点などを、専門書としてまとめ、関心のある人々に本書を通じて周知する使命があると考える。加えて、現在は、女性就業が、以前の人権問題ではなく、日本経済の存続を左右する経済問題となっているので、就業者・就職希望者・経営者・企業人事担当者・政策担当者・研究者などが、客観性の高い新古典派経済学に基づき日本の労働市場等の全体像を理解できるように、1冊の書籍として提供する使命があると考える。また女性就業研究の第一人者である篠塚英子先生（お茶の水女子大学名誉教授、人事院参与）に、博士論文の主査をしていただき、現在でもご教示いただいている弟子としての使命でもある。

結果として、有難く多くの方に、本書の研究テーマをまとめて出版するようにご支援いただいているが、既に数年間を経てしまった。この度、日本評論社にご承諾いただき、出版に至ったことは光栄である。

従来、日本は天然資源が乏しい国であり、人財こそが宝で経済を支えてきたといえる。将来、日本を支えていく若年層が希望をあまり持てない国という調査結果があるが（本書第10章第2節）、老若男女が活き活きと働いて、日本を支えていける「一億総活躍社会」になるように、新古典派経済学者として貢献したいと考える。

本書の「日本男女の働き方・労働市場・経済社会システムの研究」は大学院修士課程の時から継続しているが、お茶の水女子大学研究員で博士号を修得したプロジェクトから、経産省RIETIのプロジェクトを通じて、「国際経済の比較分析として、特に日本・韓国・中国比較の経済分析」をおこなってきた。

　さらに本年度から、科学研究費補助金研究として、両者の合体研究の代表者として「生涯所得の世代間・男女間の経済分析を通じてみる日本と中国の労働市場の比較研究」を、中国と日本の研究者と進めていく。部分的には本書の応用もあるが、かなりの拡大版といえる。

　本書は、労働経済学、キャリア教育、経済政策や、世界経済の講義のみならず、社会に出る前の高校生、大学生、大学院生から、結婚前の方、専業主婦（夫）、仕事でキャリアを積もうとしている方、再就職者、自分の人生を振り返ってみたい方、経営者、政策担当者など、多くの方々にお読みいただきたいと願う。

　本書の構成は、次のとおりである。

　「第Ⅰ部　経済課題と、日本存続のための働き方改革」では、「第1章　日本の喫緊の経済課題」として、現在の人口減少と財政赤字について解説する。

　「第2章　なぜ女性活躍が日本経済の存続なのか」というと、2012年にIMFという各国財政管理機関からも提示されたように、日本女性グループは、人口を直接増やす産む性であり、現在は無業（専業主婦を含む）が多いため大きな潜在的労働力であるうえ、人財としても概ね日本男性同様の教育を受けているからである。従って、女性就業に関する問題は、従来は女性の人権問題などといわれたが、現在は2つの経済問題の要にあるのが女性ということである。結果として、2015年に「女性活躍推進法」「若年者雇用促進法」が施行され、翌2016年に「一億総活躍経済政策」が提唱された。日本存続のためには、DM（ダイバーシティ・マネジメント）という、国民個々人の多様（ダイバーシティ）な能力を活用できて高く評価できる経営（マネジメント）の能力が必要である。すなわち企業や経営者の「働かせ方改革」と、老若男女の「働き方改革」が求められている。

　「第Ⅱ部　労働市場の経済学・歴史・実証分析」では、「第3章　日本の労働市場の経済学」で、新古典派経済学ベースの労働経済学における「二重労

働市場論」と「差別理論」などを解説する。特に後者は、新古典派経済学における「労働」「差別」「家事労働」の定義を示したうえで、労働供給側（労働者）の要因・労働需要側（企業・経営側）の要因・労働市場の要因に基づく全部で8種類の「差別理論」を解説する。さらに、実証分析などで用いることのできる学際的な差別関連理論を解説する。

そのうえで、「第4章　経済・社会システムとしての日本労働市場の歴史」では、歴史分析の枠組みとして新古典派経済学における現状の捉え方を解説したうえで、「2. 日本の経済・社会システムとしての労働市場の歴史」を明治維新後の産業革命期から現在までを整理し、先の理論に従って年表にもまとめている。

「第5章　計量経済学分析：1980年代半ば前後で『女性労働政策』と『年収の壁制度』の効果はどのように変わったか」では、新古典派経済学ベースの統計学である計量経済学の手法を用いて政策効果を分析した。最後に「5. これからの『女性労働政策』への課題」として、現在と全く同じ問題点として2002年時点でも、夫婦単位制度である「年収の壁制度」の問題点、育児に関する制度・政策、労働時間の短縮、の3つを政策提言している。

「第Ⅲ部　パートの『年収の壁』と税・年金制度の経済学・歴史・実証分析」では、経済・社会システムの一つとして「パートの年収103万円の壁」（実際には他に100万円、106万円辺り、130万円などで壁がある）にかかわる制度である税の配偶者控除等・公的年金の第3号被保険者制度・企業の扶養手当に焦点をあてている。

「第6章　財政学でみる『年収の壁』と配偶者控除等の歴史」では、まず新古典派経済学の「3. 財政学からみる働き方と税・社会保障の3つの論点」として、①個人単位あるいは夫婦単位という「課税単位」、②所得の決定、③所得控除を解説している。続く歴史分析で、近年また旬の話題となっている雇用労働者の「税の配偶者控除」は、太平洋戦争中の1940年に前身の制度が創設されて約80年を経過しているが、他の制度を取り込みつつ金額を徐々に上げて拡大してきて大きな変化がないことが分かる。話題には上がらないが、自営業の「税の専従者控除」が同様に推移している。

さらに「第7章　計量経済学分析：女性の働き方選択と『パートの壁』制度の中立性」では、雇用労働者の働き方選択への中立性が満たされない制度であることを、計量経済学で実証分析し、政策シミュレーションもおこなっ

た。本章は、2003年に査読審査を経て経済企画庁（現在の内閣府）の研究機関の学術雑誌に掲載され、2012年からの「日本女性活躍・一億総活躍の働き方改革」の根拠である、IMFのラガルド専務理事が来日して提言したIMFレポートに参考文献として引用されている。

　「第8章　第Ⅲ部のまとめと現状」は、社会科学の学術事典に「税・社会保障改革の動向と男女平等」としてまとめた内容を、現在に更新し、加除筆したものである。2018年から変更になる「年収の壁」にかかわる配偶者控除制度や諸制度の内容や課題などについて知りたい方は、本章をご覧いただくとよい。

　「第Ⅳ部　グローバル社会で存続していくための、日本の働き方ダイバーシティの課題」では、まず「第9章　ジョブ型働き方実現のための韓国・中国企業との経済学比較分析と、日本労働市場の課題」の「1．日本の女性活躍推進と企業収益を、韓国と中国の実質クォータ制から学ぶ」は、経済産業省・RIETI経済産業研究所の研究会委員の時に実施していただいた各国企業調査データを用いて、近年おこなってきた研究成果の一つで、国内外の学会や、特に日中韓女性経済会議2017（at JETRO：日本貿易振興機構）で発表し、学術雑誌に掲載いただいた研究成果である。3カ国比較に基づき日本労働市場改革の提言をおこなった。

　「第10章　若年男女が活き活きと働くための、キャリア形成の現状・政策提言・リーダーからのメッセージ」では、これまで直接、人財育成にかかわってきた大学生や大学院生などの若年層に講義で伝えてきたことを中心に、今後日本を支えていく若年層が活き活きと働いていくために、就職前の在学中に学んでおくべき知識という武器を提供する。

謝　辞

　第5章の原本である書籍の原稿作成の際に、編者の久場嬉子氏、東京都立大学（当時）の中村二朗氏、脇田成氏から貴重なコメントを頂き、法学上の議論など浅倉むつ子氏から伺うことができた。第6章の原本である論文作成の際に、小野塚知二氏から貴重なコメントを頂いた。また、関連理論書の翻訳では古郡鞆子氏にご教示頂いた。第7章の原本である論文作成の際に、指導教官であった杉原実氏・林正寿氏・中村二朗氏・篠塚英子氏と、（財）家計経済研究所主催の報告会において樋口美雄氏、大沢真知子氏、川口章氏、溝口由己氏から有益なコメントを頂いた。第9章では、経済産業研究所RIETIの藤田昌久所長（当時）を初め、山口一男氏、樋口美雄氏、大沢真知子氏、鶴光太郎氏、山本勲氏などから有益なコメントを頂いた。心から感謝申し上げる。言うまでもなく全ての責任は筆者にある。

　さらに、第7章は（財）家計経済研究所から「消費生活に関するパネル調査」の個票データ、および第9章はRIETIから「男女の人材活用に関する企業調査（中国・韓国）2013」の個票データの提供を受けた。記して感謝申し上げる。

　また、本書の刊行に際して、日本評論社編集部の斎藤ちか氏には多大なご支援を頂き、感謝する。

目 次

はじめに　*i*
謝辞　*vi*

第Ⅰ部　経済課題と、日本存続のための働き方改革

●第1章
日本の喫緊の経済課題　3

1．日本人口の激減……………………………………………………………… 3
2．財政赤字：世界第1位の借金大国…………………………………………… 6

●第2章
なぜ女性活躍が日本経済の存続なのか　9

1．日本経済存続のためのIMF提言と日本政府対応……………………………… 9
　1－1．IMFからの日本経済存続のための女性活用の提言　9
　1－2．日本経済存続のための日本政府の対応　10
　1－3．「202030」→「202015」→「203050」　11
　1－4．女性のキャリアと「女性活躍経済政策」　13
2．男女別にみる日本労働市場の現状…………………………………………… 15
　2－1．日本の男女間格差は世界最大レベル　15
　2－2．男女別データでみるワーク・ライフ、
　　　　経済・社会システムの現状　16
　2－3．男女別データでみるワーク・ライフの推移　22
　2－4．男性正社員に多い長時間労働　24
　2－5．女性正社員に多い出産・育児期の就業中断の要因　24
3．一億総活躍政策のためのDM（ダイバーシティ・マネジメント） …………… 26

第Ⅱ部　労働市場の経済学・歴史・実証分析

●第3章
日本の労働市場の経済学　33

1．労働経済学理論でみる労働市場……………………………………………… 33

2．日本は二重労働市場……………………………………………………………36
　　　　2－1．二重労働市場論の先行研究と日本的雇用慣行　36
　　　　2－2．日本の二重労働市場論　39
　　3．労働経済学の差別理論……………………………………………………………41
　　　　3－1．新古典派経済学における「労働」・「差別」・「家事労働」　41
　　　　3－2．労働経済学における差別理論の類型　42
　　　　3－3．労働経済学は応用ミクロ経済学　48
　　4．学際的な差別関連理論……………………………………………………………48
　　　　4－1．「ガラスの天井」と「くっつく床」の分析の枠組みと先行研究　48
　　　　4－2．カンターの人数割合理論　50

● 第 4 章
経済・社会システムとしての日本労働市場の歴史　　53

　　1．経済・社会システムとしての労働市場の経済学……………………………53
　　2．日本の経済・社会システムとしての労働市場の歴史………………………54
　　　　2－1．明治期：産業革命と女性雇用労働者の登場：1886〜1912 年　54
　　　　2－2．大正期：産業構造の変化の兆しと工場法制定：1912〜1928 年　57
　　　　2－3．昭和初期：重工業の発展と女性工場労働者の減少：
　　　　　　　1929〜1936 年　59
　　　　2－4．太平洋戦争期：戦時経済と若年未婚雇用労働者：1937〜1945 年　60
　　　　2－5．昭和中期：敗戦後：専業主婦と核家族の拡大期：1945〜1956 年　60
　　　　2－6．高度経済成長期と有配偶女性労働者：1957〜1973 年　62
　　　　2－7．昭和後期：安定成長期と中高年女性パートの拡大期：
　　　　　　　1975〜1985 年　67
　　　　2－8．バブル経済期：男女雇用機会均等法：1986〜1991 年　69
　　　　2－9．「失われた 20 年」期：非正社員の拡大：1991〜2011 年　71
　　　　2－10．「一億総活躍」経済政策提言期：2012 年〜現在　74
　　3．まとめ…………………………………………………………………………………77

● 第 5 章
計量経済学分析：1980 年代半ば前後で「女性労働政策」と「年収の壁制度」の効果はどのように変わったか　　93

　　1．はじめに………………………………………………………………………………93
　　2．女性の行動はどのように変わったか……………………………………………95
　　　　2－1．家族のなかの女性　95

        2－2．労働者としての女性　96
    3．「女性労働政策」と「年収の壁制度」……………………………………99
        3－1．「女性労働政策」と日本経済の沿革　99
        3－2．「年収の壁制度」の概要と機会費用（損失額）の計算　100
    4．実証分析：「女性労働政策」の効果はどのように変わったか……………101
        4－1．女性の就業行動モデルと構造変化　102
        4－2．推定結果：「女性労働政策」の効果はどのように変わったか　103
        4－3．二重に低いパートの賃金　106
    5．これからの「女性労働政策」への課題…………………………………109
        5－1．「年収の壁制度」の問題点　109
        5－2．育児に関する制度・政策　110
        5－3．労働時間の短縮　111
    6．まとめ……………………………………………………………………111

第Ⅲ部　パートの「年収の壁」と税・年金制度の経済学・歴史・実証分析

●第6章
財政学でみる「年収の壁」と配偶者控除等の歴史　　117

    1．はじめに：「人形の家効果」と「貧困の罠」をもつ年収の壁制度………117
    2．現状分析……………………………………………………………………118
        2－1．有配偶女性の労働供給の現状　118
        2－2　現行所得税における配偶者の取扱い　119
    3．財政学からみる働き方と税・社会保障の3つの論点と、税の3原則……124
    4．税制における配偶者の歴史：配偶者控除・専従者控除等………………128
        4－1．明治・大正期：所得税の創設：1887～1925年　128
        4－2．昭和初期：配偶者控除の前身を1940年に創設：1926～1948年　130
        4－3．シャウプ勧告：1949～1950年　131
        4－4．シャウプ税制の再構築期：1951～1958年　133
        4－5．配偶者控除の創設：1959～1973年　134
        4－6．安定成長期：配偶者特別控除の創設：1980～1991年　137
        4－7．配偶者控除の持続と廃止検討：1992～2012年～現在　141
        4－8．本節のまとめ　142
    5．おわりに……………………………………………………………………144

●第7章
計量経済学分析：
女性の働き方選択と、「パートの壁」制度の中立性　　149

- 1．はじめに……………………………………………………………………149
- 2．先行研究……………………………………………………………………151
- 3．有配偶女性の就業選択と制度……………………………………………152
  - 3－1．「パートの壁制度」の概要と実態：
    1990年代から「時間要件」で存在していたが、
    2016年に「時間・月収要件等」になった「106万円の壁」　152
  - 3－2．制度を外れることによる「就業コスト」の大きさ　155
  - 3－3．有配偶女性とパート就業　158
- 4．制度を組み込んだ就業選択モデル………………………………………160
  - 4－1．「パートの壁制度」を組み込んだ就業選択モデル　160
  - 4－2．仮説　161
  - 4－3．モデルの定式化　163
- 5．推定結果とシミュレーション……………………………………………164
  - 5－1．データ　164
  - 5－2．就業選択モデルの推定結果　165
  - 5－3．制度変更の政策シミュレーション　170
- 6．おわりに……………………………………………………………………171

●第8章
第Ⅲ部のまとめと現状　　177

- 1．所得税の配偶者控除制度などの変遷……………………………………177
- 2．公的年金制度の変遷と現状………………………………………………178
- 3．家族と働き方の変化………………………………………………………182
- 4．「パートの年収の壁」にかかわる制度の概要と、税の3原則の課題……183
- 5．税・社会保障改革と働き方：女性に多い「貧困の罠」…………………188

第IV部　グローバル社会で存続していくための、日本の働き方ダイバーシティの課題

●第9章
ジョブ型働き方実現のための
韓国・中国企業との経済学比較分析と、日本労働市場の課題　193

1. 日本の女性活躍推進と企業収益を、
   韓国と中国の実質クォータ制から学ぶ ……………………………………… 193
2. 日本労働市場の課題 ……………………………………………………………… 197
3. メンバーシップ型固定的労働市場から、
   ダイバーシティ・ジョブ型流動的労働市場への働き方改革 …………… 198

●第10章
若年男女が活き活きと働くための、
キャリア形成の現状・政策提言・リーダーからのメッセージ　201

1. 若年男女の日本的就業圧力と、働き方別の生涯賃金 ………………………… 201
   - 1－1. 日本的性別役割分業傾向による、若年男性への就業継続圧力と、
     若年女性への仕事と家庭の二者択一圧力　202
   - 1－2. 働き方別の生涯賃金は多様　203
   - 1－3. キャリア形成のポイント　204
2. 若年男女が活き活きと働けるための政策提言 ………………………………… 205
   - 2－1. 日本若年層の希望と意欲の各国比較　205
   - 2－2. 若年層の初期キャリア形成の改善を　206
   - 2－3. 日本の固定的二重労働市場を改善して、
     ダイバーシティ能力の高い経営者の逓増推進を　207
3. 日本企業等の現状と、リーダーからのメッセージ …………………………… 210
   - 3－1. インタビュー調査の方法　210
   - 3－2. リーダーからのメッセージ　210

参考文献　217
  1. 各章の基になる研究成果　217
  2. 参考とした文献　219
索引　227

第 I 部

経済課題と、日本存続のための働き方改革

第1章 日本の喫緊の経済課題

今、日本には喫緊の経済課題がある。①人口減少と、②財政赤字である。

1. 日本人口の激減

まず、図表1-1で日本の総人口の推移を表す。江戸時代までの戦国時代には、人口1000万人強で推移したが、江戸時代の泰平の世の中になって3000万人強に増加した。ここで頭打ちなのは、原則として鎖国をしており外国からの食料輸入はなく、食料自給率100％で養えるのがこの人数であり、祖父母は姥捨て山に捨てられたり、子消しがおこなわれたという。

1868年に明治維新になり産業革命に伴う技術の導入もあり、大戦はあったが、1960年代の高度経済成長期の1968年から2009年までは世界第2位の経済規模を維持し、日本は100年強で約1億人の人口増加を達成した。人口は、世界第5位まで上昇し、世界で、日本語を母語とする人口も近年まで世界第10位とトップ10入りを果たしてきたのである。

さらに図表1-1で、2008年の1億2809万人のピークの後、日本の総人口の将来推計の詳細を表す。出生率中位・死亡率中位では、2025年12079.4万人、2050年9655.1万人、2075年6932.6万人、2100年4798.6万人、2110年4125.5万人に減少するという。出生率低位・死亡率一定では、2025年11732.5万人、2050年8676.9万人、2075年5602.2万人、2100年3391.7

図表 1-1. 日本の人口の推移

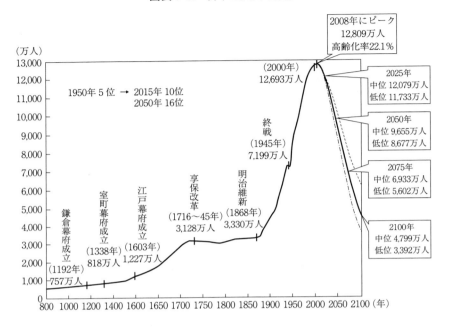

出所：800年から2000年は、国土交通省国土計画局が国土庁「日本列島における人口分布の長期時系列分析」（1974年）などに基づき作成。2008年データは総務省統計局、2025年以後データは国立社会保障・人口問題研究所「研究資料第327号」（2013年）の2012年推計の将来推計人口である。

注1．本書の本文には小数点以下の数値があるが、図には四捨五入して掲載した。中位は出生率中位・死亡率中位、低位は出生率低位・死亡率一定の数値である。

万人、2110年2765.9万人に減少するという。つまり、日本は100年で、約1億人が人口減少することになる。

日本創成会議（2014）によると、2040年までに全国約1800市町村のうち約半数の896市町村（全国の49.8％）が消滅する恐れがある消滅可能性都市という。要因は、人口の再生産力を示す20～39歳の女性人口の減少である。

従って、国内の労働者が減少して労働力が低下し、国内消費者も減少して、国内市場が縮小し、20～30歳代中心の出産年齢の女性が減少することになる。日本政府も、2014年6月に「骨太の方針」（日本政府の「経済財政運営

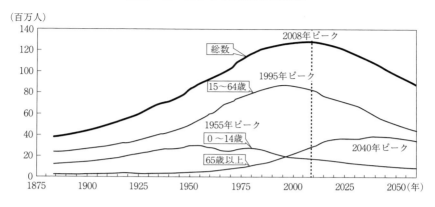

図表1-2. 日本の年齢別人口の推移

出所：国立社会保障・人口問題研究所「人口統計資料集」（2015年版）

と改革の基本方針」）の成長戦略の1つに少子化対策として「人口目標：50年後も1億人の人口保持」、すなわち2064年に1億人以上という政策の方針を掲げている。

さらに図表1-2で年齢別人口をみると、若年人口（15歳未満、義務教育の終了までの年齢）は高度成長期に入る以前の1955年にピークを終え、生産年齢人口（15〜64歳、労働供給するのに最適な年齢）はバブル崩壊後の景気停滞期の1995年にピークを終え、老年人口（65歳以上。介護が必要な人が多い75歳以上の後期高齢者を含む）も約20年後の2040年にピークを迎えるという［国立社会保障・人口問題研究所］。1995年、日本は既に高齢社会（65歳以上の割合が14%超）になったが、2040年には高齢者も減少し始めるという試算である。

人口減少の背景には、①-1. 合計特殊出生率（TFR：1人の女性が一生の間に産む子どもの数）[(1)]の低下と、①-2. 生涯未婚率の増加がある。①-1. TFRは、太平洋戦争直後の1947〜1949年には4.32で、出生者は第1次ベビーブーマー（団塊の世代）と呼ばれている。2017年に68歳から70歳になる人々である。2005年の1.26が最低で、2016年が1.45、2017年は1.44で出生者数97.7万人と初めて100万人未満となった。人口が最多の東京都はTFR最低の1.17で、最高は沖縄県の1.94である（2015年）。人口

維持を表す人口置き換え水準は 2.07 であり、TFR が 2.07 に達すると日本の人口は維持できるが、1.4 程度では人口置き換え水準を大きく下回っているため、激減は止まらない。近年、若干上昇したが、第 2 次ベビーブーマー（1971〜1974 年生まれ）が 40 歳超で出産に励んでいることが要因の 1 つにあるが、2017 年には 44 歳から 47 歳となった。一方、30 歳代前半までの出生率は低下傾向にある。

　①-2. 生涯未婚率（50 歳時の未婚率）は、男性は 1980 年 2.6％から 2010 年 20.14％になり、女性は同 4.45％から 10.61％である。バブル経済（1988〜1991 年）崩壊後に、男性にも非正社員化が進み、日本の経済モデルの前提とされてきた男性世帯主が必ずしも成立しなくなったことが要因としてあげられる。ヨーロッパなどでは、婚姻関係と出産には必ずしも強いリンクはないが、日本は両者に強いリンクがある。

2．財政赤字：世界第 1 位の借金大国

　②財政赤字に関しては、日本は世界第 1 位の借金大国、つまり債務残高の GDP（国内総生産）比率が世界第 1 位である。

　図表 1-3 に、日本の歳出と歳入を示す。日本政府の歳出の約 4 分の 1 は借金（国債費）の返済である。また歳入は、二大経済政策の 1 つの財政政策に基づき、現在生きている人々への恩恵は、現在生きている人々が負担するために原則として税金で賄うのが本来であるが、全体の 3 分の 1 強は新たに借金を増やして将来世代に負担を強いている。

　日本政府は、2014 年 6 月の「骨太の方針」に、「財政目標：翌年にはプライマリーバランスの赤字半減、2020 年度までに黒字化」[2]を挙げている。

　図表 1-4 によると、①人口減少や②財政赤字の結果として、日本の GDP は 2009 年までは世界第 2 位の経済規模を維持してきたが、2050 年には第 8 位まで低下するという。

　従って、約 30 年後の 2050 年の日本は、人口も第 16 位、経済規模 GDP も第 8 位に低下し、現在とは全く異なる状態になることが考えられる。まさに今が働き方改革という経済政策が必要な時である。さらに 2100 年にはいずれも低下することが予測される。

図表 1-3. 日本の歳出と歳入（2016年度）

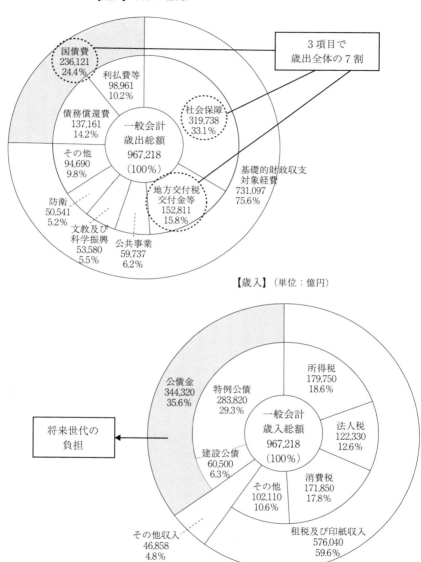

出所：財務省ホームページ「一般会計予算の概要」（平成28年度）

第1章　日本の喫緊の経済課題　　7

図表1-4. 経済規模の世界順位の推移

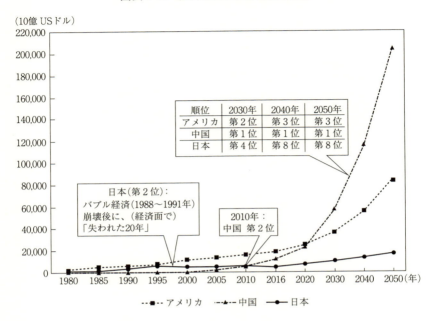

出所：2016年以前はIMF（2016）、2020年以後の予測はアメリカ・シティーグループ（2011）による推計値。

【注：第1章】
(1) 合計特殊出生率は、正確には15歳から49歳までの各年齢の女性人口を加味した出生率の合計値である。
(2) プライマリーバランス（PB：Primary balance）とは、基礎的財政収支のことであり、政府の財政において、過去の債務（国債発行、借金）の返済費（元本と金利）以外の歳出を、国債発行（借金）を除いた税収などの歳入で賄えることをいう。

第2章

なぜ女性活躍が日本経済の存続なのか

1．日本経済存続のための IMF 提言と日本政府対応

1－1．IMF からの日本経済存続のための女性活用の提言

　2012 年に、IMF（国際通貨基金）という世界の各国財政管理機関で、"Can Women Save Japan?" つまり「日本経済を救うために焦点を当てるのは、日本女性。」という内容のレポートが提示され、ラガルド専務理事が来日して解説した。因みに、レポートの参考文献に、筆者の先行研究（本書第 7 章）があげられている［Steinberg and Nakane（2012）］。

　当該レポートの各国比較によると、日本は最も人口減少が進んでおり、今後、労働力が縮小し、経済成長が低下することを示唆している。また日本は世界第 1 位の借金大国、つまり債務残高の GDP（国内総生産）比率が世界第 1 位であることも確認している。

　経済政策として、女性の労働力率の増加と、合計特殊出生率の増加と、1 人当たり経済成長率の増加に正の相関があるという。具体的には、「日本の女性労働力が他の G7（先進 7 カ国のうち日本以外の 6 カ国）並みになれば日本の 1 人当たり GDP が 4％上昇、北欧並みになれば同 8％上昇する」という。

　その上で日本政府に、（1）女性がキャリアコースを進んでいけるように、

世界最低レベルの管理職の女性比率約10%を高くするため、日本の労働市場を改める政策、(2) 就業する母親を増やすため保育所の改善や育児休暇制度の延長などを進め、柔軟な労働環境の創設を提言している。

　すなわち、①女性は産む性であるので、出産により人口減少の解決に直接携わっているといえ、②生産年齢人口（15歳から64歳）のうち、高等教育の進学率は男女同程度で人財としては同様であるが、日本男性グループは大半が就業しているのに比べて、日本女性グループは無業者が多いため、労働力率向上の余地や、所得税などの納税の余地が高く、国家財政の黒字化に直接携わるのが女性といえる。

　日本存続のための経済政策として女性に焦点が当たっているのである。以前は本書に関するテーマは、女性人権問題とされることが多かったが、現在は日本存続の経済政策に直接かかわるのを女性労働者グループとして取り上げる必要があるのである。

　従って、「女性活躍経済政策」は、日本経済成長のための「日本労働市場改革」や「働かせ方改革」であり、必要なのはむしろ正社員比率の高い「男性の働き方改革」ともいえよう。

1－2．日本経済存続のための日本政府の対応

　結果として同2012年、日本政府は、日本における経済政策の成長戦略の1つとして「女性活躍経済政策」を提示し、翌年には、全上場企業が役員のうち少なくとも1人を女性にすることを要請した。2014年4月に経団連（日本経済団体連合会）は、「女性活躍アクション・プラン」を策定し、女性管理職の増加を約1300社の大企業で構成される会員企業に求めた。具体的には、女性の管理職登用に関する自主行動計画を作成し、経団連が公表し、進捗状況を点検した。

　2014年6月には「骨太の方針」（日本政府の「経済財政運営と改革の基本方針」）の成長戦略の1つに「女性活用：女性の働き方に中立的な財政・社会保障」を掲げ、少子化対策として「人口目標：50年後も1億人の人口保持」や「財政目標：翌年にはプライマリーバランスの赤字半減、2020年度までに黒字化」などを挙げた。

　2015年8月には、「女性活躍推進法」（女性の職業生活における活躍の推進に関する法律）を施行し、翌2016年4月1日までに従業員規模301人以

上の約 15,000 企業を対象に、自社の採用者や管理職の女性比率などを分析し、女性管理職の数値目標などの自主行動計画を提出・公表することを義務付けた。2016 年度から 10 年間の時限立法である。加えて 2015 年に「若年者雇用促進法」（青少年の雇用の促進等に関する法律）を施行した。

さらに 2016 年 6 月には課題解決のため、「一億総活躍政策」「働き方改革」として、「ニッポン一億総活躍プラン」が閣議決定された。政府資料によると、「日本経済に更なる好循環を形成するため、これまでの三本の矢の経済政策を一層強化するとともに、広い意味での経済政策として、子育て支援や社会保障の基盤を強化し、それが経済を強くする」という（詳細は本章 2-5 節）。

1－3．「202030」→「202015」→「203050」

また、日本政府は 2003 年に、職場における「女性活躍」のロードマップとして、「202030」キャンペーンを創設した。これは、2020 年までに、社会のあらゆる分野における「指導的地位」（図表 2-1 の職業）に占める女性、すなわち「女性リーダー」の割合を、当時の 10％程度から 30％になるよう期待するという努力目標の政策である。但し、「202030」はクォータ（割り当て義務）制ではなく、単なる数値目標である。ポイントは、①従来から焦点を当てられている女性雇用の"量"（就業者数）も重要ではあるが、"質"（指導的地位の人数と男女比）を強調していることと、②30％を達成することは、全体の意思決定に影響することを意味する一基準ということである（本書第 3 章 4-2 節人数割合の理論；第 4 章 2-10 節ナイロビ将来戦略勧告）。

しかし 2015 年 12 月に日本政府は、2003 年以前から 2015 年になっても約 10％のままで大きな変化はないため、目標を 30％から 15％（公務員は 7％）に引き下げることを公表した。つまり現在は「202015」である。

各国比較によると、管理職の女性比率は 75 カ国中で、日本は第 73 位（11.1％）、韓国は第 74 位（11.0％）、中国は第 29 位（33.2％）、アメリカは 42.7％（2008 年）である［付表 2-1］。専門職（大学教員）の女性比率は 31 カ国中で、日本は第 31 位（26.8％）、韓国は第 28 位（34.7％）、中国は第 17 位（43.0％）、アメリカは第 4 位（49.1％）である［付表 2-2］。いずれも、先進国間ではもちろんであるが、先進国に限定しなくても最低レベルである。

従って、世界では 2015 年に、国連（国際連合）が加盟国に対して

図表 2-1. 「指導的地位」の内訳と女性割合（2015 年 12 月）

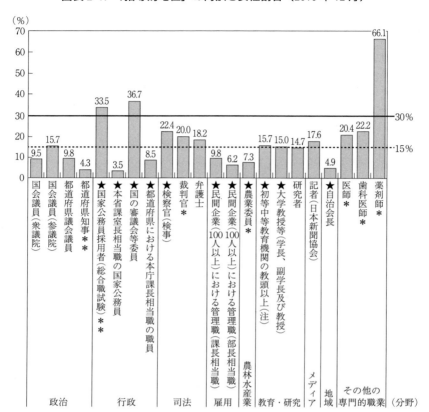

出所：内閣府『男女共同参画白書』（平成 28 年版、図 1-1-14）
注 1. 内閣府「女性の政策・方針決定参画状況調べ」（平成 27 年 12 月）より一部情報を更新。
注 2. 原則として平成 27 年値。ただし、＊は 26 年値、＊＊は 28 年値。（注）は速報値。なお、★印は、第 4 次男女共同参画基本計画において当該項目が成果目標として掲げられているもの。
注 3. 章末に、2 項目の国際比較として、付表 2-1. 雇用部門：管理職の女性比率、付表 2-2. 教育・研究部門：大学教員の女性比率、を挙げた。

「203050」、すなわち 2030 年までに管理職など指導的地位の女性割合を 50％目標にすると各国政府や企業に働きかけて実現をめざしていることを公表している。背景として、国連においても、2016 年から 15 年間の期限で、男女の就業に関して持続可能な開発目標 SDGs（The Sustainable Development

図表 2-2. 正社員継続就業女性のキャリア形成および「女性活躍政策」と背景

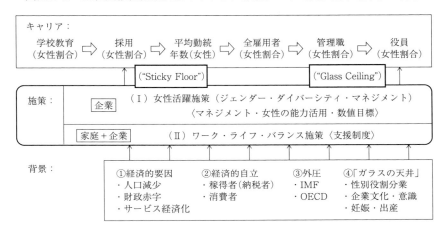

出所：筆者作成。

Goals）として、経済・社会・環境に焦点を当てた統合的目標を掲げ、経済面に重きを置くように変化している。

1－4．女性のキャリアと「女性活躍経済政策」

図表 2-2 は、正社員継続就業を例とした女性のキャリア形成、および「女性活躍政策」と背景である。

まず、「キャリア」に示した項目の女性割合などを増やしていくことが求められる。「202030」で女性就業の"質"として焦点が当てられているのは「管理職」などの女性割合であった。併せて、将来の女性管理職候補や役員候補である「新規採用者」や「正社員を中心とする全雇用労働者」を増やしていくことも重要である。

次に、「女性活躍政策」として、大きく次の2つにまとめ、具体的な項目を挙げる。（Ⅰ）「ジェンダー・ダイバーシティ・マネジメント（GDM）」には、「女性活躍推進法」や経団連の施策がある。さらに、《マネジメント》として 1. 経営層のコミットメント、2. 取締役への女性登用、3. 人材多様化の企業文化の醸成、《女性の能力活用》として 4. 社内メンター制度、5. 女性社員のスキル育成プログラム、6. 女性社員ネットワーキング、《数値目標》

は 7.「キャリア」に挙げた管理職の女性割合などである。

（Ⅱ）「ワーク・ライフ・バランス（WLB：work–life balance、仕事と生活の調和）施策」には、《支援制度》として 8. 長時間労働規制、9. 在宅勤務、10. 保育施設、11. 待機児童対策、12. 労働市場の流動化などを挙げることができる。

背景としては、①経済的要因の 2 項目は、本書第 1 章を参照されたい。「サービス経済化」とは、第 3 次産業従事者が全就業者の半数を超えた状態をいう。日本は 1970 年代半ばから既にサービス経済化を実現している。他の先進国に比べて相対的に製造業を中心とする第 2 次産業の勢いがあるのが日本経済の特徴といえる。しかしながら、第 3 次産業中心の経済では、日本において男性に比べて女性が優位性を有するコミュニケーション能力や「おもてなし」などが求められることが多い。すなわち「女性活躍」の場がさらに増えるということを意味する。

②「経済的自立」は、未婚率や離婚率の上昇、若年男性の非正規化に伴う賃金の低下傾向、共稼ぎ夫婦の増加を考慮すると、女性の経済的自立は今後、さらに必要になってくるであろう。その場合、年収約 100 万円以上を稼得すれば納税者になり、公的年金等の社会保障制度の負担者となる。さらに税・公的年金制度が、夫婦単位から個人単位になっても、生活保護などに頼る「女性の貧困問題」も低下するであろう。

また、女性消費者は男性消費者と異なる消費傾向があるため、自らが主たる稼得者となることにより、新たな産業への需要が生ずることも考えられる。

③外圧としての「IMF の提言」は、本書第 2 章 1-1 節を参照されたい。OECD（経済協力開発機構）という先進諸国機関でも、大幅な財政赤字をもつ日本経済にとって、国際的な関連機関の要請は無視できない状況にある。また今後さらにグローバル化が加速していくことは必至であり、国際世論に耳を傾ける必要が増すといえる。

④「ガラスの天井」とは、主として女性グループの構成員は個人的には認知できず初めは見えないが、突然、既得権益グループ構成員のパワーハラスメントなどの妨害により昇進などの障壁としての天井があるという学術用語である。"Glass Ceiling" と "Sticky Floor" は、本書第 3 章 3-1 節を参照されたい。

「性別役割分業」とは、従来から日本など特定の国でいわれてきた「男は

外、女は内」つまり男性は正社員で稼ぎ、女性は家事・育児・非正社員をになうべきという偏見である。内閣府世論調査（2014年）によると、「夫は外で働き、妻は家庭を守るべきだ」という考えに反対する割合は49.4％で、賛成派44.6％を上回っている。男女別にみると、男性が賛否共に46.5％、女性のうち反対が51.6％、賛成は43.2％である[1]。

「企業文化・意識」というのは、社内風土や、経営層・男性グループ・女性グループなどの意識である。企業規模が小さいほど、重視される傾向にあるという。同調査の「女性リーダーを増やすときに障害になるもの」の回答によると、「保育・介護・家事等における夫などの家族の支援が十分ではない」が50.1％で最も多く、「保育・介護の支援などの公的サービスが十分ではない」および「長時間労働の改善が十分ではない」が約40％で続いている。さらに女性の継続就業のために必要なことは「保育所や学童クラブなど、子どもを預けられる環境の整備」が71.6％を占めた。

「妊娠・出産」に関する調査によると、20歳代後半の未婚女性の97％が、「仕事と家事の両立はたいへんそう」と回答している。

現状の「女性活躍政策」は、女性が子どもを産んで育児をし、男性同様に働いて管理職になり、納税者や消費者となって日本経済を救うことを求めている、といえる。日本の正社員の時間当たりの生産性は、世界的にみて低い。また、欧米では時間に応じた給与が支払われるのに比べ、日本の正社員と非正社員の待遇格差は、時間ではなく「身分」としてしか説明できないほど大きい。従って、女性の雇用や就業の修正に留まらず、広く、老若男女の雇用や就業を見直すことが求められるといえる。

2．男女別にみる日本労働市場の現状

2－1．日本の男女間格差は世界最大レベル

図表2-3によると、日本の男女間格差GGGIは、145カ国（地域）中、第114位であり、OECD諸国で最下位の韓国の第118位に次いで2番目に格差が大きい（世界経済フォーラムGGGI、2017年）。特に経済面の男女間格差が総合順位を引き下げている大きな要因の1つである［石塚（2016）；本書第9章第1節］。

対象となる国（地域）の数が逓増していることは留意されたいが、先進国

図表2-3. 世界各国の男女間格差GGGIの順位の推移（日本・韓国・中国）

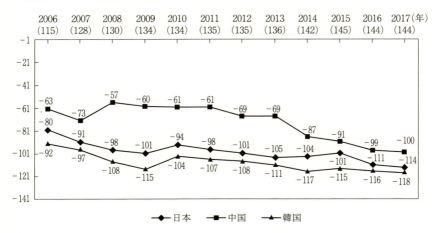

データ出所：World Economic Forum, "the Global Gender Gap Report"（各年）に基づき、筆者が図表化した。
注1．各年のカッコ内は、対象となる国（地域）の数である。
注2．GGGIには、経済分野・教育分野・保健分野・政治分野の4つの分野があり、各順位と総合順位が公表される。

で格差が最大レベルであることは変わらない（内訳など詳細は、本書第9章第1節）。

2－2．男女別データでみるワーク・ライフ、経済・社会システムの現状

まず図表2-4は、女性のキャリア形成とライフステージとシステム（法制度）の関係を示したものである。日本では「正社員の新卒一括採用」慣行があるため、「学校教育期」の直後、生涯で唯一の機会として「内部労働市場」の正社員になり労働供給期に入るケースが多い［石塚（2012a）］。平均初婚年齢までの10年間足らずで、初期キャリアを形成する。さらに、図表2-5の年齢階級別にみる女性労働力率の「M字型カーブ」が示す通り、妊娠・出産に関する要因で就業中断する女性が多い（図表2-12を参照）[2]。その後、後述するように、非正社員などとして就業する「再就職型」（あるいは再チャレンジ）女性が、バブル崩壊以後、多数派になっている。

図表 2-4. 女性のキャリア形成、ライフステージ、経済・社会システム

	幼児期・学校教育期	労働供給期				引退期
	0　6歳	18〜22歳	29.4歳（夫31.1歳）	30.7歳（第一子出産）		60〜65歳
キャリア形成		起業（自営業・農業） 雇用労働者　正社員　自営業主 　　　　　　　　　　　　　　家族従業者 継続就業型［個人単位、片稼ぎ］→キャリアアップ（昇進・起業） 再就職型［夫婦単位、片稼ぎ］：退職（無業）→キャリアアップ［非正社員［夫婦単位、共稼ぎ］ 再就職型［夫婦単位、片稼ぎ］：退職（無業）→正社員［個人単位、共稼ぎ］ 専業主婦［夫婦単位、片稼ぎ］：退職（無業） （フリーター）非正社員→ 無業				
ライフステージ		非婚［個人単位］ 結婚 妊娠・出産［夫婦単位］→育児（1.46人）			離婚［個人単位］ 介護	
システム（法制度・雇用慣行） 個人単位［継続就業型］		男女雇用機会均等法 社会保障制度（年金・医療） 労働基準法	企業内教育 雇用保険の失業給付	育児・介護休業制度 雇用保険の育児休業給付 児童福祉法（保育園） 児童手当法	育児・介護休業制度 雇用保険の育児休業給付	年金の受給選択？
世帯単位［再就職型］		①所得税の配偶者（特別）控除制 ②公的年金の第3号被保険者制 ③企業の配偶者（家族）手当 所得税の専従者控除 パート労働法 若年退職慣行 結婚退職慣行				民法の財産分与

注1．筆者作成。図中の数値は、厚生労働省「人口動態統計」による2015年の数値である。

一方、一度程度の転職を含めても正社員を続ける「継続就業型」の女性も微増している。彼女たちが、主としてキャリアを積むと職位が上がり昇進して管理職という「指導的地位」に就任することになる。

　また、学校教育期終了直後か、あるいは再就職後に、雇用労働者である正社員やフリーターなどの非正社員ではなく、起業（自営業）や、無業（結婚していれば「専業主婦」）という選択肢もある。

　図表2-5は、年齢階級別の労働力率、および各ライフステージの詳細を男女別にみたものである。まず労働力率（＝（就業者＋失業者）÷15歳以上人口）のカーブは、男性は高原型で20歳代後半から定年直前の50歳代後半まで概ね95％程度の一定で、女性は20歳代後半が最高の80.3％、で30歳代を谷に「M字型カーブ」を描いている。

　各項目の数値は、左が女性、右が男性である。「一般的な人的資本の蓄積」である「1.大学・短大進学率」は若干男性が高いものの概ね同程度である。

　企業レベルの職場では、「6.長時間労働者」（週間就業時間60時間以上）割合は、男性14.0％、女性3.6％である。世界的には同40時間が一般的であるが、日本の正社員に特徴的な標準の1.5倍の長時間労働傾向が男性に多く認められる。勤続年数の違いもあり、「7.部長」の男性割合は93.4％に対して、女性6.6％と大きく異なる。結果として、正社員の「8.平均年収」は、男性549万円、女性376万円で、男女格差は大きい。

　一方、家庭レベルでは、「3.初婚年齢」が男性31.1歳、女性29.4歳で、男女差は1.7歳分で縮小傾向にある。「4.第一子出産」は30.7歳で、結婚から約1年後である。但し、「11.生涯未婚率」（50歳まで一度も結婚したことのない人の割合）は男性23.4％、女性14.1％で、全国的に逓増しており、特に都市部では高くなる傾向がある。夫婦の「5.家事労働時間」（夫婦と子ども世帯、夫婦共稼ぎ、週全体）は、夫の39分間に比べて妻は4時間53分で、妻が夫の約7倍である。子どものいる「9.ひとり親世帯の就労年収」をみると、母子世帯181万円に対して父子世帯360万円で、後者は前者のおよそ2倍である。因みに生活保護で最多は高齢者であるが、2番目に多いのは母子世帯である［厚生労働省大臣官房統計情報部『社会福祉行政業務報告』］。「10.平均寿命」は男性80.79歳、女性87.05歳で、女性のほうが6.26歳分長い。

　図表2-6によると、就業者や雇用労働者の4割強は女性であるが、正社員

図表 2-5. 男女別にみる年齢階級別の労働力率と、各ライフステージ

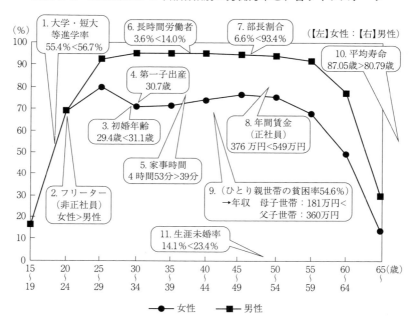

データ出所：労働力率・2・6 は、総務省統計局『労働力調査年報』（2015 年調査）、長時間労働は週 60 時間以上就業の一般常雇の無期雇用者の数値を用いて、筆者が計算した。1 は文部科学省『学校基本調査』（2015 年調査）、3・4 は厚生労働省『人口動態統計』（2015 年調査）、5 は総務省統計局『社会生活基本調査』（2011 年調査）、7・8 は厚生労働省『賃金構造基本統計調査』（2013 年調査）で 7 は 100 人以上企業規模、8 は 10 人以上企業規模、9 は貧困率は厚生労働省『国民生活基礎調査』（2013 年調査）、年間就労収入は『全国母子世帯等調査』（2011 年調査）、10 は厚生労働省「簡易生命表」（2015 年の数値）、11 は総務省統計局「国勢調査」（2015 年調査）、に基づき、筆者が図を作成した。

は男性約 7 割で、非正社員は女性 7 割程度である。企業規模別の女性割合をみると、従業員 29 人以下と規模が小さいほど 46％に高まる。役員も自営業主も 75％が男性である。これらの傾向は、有配偶者ほど強い。

職位別の女性比率をみると、役職なし 38％、係長 19％、課長 10％、部長 7％で、職位が高くなるほど低い。つまり「202030」対象の管理職（部長、課長）は、男性が 9 割以上である。

労働力調査の「パート」とは職場での呼称であり、日本では「基幹パー

図表 2-6. 男女別にみる働き方

総務省統計局『労働力調査年報』(2015年調査)		15歳以上全員			うち、有配偶者			有配偶割合	
		A	B	A/(A+B)	C	D	C/(C+D)	D/B	C/A
		女性	男性	女性割合	女性	男性	女性割合	男性	女性
(単位)		万人	万人	%	万人	万人	%	%	%
15歳以上人口		5733	5344	52%	3258	—	—	—	57%
うち、労働力人口(稼得者+休業者+失業者)		2842	3756	43%	1675	—	—	—	59%
∴労働力率(%)		49.6%	70.3%	—	51.4%	—	—	—	—
うち、就業者数(全産業)		2754	3622	43%	1643	2419	40%	67%	60%
雇用労働者(全産業)		2474	3166	44%	1444	2079	41%	66%	58%
自営業主		136	407	25%	74	318	19%	78%	54%
うち、完全失業者		88	134	40%	33	—	—	—	38%
うち、非労働力人口(専業主婦(夫)、高齢者等)		2888	1585	65%	1581	—	—	—	55%
非農林業		—	—	—	—	—	—	—	—
雇用労働者(非農林業)		2452	3135	44%	1426	2059	41%	66%	58%
役員		85	258	25%	65	225	22%	87%	76%
一般常雇の雇用労働者		2118	2711	44%	1281	1986	39%	73%	60%
無期契約		1454	2296	39%	791	1520	34%	66%	54%
有期契約		663	415	62%	425	241	64%	58%	64%
正規従業員(役員を除く)		1036	2253	31%	499	1527	25%	68%	48%
非正規従業員		1331	623	68%	861	307	74%	49%	65%
パート		842	106	89%	648	64	91%	60%	77%
アルバイト		199	200	50%	66	53	55%	27%	33%
派遣社員		76	50	60%	35	20	64%	40%	46%
企業規模	1～29人	704	819	46%	441	—	—	—	63%
	30～999人	1019	1280	44%	565	—	—	—	55%
	1000人以上	476	721	40%	262	—	—	—	55%
	官公	218	280	44%	141	—	—	—	65%
自営業主(*内職者を含む)		124	324	28%	68	248	22%	77%	55%

厚生労働省『賃金構造基本統計調査』(2016年調査)		女性	男性	女性割合
		万人	万人	%
100人以上企業規模:労働者(万人)(注1)	正社員	422	854	33%
	部長	3	39	7%
	課長	11	94	10%
	係長	17	76	19%
	役職なし	391	645	38%
	非正社員	396	138	74%

データ出所:総務省統計局『労働力調査年報』(2015年調査)、厚生労働省『賃金構造基本統計調査』(2016年調査)の産業計・学歴計・年齢計(15歳以上)・従業員100人以上企業規模の数値を用いて、各種割合は、筆者が計算した。

注1. 正社員は統計書の「一般労働者」を、非正社員は「短時間労働者」の数値を用いている。

注2. 網掛け部分は、割合が過半数であることを示す。

図表 2-7. 男女別・年齢階級別・就業形態別にみる年収

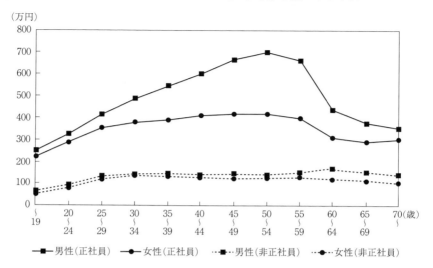

データ出所：厚生労働省『賃金構造基本統計調査』（2016 年）の数値のうち、「一般労働者」を正社員、「短時間労働者」を非正社員として、筆者が図示した。

注 1. 年収は、正社員は「現金給与額×12 カ月＋年間賞与その他特別給与額」で、非正社員は「1 時間当たり所定内給与額×1 日当たり所定内実労働時間数×実労働日数×12 カ月＋年間賞与その他特別給与額」で、筆者が計算した。

ト」と呼ばれる「フルタイム・パートタイマー」という日本語が存在する。

　図表 2-7 によると、日本的雇用慣行の 1 つである年功賃金の典型は、男性正社員の平均値にみることができる。女性正社員は、個人的には就業中断や再就職なども多いので単年度の全体の平均値でみると年功賃金にはならない。最高金額は、男性正社員が 50 歳代前半の 699 万円、女性正社員は 40 歳代後半の 419 万円、男性非正社員が 60 歳代前半の 169 万円、女性非正社員は 30 歳代前半の 134 万円である。

　日本の正社員の賃金である年功賃金とは、基本給に加えて、原則として企業保険・各種手当・賞与・退職金などの多様な追加がある。従って、年収や生涯賃金でみると、非正社員と大きく異なる結果となる。

　日本で女性管理職が少ない要因の 1 つをあげると、「くっつく床」という日本特有の「遅い昇進」慣行があり、課長・係長クラスで 30 歳代後半、部長クラスで 40 歳代である［石塚（2014a）］。既述のように女性は、30 歳く

図表 2-8. 男女別・生産年齢人口別にみる労働力率の推移（1968～2017 年）

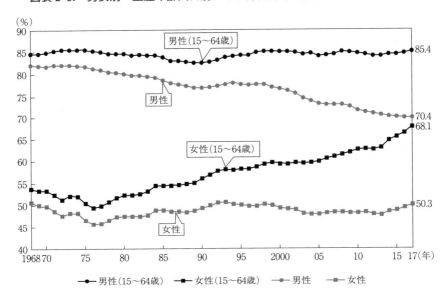

データ出所：総務省統計局「労働力調査」（各年）
注1. 1968 年から 1973 年は、沖縄県は含まれていない。
注2. 2011 年は、東日本大震災の影響により、岩手県・宮城県・福島県の数値は、実数は 2015 年国勢調査基準、比率は 2005 年国勢調査基準による推計値である。
注3. 1977 年以前は、1967 年の調査改正および 1975 年国勢調査の確定により、時系列接続用数値である。
注4. 1982 年から 5 年ごとに算出の基礎となるベンチマーク人口の基準を切り替えており、2010 年から 2016 年は、2010 年国勢調査結果を基準とする推計人口新基準のベンチマーク人口に基づく時系列接続用数値である。切り替えによる変動は、全国の 15 歳以上人口（2015 年 9 月結果）で＋35 万人（新基準－旧基準）である。

らいで離職して就業中断する傾向が認められた。つまり日本の固定的な労働市場では、女性のほうが母数すなわち候補者が少なくなり、図表 2-7 の年収の平均値も低くなる。

2－3．男女別データでみるワーク・ライフの推移

　図表 2-8 で、雇用の現状を概観する。2017 年の労働力率（＝（就業者＋失業者）÷15 歳以上人口）は、男性の 70.4％に対して、女性が 50.3％である。但し、近年の高齢化を考慮して、生産年齢人口（15～64 歳）に限定すると、

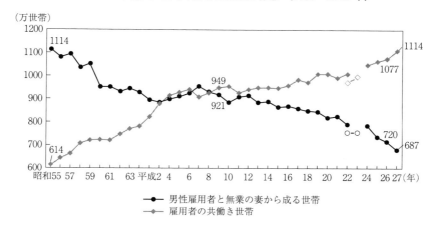

図表 2-9. 共稼ぎと夫片稼ぎ世帯数の推移（1980～2015 年）

出所：内閣府『男女共同参画白書』（平成 28 年版、図 1-3-1）
注 1. 1980（昭和 55）年から 2011（平成 13）年までは総務庁「労働力調査特別調査」（各年 2 月。ただし、1980 年から 1982 年は各年 3 月）、2002（平成 14）年以降は総務省「労働力調査（詳細集計）」より作成。「労働力調査特別調査」と「労働力調査（詳細集計）」とでは、調査方法、調査月等が相違することから、時系列比較には注意を要する。
注 2. 「男性雇用者と無業の妻から成る世帯」とは、夫が非農林業雇用者で、妻が非就業者（非労働力人口および完全失業者）の世帯。
注 3. 「雇用者の共働き世帯」とは、夫婦共に非農林業雇用者（非正規の職員・従業員を含む。）の世帯。
注 4. 2010（平成 22）年および 2011（平成 23）年の値（白抜き表示）は、岩手県、宮城県および福島県を除く全国の結果。

男性 85.4％、女性 68.1％である。

　男性は、高齢者の労働力率は減少しているが、生産年齢人口の推移をみると、1971 年頃までの高度経済成長期以降、現在に至るまで概ね 85％で変化がない。

　女性は、高齢者のうち無業の専業主婦の割合に変化はないが、生産年齢人口では有業者が 50％程度から 68.1％にまで 20 ポイント弱増えている。

　すなわち、生産年齢人口に限定すると、現在日本の労働市場の原型が確立されたとされる 1971 年頃までの高度経済成長期から、現在に至るまでの約 45 年間で、男性に変化はないが、女性の働き方は逓増している。

　図表 2-9 によると、遅くとも 1980 年以後一貫して、専業主婦すなわち夫片稼ぎ世帯は減少して、共稼ぎが増えている。1990 年のバブル経済後半期

に労働市場が売り手市場になった時、有配偶女性にとって、就業者となるか、専業主婦となるかの選択肢は完全に二者択一になったようである。その後は、ワーク・ライフ・バランスを図りながら、完全な二者択一とはいえない有配偶女性のほうが主流になってきているといえよう。

2−4．男性正社員に多い長時間労働

　正社員の労働組合員（民間、公務）の男女を対象におこなった残業の実状を検討する[3]。

　まず、労働時間に関する規定について確認する。「法定労働時間」は、労働基準法で定められた労働時間であり、1日8時間、あるいは週40時間である。「所定労働時間」は同法36条に従い、労使協定により法定労働時間以下で決定される労働時間である。残業は、所定内労働時間を超えた労働時間、および同36協定により法定労働時間を超えた時間外労働が可能なことを決定している必要がある。その後、割増賃金の対象である法定労働時間を超えた時間外労働や休日労働が可能となる。

　図表2-10は、1カ月平均の残業日数であるが、男性正社員の90.4％、女性正社員の77.5％は残業をしている。月に16日以上は、男性の26.9％、女性の13.6％である。図表2-11は、1カ月平均の残業時間（残業ありの回答者のみが対象）であるが、1カ月「50時間超」という長時間就業者に限定すると、男性（9.2％）が女性（1.9）よりも高率である。但し、日本の時間当たり生産性は、先進国中最下位であり、長時間労働は日本的雇用慣行の1つといえる。

　一方、男性正社員に残業が多く、帰宅時間も遅いとすると、育児などにかかわるのは困難であり、家族内の夫婦間のワーク・ライフ・バランスの結果、性別分業として、女性に家事や育児などの負担が偏る結果が多くなる。

2−5．女性正社員に多い出産・育児期の就業中断の要因

　第1子出産前後の女性正社員の継続就業率は、1985〜1989年の40.4％から2005〜2009年の52.9％で逓増している。しかしながら、2人に1人程度であることと、全体として非正社員割合が増えていることに留意する必要がある。因みに非正社員に限定すると、同23.7％、18.0％で、継続就業者は2割弱である［国立社会保障人口問題研究所「出生動向基本調査」各年］。

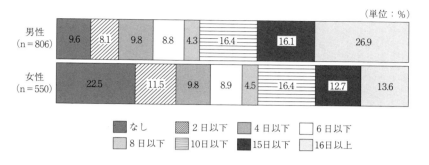

図表 2-10. 1カ月の平均残業日数（正社員、民間組合）

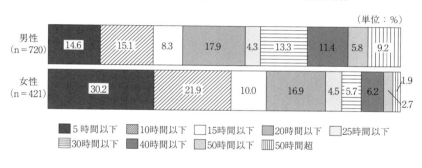

図表 2-11. 1カ月の平均残業時間（正社員、民間組合）

出所：お茶の水女子大学 F-GENS・連合「労働組合とジェンダー調査」（2005年）を用いて、筆者が報告書に図示した。

　図表 2-12 によると、「仕事と育児の両立の難しさ」として、時間配分の問題が 26.1%、勤務先の支援策の問題が 21.1% である。また、マタハラ（マタニティ・ハラスメント）が 13.9%、マタハラの予兆として仕事へのやりがいの低下が 5.4% である。従って、「仕事を続けたかったがやめた」という回答が退職母親の 62.5% を占めている。

　日本的雇用慣行の改善により小計 62.5%、つまり約 6 割は継続就業できる可能性が高い。

第 2 章　なぜ女性活躍が日本経済の存続なのか　　25

図表 2-12. 出産前後に退職した理由別割合

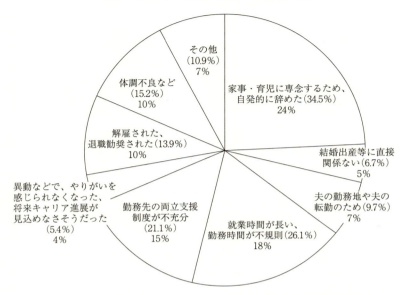

データ出所：三菱 UFJ リサーチ＆コンサルティング「両立支援に係る諸問題に関する総合的調査」（2011 年）
注 1. 複数回答のため、回答者％はカッコ内で、全体比率％は筆者が 100％表示として計算して図示した。

3．一億総活躍政策のための DM（ダイバーシティ・マネジメント）

2016 年 6 月に、「一億総活躍政策」として、「ニッポン一億総活躍プラン」が閣議決定された。内閣官房一億総活躍推進室作成資料によると、「我が国の経済成長の隘路の根本にある少子高齢化の問題に真正面から取り組むもの」であり、「日本経済に更なる好循環を形成するため、これまでの三本の矢の経済政策を一層強化するとともに、広い意味での経済政策として、子育て支援や社会保障の基盤を強化し、それが経済を強くする、そのような新たな経済社会システムづくりに挑戦していきます。」として、「あらゆる場で誰もが活躍できる、全員参加型の社会を目指す」という。

2017 年 5 月、同プランのフォローアップ会合によると、「誰もが生きがい

をもって、その能力を最大限発揮できる社会をつくる。画一的な労働制度、保育や介護との両立など、現実に立ちはだかる様々な壁を一つ一つ取り除いていく。成長と分配の好循環をつくり出し、生み出された富が広く国民に行き渡り、多くの人たちがその成長を享受できる社会を実現していく。この挑戦が一億総活躍。」ということが公表された。

背景は、日本経済の課題（本書第1章）が最も大きく、図表2-2に示したとおりで、日本存続のための経済政策である。

現在の日本経済の喫緊の課題を解決するために必要なのは「働かせ方DM改革」すなわち老若男女を対象にしたDM（ダイバーシティ・マネジメント：多様な能力を重視し、各個人を高く評価する経営）であり、日本の老若男女が、活き活きと働いていけるようになれば、同時に家族も増えるであろう。先行研究では、各国の出生率と女性就業率は正の相関がある。

厚生労働省「個別労働紛争解決制度」報告によると、2016年の相談件数は過去最高の約113万件で、パワーハラスメントが約71,000件の最高であったという。

最終的には、男女のGDM（Gender Diversity in Management）に限らず、若年層など多様な人材を受け入れる必要性が挙げられる。無論GDMはDMの1つであり、日本経済課題の解決には必要不可欠である。女性が活躍できる日本経済社会は、今後の日本を支える若年層にとっても活躍できる社会である。バブル経済崩壊後の就職氷河期に新規卒業者であったため正社員になれなかった現在40歳前後のフリーターなども対象である。

日本の内部労働市場の正社員の長時間労働の時間当たりの生産性は、世界的にみて低い。先進7カ国では最下位、OECD34カ国中で第21位である（2014年）。また、日本の正社員と非正社員の待遇格差は、本章で既述のように大きい。

従って、女性の雇用問題の修正に留まらず、老若男女の雇用慣行や関連財政制度など経済政策の見直しが求められる。

付表：図表2-1の「202030」の要因として、次の2つの各国比較を挙げる。

付表2-1. 管理職の女性割合の各国比較（2012年）

(%)
- Philippines 47.6
- Panama
- Latvia
- Guatemala
- Moldova
- Cayman Is.
- Mongolia
- Iceland
- Ukraine
- Ecuador
- France
- Russian Fed.
- Slovenia
- Lithuania
- Domin.Rep.
- Hungary
- Poland
- Brazil
- El Salvador
- Bulgaria
- Australia
- Canada
- Sweden
- Portugal
- Azerbaijan
- U.K. 34.2
- Rwanda
- Venezuela
- H.K., China 33.2
- Switzerland
- Slovakia
- Estonia
- Ireland
- Belgium
- Kyrgyzstan
- Paraguay
- Norway
- Mexico
- Israel
- Macau, China 31.4
- Romania
- South Africa
- Germany
- Argentina
- Austria
- Spain
- Finland
- Peru
- Serbia
- Netherlands
- Denmark
- Sri Lanka
- Thailand
- Costa Rica
- Bhutan
- Croatia
- Montenegro
- Malta
- Czech Rep.
- Italy
- Greece
- Chile
- Mauritius
- Macedonia
- Ethiopia
- Malaysia
- Luxembourg
- Cyprus
- Kosovo
- Tunisia
- Palestine
- Turkey
- Japan 11.1
- Korea, Rep.of 11.0
- Egypt

データ出所：筆者が、ILO "Women in Business and Management" (2015) 表3-1の数値データのうち、2012年調査結果の国のみを抽出して、図表化した。
注1. 202030が202015になった根拠の項目である。

28　第Ⅰ部　経済課題と、日本存続のための働き方改革

付表 2-2. 専門職（大学教員）の女性割合の各国比較

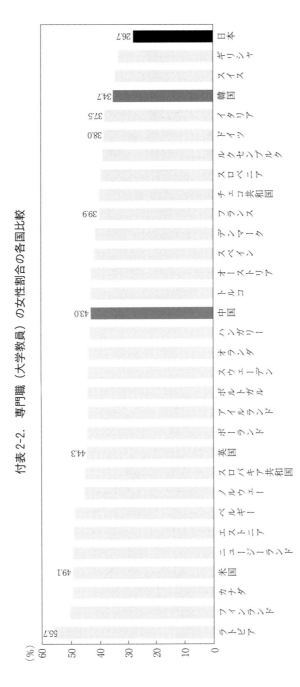

出所：日中韓女性経済会議 2017 で、他の発表者が、OECD 統計（2014 年調査）に基づき作成した。
注 1. 発表者によると、「専門的職種の女性割合でも、日本は主要国中最低水準である。教育における女性の社会バイアスや中途採用市場の充実なども必要であるる」とした。日本の大学は、学術研究業績のない会社員の再雇用先という要因先とみても欧米の高等教育機関としての順位が低い。共学であれば、大学生の男女比に概ね近い割合になるなどの施策もあるであろう。

第 2 章　なぜ女性活躍が日本経済の存続なのか　29

【注：第2章】
(1) 内閣府が2014年8月28日から9月14日に、全国の成人男女5000人（有効回答率は60.7％）に面接で実施した「男女共同参画に関する世論調査」の結果に基づく。
(2) 他にも、日本女子大学・現代女性キャリア研究所が4年制大学卒業の25〜49歳の女性を対象に2011年に実施した調査結果によると、「仕事に希望がもてなかったから」および「病気・ストレス・けがなど心身の不調のため」が各10.0％で続く。
(3) お茶の水女子大学F-GENSと連合による「労働組合とジェンダー調査」データに基づき筆者がおこなった推定結果である。2005年、2024人の正社員の労働組合員について、男女別に、職場の労働条件のうち就業時間、通勤時間、就業関連の拘束時間、有給休暇、異動、人事評価、賃金について、所属する組合が民間組合か公務組合であるかに分類したうえで（民間組合を民間、公務組合を公務と略す）、雇用形態別に、男女の労働組合員でどのような違いがあるのかを検討している。

第 II 部

労働市場の経済学・歴史・実証分析

第3章

日本の労働市場の経済学

　まず、新古典派経済学の応用ミクロ経済学の視点で労働市場と経済循環図を確認する。さらに日本の労働市場は、二重労働市場であり、そのうち内部労働市場は世界で日本と韓国にのみ認められる固定的な労働市場といえる。日本の労働市場の特徴は、内部労働市場の日本的雇用慣行に関連して、労働経済学の差別理論を用いて説明できる。

1．労働経済学理論でみる労働市場

　第1に、図表3-1下図の上部にある労働市場(しじょう)についてみる。家計（家庭）からヒト（労働者）が労働力を供給（提供）し、企業はヒトを需要（雇う）する。この逆の方向で、企業から家計に、労働の対価として金銭（賃金）が支払われる。
　ここで、家計のヒトが働くこと（労働供給）は、ミクロ経済学の効用関数：$U=U(X, L)$によると、ヒトのU：効用（満足度、幸せ）を決めるのは、X：モノをたくさん買うことと、L：労働時間以外の「余暇時間」を高めることであり、すべてのヒトは生きていく幸せを最大化するように合理的に行動する（実際には個人によっては、他の人の幸せを優先的に配慮するなど多様な行動もあるが、理論に組み込まず日本全員の行動を画一化する）という理論である。その前提条件として、予算制約式：$PX \leqq wT+R$があり、

wT：自分の月間賃金（w：1時間当たり賃金×T：1カ月の労働時間）とR：その他の収入に基づき、図表3-1下図の下部にある「財・サービス市場」でPX：モノの月間代金（P：1個当たり価格×X：1カ月に買うモノの個数）を支払う。また時間制約式：T＋L＝F（＝24時間×約30日間）があり、T：1カ月当たりの労働時間と、L：余暇時間（遊びの時間や家事労働時間や睡眠時間など）の「時間の2分割理論」がミクロ経済学の基本である。正に、「WLB（ワーク・ライフ・バランス）」は新古典派経済学で重要な視点といえる。

さらに労働経済学において、日本女性などに多い家事・育児労働時間を考慮すると、「時間の3分割理論」がある（本章3-1節）。T：労働時間、L_1：家事・育児労働時間、L_2：余暇時間で構成される「WWLB（ワーク・ワーク・ライフ・バランス）」の視点がポイントとなる。

一方、企業がヒトを雇うこと（労働需要）は、企業はΠ：利潤を上げるために、Π＝Y－C（＝rK＋wT）として、Y：生産高に対して、費用関数：C＝rK＋wTを適切に最少化する（C：総費用、r：機械などの1時間当たり費用、w：ヒトの1時間当たり賃金、K：機械などの総資本量、T：総労働時間）。前提条件として、Y（K,T）であり、生産高は機械などの資本量と、ヒトの労働量によって達成される。また企業は費用（コスト）C＝C（Y, r, w：γ）を最少化するように、賃金はヒトの「限界労働生産性」（追加の1時間あたりの労働における生産高）に相当するw/i：1時間当たりの実質賃金（物価の増減を考慮しなくてすむ賃金）を支払い、γ：最新技術はYやrやwに最善の影響を与えるように取り込むという合理的な行動を、日本全企業が画一化して実施するという理論である。

さらに労働経済学において、世界的にみて日本は大きい男女間賃金格差の要因や、正社員と非正社員間などの「同一価値労働同一賃金」という課題を分析する場合には、「経済学の差別理論」がある（本章第3節）。

「同一価値労働同一賃金」を実施するためには、「同一価値」つまり「1時間当たりの生産性」データが必要である。ブルーカラー（青い襟のユニフォームを着るような職種で、一般には工場労働者など）では生産個数などで示すことも可能であるが、日本ではホワイトカラー（ワイシャツを着るような職種で、一般には事務職）では数値化して示すことが困難である。解決のためには、ホワイトカラーを、世界的にみて日本・韓国のメンバーシップ

図表 3-1. 労働市場におけるヒトの需要と供給の経済図（上）と国の経済循環図（下）

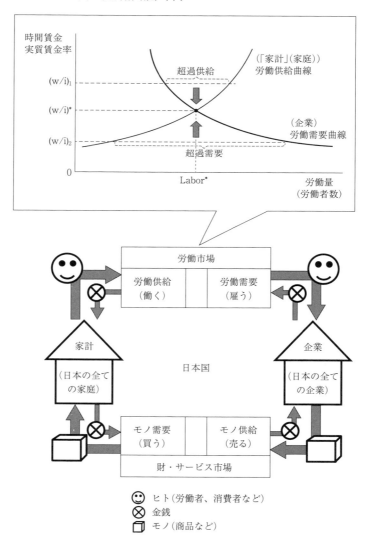

出所：新古典派経済学の理論に基づき、筆者が作成した。

第 3 章　日本の労働市場の経済学

(membership) 型から、欧米や中国などのジョブ (job) 型にすることが一案であろう。

　第2に、図表3-1下図全体が、日本国の経済循環図である。金銭の流れは、企業から労働市場を通じて「家計」にwT：賃金として支払われ、「家計」はその金銭を用いて「財・サービス市場」で、企業からX：モノをたくさん買って消費し、企業にモノの代金として支払う。日本国民全員が最大の満足度で幸せに生きていく。日本企業全体が最新技術を導入してヒトという人的資本や機会を最善に活用したうえで、費用最少化を実施して利潤を得て、企業を良好に存続させる。

　第3に、図表3-1上図は、労働市場におけるヒトの需要と供給の経済図である。ヒト（労働者）は時間賃金が高いほど多く働くので供給曲線は右上がりである。企業は、時間賃金額が低いほど多くのヒトを雇うので需要曲線は右下がりである。両者の考えが一致するのが交点の均衡点*であり、最適な時間賃金 (w/i^*) と、最適な労働者数 ($Labor^*$) は、「神の見えざる手」により、全労働者にとって合理的で最も高い満足感を得るかたちで決定する。ここで、w/i_1というw/i^*より高い賃金にすると、超過供給（失業者）が生じる。一方、w/i_2というw/i^*より低い賃金にすると、超過需要（売り手市場、労働力不足）が生じる。

　従って、ヒトや労働市場など経済・社会システムとして分析するためには、本書第4章第1節の供給レベル（家庭）、需要レベル（企業）、市場レベル（労働市場全体）に分けて分析する必要がある。特に差別などあれば、本章図表3-4のように、いずれのレベルの要因かで、用いる理論が異なる。

2．日本は二重労働市場

2－1．二重労働市場論の先行研究[1]と日本的雇用慣行

　本来、新古典派経済学においては完全競争市場の下で、すべての労働者は均一の存在であり、労働市場も1つである。

　但し応用経済学である労働経済学においては、Doeringer and Piore（1971）が提唱した「内部労働市場論」(internal labor market) により、第一次労働市場（primary market）としての内部労働市場と、第二次労働市場（secondary market）としての非内部労働市場で構成される「二重労働市場論」が導

入された。中馬（1995、pp.205-206）によると、前者は企業組織内における労働力配分機構であり、すなわち企業組織内における労働力の適材適所配分は、労働者自身の働きぶり、勤勉度、（潜在）能力あるいはそれらの集約としての人事考課情報を利用しながら、昇進・昇格プロセスを通じて達成されることが多い。後者は、内部労働市場に対比させて「外部労働市場」（external labor market）と呼ばれる企業外の労働力配分決定機構であり、つまり労働力の配分は（外部）労働市場における競争的な価格メカニズムを通じておこなわれ、財・サービス同様に、労働サービスも外部労働市場において競争的に決定する賃金により需要と供給が成立する。また Doeringer and Piore（1971, pp.165-179）で各労働市場の特性を挙げると、前者では高い賃金、雇用の安定性、昇進機会などで、後者は低い賃金および付加給付、雇用の不安定性、昇進機会の欠落、恣意的な管理、高い離職率、不充分な技能、乏しい職歴、職務への執着意識の低さなどがある。

内部労働市場の労働者は「人的資本論」の企業特殊的技能によって説明される。人的資本論は、Schultz（1995）がその存在を周知し、Becker（1964）が定式化したものである。機械資本などと同様に、労働サービスを人的資本と捉えて、「一般的技能」および「企業特殊的技能」により労働サービスの質が蓄積されるという。前者の技能は学校教育などに基づく技能であり、後者の技能は主として OJT（On-the-Job Training：企業内訓練）により獲得でき、職場の雇用慣行や労働組合の重要性で強調されるため、利己的な個人が経済合理的に行動を決定するのではなく、制度的な要因に依存する部分が大きい。さらに 2 つの労働市場の分断は、技術の発展と組織化により強固になる。

一方、日本における「内部労働市場」の特徴である「日本的雇用慣行」の「三種の神器」、すなわち終身雇用（長期的な定年退職年齢までの雇用保障）、年功賃金（年齢や勤続年数に比例して上がる賃金体系）、企業別組合（企業内組合とも呼ばれる）は、最初に Abegglen（1958）によって「日本的経営」の特徴として提唱された[2]。「三種の神器」は、「日本企業に幅広くみられる固定的な雇用慣行」［八代（1997、p.35）］であり、正社員であれば中小零細企業に至るまで認められる傾向である。

ここで、年功賃金は、本書第 2 章図表 2-7 の男性正社員の年齢別賃金の曲線により現状を示している。日本の正社員の賃金は、基本給に加えて、原則

として企業保険・各種手当・賞与・退職金などの多様な追加がある。従って、年収や生涯賃金でみると、非正社員と大きく異なる結果となっている。また、企業別組合については、欧米などの産業別組合が労働市場の流動性を促すのとは異なる。但し日本の組織率は、40年間逓減して17.4％（2015年）にまで低下している。

　さらに小池和男氏の精力的な一連の研究成果によると、企業における雇用労働者の「知的熟練」形成という経済合理的なメカニズムとして捉えられる。従って、日本では、ホワイトカラーのみに認められる訳ではなく、ブルーカラー（工場労働者）にも認められ、中小企業でも認められる。先進諸国においても、大企業のホワイトカラーのエリート社員のみに、同様の傾向が認められるという。

　なお「二重労働市場論」と一致するものではないが、従来、日本の労働市場研究において「二重構造」という概念があった。氏原（1954）によって提唱され、『経済白書』（1957年版）により周知したといわれる。尾高（1984）は大企業の本職工と臨時職工、あるいは大企業と中小企業の従業員に分けられる「二重構造」の労働市場があることを明らかにしている。つまり労働市場の二重構造とは、「大企業セクターと中小企業セクターとの賃金格差」に裏付けられるものであり、「パートタイマーや家族経営の小企業などの縁辺労働力に『しわよせ』されているという考え方は根強い」［脇田（2003、p. 31）］という。

　「日本的雇用慣行」をシステムとして新古典派経済学ベースの労働経済学に基づき明快に示したのが、脇田（2003）である。また石塚（2002；2010、第1章）は、日本労働市場における男女差についてシステムという観点でサーベイや分析をおこなっている。特に石川・出島（1994）は、企業規模と男女の賃金格差に基づく二重労働市場に関して計量経済学アプローチで1980年と1990年を比較して実証分析している。企業規模間においては29％の賃金格差が存在し、また女性が内部労働市場にアクセスすることについては制限解消の方向にあるものの統計的に説明不能な男女間賃金格差が12％残ることを導出した。

　古郡（1997、pp.9-10）は、労働市場の二重構造は正社員と非正社員間で認められるとしたうえで、図表3-2に示すように、日本における職場の現状を就業形態でみると「多重構造」であるとした。例えば、正社員にも核労働

図表 3-2. 日本における職場の多重構造

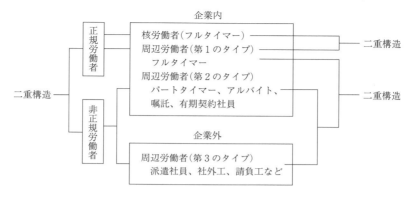

出所：古郡（1997）、p.10.

者と周辺労働者があり、周辺労働者にも正社員と非正社員があり、周辺労働者の非正社員にも企業直接雇用の契約社員などと派遣社員や請負工などがあるのを根拠としている[3]。

実際に、1991年にバブル経済が崩壊し、日本経済が低成長期に入って数年後に発表された「雇用ポートフォリオ」の枠組みでは、雇用労働者を「①長期蓄積能力活用型グループ」「②高度専門能力活用型グループ」「③雇用柔軟型グループ」の3形態に分類している［日本経営者団体連盟（1995）「新時代の『日本的経営』」］。①は現行における総合職の正社員の特徴に顕著で、②は同専門職など、③は同一般職の正社員や事務系の派遣社員などの働き方に相当すると考えられる。但し保障面からみると、①は生涯保障で昇格などもあり、②は有期雇用で年俸制、③も有期雇用で昇格などはない。1990年代後半から非正社員が増えるなど、日本労働市場の構造変化の趨勢に合致している。

2－2．日本の二重労働市場論

日本の現状を併せてみると、内部労働市場論、つまり二重労働市場論を用いて、日本の労働市場の概念を図表3-3に表すことができる。図表3-3のAグループ（以下、同じ）は、内部労働市場であり正社員の需要と供給がおこ

図表3-3. 日本の二重労働市場の概念図

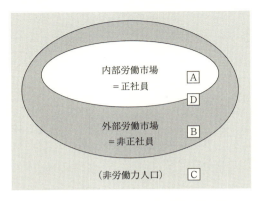

出所：筆者が首都大学東京などでの労働経済学の講義用に作成した。

なわれる労働市場である。Bグループは、非・内部労働市場としての外部労働市場であり非正社員の労働市場とみなす。Cグループは、無業者であり、アルバイトをしていない生徒や学生、高齢者、専業主婦などの非労働力のグループである。

次に、日本の労働市場における移動のルールを挙げる。①AとBグループ間の壁は、厚くて高い。特にBグループからみた壁は非常に厚くて高いが、Aグループからみると意外に脆い壁ともいえる。②BとCグループ間の壁は、場所によっては無いに等しいほどである。③職業人生において、Aグループに初めて参入する機会は1回限りといっても過言ではない。卒業見込みの生徒あるいは学生が「内定」というかたちで企業と契約を結び、卒業あるいは修了直後に「新規卒業者」として入社していく。「正社員の新卒の一括採用」と呼ばれる日本的雇用慣行である。④Bグループへの参入は、概ね誰でも容易である。特に若年層であれば一層、容易である。⑤A、B、Cいずれのグループも、退出も再参入も比較的容易といえる。⑥同じグループ内での移動は、比較的容易である。

最後に、本書第10章で後述の、筆者が独自に提示する若年層の新しい初期キャリア形成のための就業形態であるDグループについて説明する。Dは、BからAグループへの非常に困難な移動を可能にする移動ルートであ

る。すなわち、企業にとって従来通りの生徒ないし学生をＡグループに参入させるのは、正社員として長期に亘って賃金などのコスト（費用）負担が生じ、解雇も容易ではない。生徒ないし学生にとっても、入社３年以内に辞職するケースが少ないとはいえず問題視されており、就業観によっては正社員は負担が重いと感じることもあるという[4]。近年、若年層の正社員就業率が低下している。すなわち、二重労働市場におけるＡグループへの参入という労働移動が困難になっているということである。そこで一旦、非正社員のＤグループとして数年間を経験し、その後に企業と就業者双方の合意があれば、Ａグループに参入するという移動方法である。企業訓練・教育は、将来Ａグループに入ることを見越してＡグループに準じて実施され、賃金もＡグループに準ずる。非正社員の待遇改善も急務ではあるが、現実的には本章で提示するような新卒者の移動ルートや、新しい初期キャリア形成も、若年就業問題の解決策として有用であると考える。

３．労働経済学の差別理論

３－１．新古典派経済学における「労働」・「差別」・「家事労働」
（１）労働

　本章第１節でみたように、新古典派経済学のミクロ経済学の理論においては、ヒトが働く（労働供給）ときには、時間配分と所得に基づく満足度（効用）を最大化するように合理的に行動する。一方、企業がヒトを雇う（労働需要）ときには、ヒトの労働生産性と（単位当たり）賃金が等しいという前提で、費用最少化を達成して、利潤を高めるように行動する。完全競争市場における賃金は「価格メカニズム」として市場が決定し、労働者は同質という前提がある。

　生産性が同じであれば賃金も同じになり、男女などの様々な格差は入り込む余地はない。すなわち、男性と女性は完全な代替関係にある。

（２）差別

　基礎的なミクロ経済学理論では説明できない格差、すなわち「差別」が実際に存在することは周知のことである。労働経済学では、これを分析の枠組みに取り込むため、ミクロ経済学理論の応用として様々な理論が展開されて

いる。

　差別とは「同じ生産性を持つ経済財の間に存在する経済的距離」である［古郡（1997）、p.31］。ここで、経済財とは人種・宗教・年齢・男女などの異なるグループであり、経済的距離とは賃金格差・職業格差・雇用格差（失業率格差）である。

(3) 家事労働

　既述のように、新古典派の経済学では個人の効用を最大化する制約条件の1つとして時間制約があり、通常、労働と「余暇」（労働時間以外の時間という経済学専門用語）に2分割する。

　しかし、時間の2分割理論では、女性がおこなう傾向がある家事・育児・介護などは説明できなくなる。従って応用の理論として、R.Gronau（1977）の提唱した「時間の3分割（time-allocation）理論」がある。これは、時間を市場労働・非市場労働（家事労働）・余暇に3分割して、従来同様のミクロ経済学理論を応用して効用最大化するものである。

　時間の3分割を前提とする仮説には、Becker（1964）と Gronau（1977）の「時間配分（time-allocation）」モデルや、Becker（1965）の「家庭内生産」モデルがある。

　G.S.Becker は、「家庭内生産（household production）理論」により「家事労働」を説明した。家計生産関数：$X = f(Q, N)$、家計の効用関数：$\max U = g(X, L)$、時間制約：$T = H + N + L$、所得制約：$w \cdot H = p \cdot Q$、である。ここで、X：家計の生産量、Q：市場財の購入量、p：市場財の（単位あたりの）価格、H：市場労働時間、w：市場労働の（単位あたりの）価格（1時間あたりの賃金＝「賃金率」）、N：家庭内労働時間、L：余暇時間、である。1992年に、G.S.Becker は、「非市場における行動を含めた広範にわたる人間の行動と相互作用へのミクロ経済学分析の応用」により、ノーベル経済学賞を受賞した。

3－2．労働経済学における差別理論の類型

　新古典派経済学ベースの労働経済学における差別理論の歴史は古く、18世紀から19世紀に女性や少数民族に関する差別理論が散文的にみられた。しかし、実証のための理論的枠組みとして1957年に G.S.Becker が "The

Economics of Discrimination"を発表したことに端を発して、1960年代以降はアメリカでの公民権運動の展開に伴い多様な理論や実証研究がなされた。この背景には、ILO（国際労働機関）が1951年に「男女同一価値労働同一報酬勧告」を、1958年に「性別などの雇用差別禁止条約」を採択したことも影響していると考えられる。

　日本では、1986年に施行された男女雇用機会均等法に先立ち、1978年に労働大臣（当時）の諮問機関である労働基準法研究会が労働基準法の女子保護規定の是非に関してまとめた報告書に端を発して、社会科学の各分野においてそれぞれの見解が発表された。

　労働経済学における差別とは、「生産性が同じ労働者が、経済合理的でない理由によって同じ賃金にならないこと」であり、最終的には賃金格差に収束することが多い。公共経済学における差別理論では、主として貧富の差に注目して、社会的厚生関数をもちいて所得の（再）分配などを分析する。

　本章では、前者について、男女の格差および差別の理論に関して先行研究をサーベイする。なお、アメリカの研究などは特にマイノリティ問題として、人種による差別を問題にして、被差別グループを黒人、非被差別グループを白人と捉えることも多い。本章では男女差別におきかえて、被差別グループを女性、非被差別グループを男性として説明する。

　図表3-4は、格差や差別に関する理論を、労働供給側・労働需要側・労働市場別に類型化した。但し、実際には労働市場のなかで労働の供給者や需要者は相互に影響して行動していることも多く、A・B・Cは相互に絡んでいることもある。

A. 労働供給側（労働者）の要因：①②経済合理的な男女賃金格差の理論

　まず、Becker（1964；1993）は、「①人的資本論（Human capital theory）」を提言し、教育により、アメリカにおけるいわゆるマイノリティ問題である人種や性別のために不平等に不利な扱いを受ける労働者グループを説明した。「人的資本論」では、人的資本生産関数は労働者の均質性を前提とせず、労働者が人的資本へ投資した量（能力などの変更が難しいもので、具体的には学校教育年数・職業別就業経験・職場訓練・健康など）によって限界生産性が上昇し、賃金が上昇するという枠組みをもつ。賃金格差のうち説明できる部分は労働供給者個人の属性の差であり、説明できない部分を差別と捉える。

当初は新古典派経済学の競争理論の効用最大化という枠内で完結しようとしていたが、後にBecker（1975）は、職場における一般訓練と特殊訓練の区別から賃金格差を説明している。

　他方、賃金格差で差別や失業の存在を説明できないという批判がある。すなわち、実際に所得分布と人的資本に用いられる変数の分布は異なっていること［Thurow（1975）］などがある。また、教育は労働者の生産性についてのサインにすぎないという視点から、Spence（1973）の「シグナリング・モデル（Signalling Model）」やArrow（1973）の「スクリーン・モデル（Screen Model）」がある。大沢（1993、第3章）は、この理論に基づき、日本の男女間賃金格差を出生コーホート別に検証している。また、ホーン川嶋（1985）は、人的資本理論の変数である教育と勤続年数が男女賃金格差に与える影響を分析しているが、前者は競争的セクター（外部労働市場）のホワイトカラーの女性労働者だけが11％の賃金格差縮小の効果があることと、後者は総じて賃金格差縮小の効果が大きいことを導いている。石塚（2010）・Ishizuka（2017）などは、当該理論に基づき、Blinder（1973）、Oaxaca and Ransom（1994）の要因分解分析の手法で実証分析をおこなっている。

　また、「②補償賃金仮説（Compensating wage differentials）」では、労働者の仕事の質を考慮して男女の賃金格差を説明する。賃金だけでは説明できない仕事の属性（例えば、仕事場の快適度、技能修得の難易度や費用など）の存在によって賃金格差が生ずるというものである。その起原はアダム・スミスの『国富論』による［大橋他（1989）、p.110］。S.Rosen（1974；1986）、M.R.Killingsworth（1987）、大橋他（1989）が参考になる。日本でこれを応用したものに、中馬・中村（1994）のヘドニック賃金アプローチによるものがある。

A. 労働供給側（労働者）の要因：③家事労働の生産性における比較優位論

　「③家事労働の生産性における比較優位論」は、労働市場外の要因で、男女間格差および差別を説明した理論である。リカードの比較優位論、すなわち貿易論の応用で、女性は家事労働の生産性が男性より高いので、女性が家事労働に特化し、男性は市場労働に特化したほうが、世帯としては効率がよいというものである。なぜ女性が家事労働の生産性が男性よりも高いのかということを説明できない点が問題である。Polachek（1975）は、男女の労

図表3-4. 労働経済学における男女間の差別理論の類型

A. 労働供給側（労働者）の要因
①「人的資本論」（労働者の属性）で説明できる部分が格差→残余部分（労働者の属性以外）が差別
②「補償賃金仮説」（仕事の属性）で説明できる部分が格差→残余部分（仕事の属性以外）が差別
③「比較優位論」に基づく、家事労働の生産性の格差→労働市場外の要因
B. 労働需要側（企業・雇い主）の要因
①「差別嗜好理論」：雇い主・男性労働者グループ・消費者の偏見に基づく差別
②「統計的差別」：女性労働者グループの平均勤続年数の相対的低さなどのデータで、個人を評価する差別
C. 労働市場（労働慣行、市場分断）の要因
①「職業分離と殺到仮説」：男女で職種が異なり、別々の賃金体系に従う
②「内部労働市場論（二重労働市場論）」：市場の分断化で、正社員の内部労働市場は男性労働者が多く、非正社員の外部労働市場は女性労働者が多い。
③「需要独占モデル」：企業が、男性労働者グループを好む。

出所：筆者が先行研究をサーベイし、類型化して作成した。

働・非労働における性別役割分業を女性の相対的に高い世帯内での生産性の高さによる比較優位論の視点で説明している。また、Lazear（2000）は、このことを前提とした分析をおこなっている。

B. 労働需要側（企業）の要因：①企業・雇用主などの偏見による差別

「①差別嗜好理論（taste of discrimination）」は、最初の差別理論として、Becker（1957：1971）が提唱した。女性労働者グループの個人を雇い入れる場合には、企業、男性雇用主グループ、男性労働者グループ、消費者が偏見をもっているために、企業は心理的なコストを負担しなければならないので、当初の賃金よりも実際には高く支払わなければならなくなるというものである。すなわち、雇用主は利潤極大化のための行動はとっていないということになる。結果として、女性労働者グループの個人とそうでない個人の間に、賃金格差が生じるというものである。問題点は、市場が競争的であれば賃金

格差による差別の存在を説明できないことと、長期的にはより偏見をもたない企業がそうでない企業よりも優勢になることにより、差別は解消に向かうということである。

　現在の日本の状況では、女性労働者グループの個人を雇う場合、男性労働者グループの個人と同じ限界生産性でも、低めの「賃金率」（単位当たり賃金）としているため、企業の生産性が高まるという展開である。経営層に女性がいてコミットすることは、「女性活躍」を組織運営に反映できるという前提がある［山本・松浦（2011）など］。山口（2011）によると、トップマネジメントに「ジェンダー・ダイバーシティ・マネジメント」（職場において男女という多様性を取り込むことにより成果につなげる企業経営）を導入している企業は、収益性や生産性が相対的に高い傾向が認められるという。

B. 労働需要側（企業）の要因：②情報の非対称性による差別

　さらに差別を情報の非対称性に基づいて説明した、Phelps（1972）やArrow（1974）の統計的差別がある。これは、企業が求職者（労働者）の生産性に関して不完全な情報しかもっていない場合、個人ではなく所属する労働グループについての統計的な特徴によって過小に評価し処遇を決定するというものである。その結果、企業は訓練などのコストの回収などを考慮して、利潤最大化のために合理的な行動をとり、男女間の賃金格差が生ずるというものである。

　これを応用して、八代（1983）は歴史や制度に基づかない「技術的差別仮説」を提唱して、日本の女性の平均離職率が男性に比べて高いことに注目して男女間の賃金格差を分析している。男女間賃金格差は、一般に初任給水準、勤続年数、年齢の3つに要因分解できるという。また、川口（2008）は、ゲーム理論等を用いて理論的に応用している。

C. 労働市場の要因：①②③労働慣行と市場分断による差別[5]

　① Bergmann（1971）の「職業分離と殺到仮説（occupational segregation and crowding）」は、男女別の職業の偏りによって賃金格差を説明した。男性と女性の職業分布が異なっており、これらの職業間の移動が制度的に分断されているので、女性は相対的に少ない特定の職業に殺到することにより賃金格差が生じるというものである。すなわち、女性の職業グループでは労働

供給が過剰になり労働生産性が低下して賃金は低下する一方、男性の職業グループでは供給不足気味になり限界労働生産力は上昇するという。そもそも職種などの広義の属性として分類できる間接的な要因が異なるというような説明は受け入れられやすい。しかし、依然として制度の制約が存在しているので、なぜ女性が特定職種に殺到するのかを経済的に説明するのは難しい。

石塚（2010、第 7 章）は、当該理論に基づき、実証分析をおこなっている。

② Madden（1975）は「需要独占モデル」を提唱することで、「差別嗜好理論」の問題をうけて、競争の仮定から離れた。男性の市場の需要独占力により、企業や雇用主が利潤を極大化するために賃金格差が生じるというものである。前提としては、労働市場は男性労働者グループと女性労働者グループのものとに分断されていることと、女性労働者グループの労働供給の弾力性は相対的に低いということがある。問題点としては、男性労働者グループが長期的に需要独占力を保てるという前提が挙げられる。また、女性の供給弾力性が相対的に低いという仮定は、日本では必ずしも適切ではなく［樋口（1991）など］、アメリカにおいても少なくとも 1970 年代半ばまでは適切でなかったこと［Killingsworth and Heckman（1986），p.179］がこの間も男女差別問題は依然としてあったこと［Mincer and Polachek（1974）］が説明できない。

③ P. Doeringer and M. Piore（1971）に提唱された「内部労働市場論」がある。労働市場は、内部労働市場と外部労働市場という質的に異なるセクターで構成されるというものである。外部労働市場と異なり内部労働市場は、いわゆる新古典派経済学の競争的労働市場論では説明できないものであり、内部の労働者に関しては「企業特殊的人的資本論」によって説明される。企業特殊的人的資本論とは、企業特殊的技術（技能）と OJT（On-the-Job Training）に起因するものであり、加えて職場の雇用慣行や労働組合の重要性を強調している。すなわち、利己的な個人が経済合理的に行動を決定するのではなく、制度的な要因に依存して決まるというものである。また、労働市場が分断されるのは技術の発展と組織化により生ずるとしている。これに先だち、氏原（1954）は日本の特徴的な雇用慣行である二重労働市場について提唱している。また、ホーン川嶋（1985）は男女間の賃金格差の分析に応用している。これによると、集中的セクター（内部労働市場）では 26％、競争的セクター（外部労働市場）では 75％の男女間の賃金格差があること

を導いている。G.Saint-Paul（1997）は理論分析を展開している。また、石川・出島（1994）は、企業規模間と男女間の賃金格差についてスイッチ回帰モデルという計量経済学の手法を用いて詳細な分析をおこなっている。1980年と1990年を比較しているが、企業規模間においては29％の賃金格差が存在し、また近年、女性の内部労働市場へのアクセス制限は解消の方向にあるものの男女の賃金格差が12％残っているという結果を導出している。

3－3．労働経済学は応用ミクロ経済学

新古典派経済学では労働市場内における差別を扱うが、それ以前に、採用条件などの制度的な労働市場外差別も考えられる。その場合、労働市場外差別は労働市場内に持ち込まれる、と捉えて生産性と賃金の属性要因を分析することになる。従って、先行研究で用いられていない変数も差別に含まれることもある。

「B②統計的差別理論」を用いて、日本の労働市場での計量経済学分析では、労働の質に関する平均的な数値として、女性グループの平均勤続年数を個別労働者への対応として用いることが多く、結果として「C③内部労働市場」からの分断という結論に至ることもある。

例えば、募集・採用では統計的差別・需要独占モデル・補償賃金仮説など、教育や訓練に起因する場合は人的資本論・内部労働市場論など、特定職種への配置は職業分離と殺到仮説、賃金体系上や昇進では需要独占モデルなどが応用できる。

4．学際的な差別関連理論

梅村他（1988）によると根拠はないとしているが、戦前の農業経済学においては、農業の女性労働者の質を計上する場合に男性の数値に0.8を乗じた数値を用いていたという。

4－1．「ガラスの天井」と「くっつく床」の分析の枠組みと先行研究

男女の昇進格差に関しては、「ガラスの天井」（Glass ceiling）、および「くっつく床」（Sticky Floor）［Booth, Francesconi and Frank（2003）］という言葉がある。前者は、性別などにより昇進が制約された状態をいう。ガラスであ

るため、透過的な制約を意味する。後者は、初職（最初の職位）から昇進できない状態、をいう。

　Lazear and Rosen（1990）は、閾値効果（a threshold effect）仮説を提唱した。女性労働者グループに属する任意の女性は、昇進時に制約を受けることが多いというものである。上位管理職割合の高い男性が人事決定権をもつことが多いので、同じ男性グループの個人が有利になるような決定をおこなう。また Bihagen and Ohls（2006）は、育児のために就業制限をおこなう年齢層の存在を前提として、統計的差別に基づき、雇用主が彼女たちを雇うのを躊躇するという。

　近年、当該問題は、経済政策の一部となることに伴い、経済学による実証分析研究がおこなわれるようになってきた。Hultin（2001）は、閾値効果仮説の克服に成功した女性が、男性と同程度かそれ以上の生産性をあげれば、女性のほうが優位になり、結果として高い職位では男女差が少なくなるという。また Bihagen and Ohls（2006）も、スウェーデンにおいて、ガラスの天井は上位ではなく、中位や下位の職位に存在すると指摘している。すなわち「くっつく床」に近い。また、Albrecht, Björklund and Vroman（2003）は、スウェーデンにおいて、男女間賃金格差が上位職まで存在することを明らかにし、ガラスの天井の存在を示唆した。

　旧来の日本の働かせ方では、内部労働市場のコアにいる既得権益者グループの個人は DM 能力が低いため、ジョブ型就業能力とは異なる、固定的な意に沿わない労働者を出る杭を打ち排除する傾向にあるといわれる。例えば、岩田・大沢他（2015）によると、「女性の場合、独身であることや子どもがいないことが、昇進や昇格にプラスになるような構造が、日本の労働市場にはある」という。昇進などの際には、男性にはない「ガラスの天井」となることがある。

　これらの理論的枠組みは、経済・社会システムの一環であり、企業レベルの昇進メカニズムに、家庭レベルの要因や、市場レベルの要因が影響すると捉えることができよう。

　Ishizuka（2016）は、日中韓のこの経済・社会システムの理論的枠組みと、人的資本論などに基づき、数値データを用いた計量経済学により、日本企業・韓国企業・中国企業に関して実証分析をおこなっている。日本企業では、①男女共に、「遅い昇進」（職位の年齢が他国に比べて高い）という国全体の

「くっつく床」が認められた。②特に女性は、配偶者や子どもという、結婚・出産の家庭要因が、職位なしの就業者数を引き上げるという「くっつく床」が認められた。係長以上でも、同様の傾向がみられる。韓国企業では、①男女共に大学進学率が高いが、係長クラス昇進へは女性のほうが早く、男性に「くっつく床」が認められる（背景には、若年男性に2年間の兵役があり就業できないが、女性は卒業後にすぐに就業という影響が考えられる）。②しかし、最終的に上位の管理職には男性の昇進者が多く、生涯を通じてみると、男性のほうが昇進するといえる。中国企業は、①係長就任は相対的に低年齢であり、女性のほうがむしろ多い傾向があるが、女性は職位が低いほど（職位なしと係長クラス）、勤続年数が長く、係長を含めて「くっつく床」傾向がある。一方、男性では、より高い職位（課長クラス）で、勤続年数が長い傾向がある。②キャリア形成の男女差に影響するのは、「定年退職年齢」の差であり、他に職位別の「平均年齢」の差も確認できた。

4－2．カンターの人数割合理論

Kanter（1993）の人数割合理論では、全体の15％を占める個人に対して、全体の約85％以上を占める支配グループが支配し圧力をかけるため個人は対応できない。20％から40％、特に35％程度になると"マイノリティ（少数派）"グループになり、全体の意思決定にいくらか影響する。40％を超えてマイノリティでなくなると、役割行動が変わる。旧"マジョリティ（多数派）"グループが予想していた従来同様の行動を、旧マジョリティグループはとらなくなるという。さらに、男女という多様性を重視して、男女の多様な人財を活用し、高く評価する経営の実現のためには、女性割合に加え、経営者や管理職という評価の権限や、組織における機会の容認が必要という。

日本の「女性活躍政策」「若年者活躍政策」「一億総活躍政策」について、本書第2章で解説したように、日本政府と、世界（国際連合）は、近年、複数の女性割合を目標に掲げている。世界の各国目標である1995年までの30％、2015年提示の50％、日本目標である2003年提示の30％、2015年改訂の15％などと、カンターの割合理論を照合すると、位置づけが分かる。

日本の指導的地位の女性割合は約10％であるので、マイノリティにも達しておらず、「個人に対して、全体の約85％以上を占める支配グループが支配し圧力をかけるため個人は対応できない」ということになる。現在の日本

のように15％以下の女性リーダーは、コア男性同様以上に従来の日本的働き方を徹底していくタイプと、柔軟な新たな働き方を高く評価して人材育成できるタイプに大別できる。

　すなわち、管理職や経営者の女性が40％を超えてマイノリティとはいえなくなった時に、従来の発想とは異なり、ダイバーシティ能力を発揮するようになるという。加えてダイバーシティ能力の高い男性や若年男女にとっても、能力を発揮して長期的企業収益の向上に貢献できるようになる可能性が高い。人数割合は、「ダイバーシティ経営」（DM：Diversity in Management 多様性を重視して、多様な人財を活用し、高く評価する経営）、および「男女ダイバーシティ経営」（GDM：Gender Diversity in Management）の重要な要素の1つといえる。

　石塚（2017）は、当該理論を「B①差別嗜好理論」に基づく応用ミクロ経済学として展開し、計量経済学の実証分析をおこなっている。結論の概要は、本書第9章である。

【注：第3章】
(1) 労働市場に関する理論として、本章で挙げたもの以外にも、「インサイダー・アウトサイダー理論」や「フォーマルセクター・インフォーマルセクター」という捉え方がある。前者は、Lindbeck and Snower（1988）によって提唱され、労働組合組織率や失業率の高い欧州で盛んな理論である。インサイダーの労働者は労働組合員であり賃金決定にかかわり、失業中や不十分な職に就いていて組合員ではないアウトサイダーとはこの点で異なるというものであり、相互移動は柔軟的である。全く異なる内容なので、注意を要する。後者のインフォーマルセクターとは開発途上国における公式に記録されない経済部門および経済活動であり行商などが挙げられる。
(2) Abegglen（1958）は、終身雇用、年功序列（賃金の上がり方と昇進に基づく）、企業別組合を指摘したといわれる。しかし「終身雇用」に関しては、原書では「企業と従業員の社会契約として『終身の関係（lifetime commitment）』」と表現されているが、翻訳者が「終身雇用」と訳している。その結果、現在ではlifetime employmentと英訳されるようになっている。
(3) ここで用いた正社員は古郡（1997）ではフルタイマー、非正社員はパートタイマーなどの用語が用いられているが、筆者が現状に合わせて換えて用いた。また筆者は、核労働者は総合職、周辺労働者は一般職などが代表例であると考える。
(4) 「七五三現象」と呼ばれるものである。中学卒業・高校卒業・大学卒業者が3年以内に辞職する割合は、各70％、50％、30％程度であることをいう。
(5) 市場が分断されているという仮説は、一般に「制度派」とよばれる。

第4章

経済・社会システムとしての日本労働市場の歴史

1. 経済・社会システムとしての労働市場の経済学

　本章では、日本経済の変化に応じて時期を分け、労働市場に基づく経済・社会システムの歴史を検討する。経済・社会システムとして、本書第3章第1節の労働経済学理論に基づき、図表4-1に示すように、①男女労働者の働き方（労働供給）、②企業による労働者の働かせ方（労働需要）、③市場全体をみていく[1]。概要は次のとおりであるが、相互に関連する項目もある。

> 経済・社会システムとは：
> ①労働者レベル（家庭レベル）：「労働供給」：男女労働者グループ、労働者数、人的資本論の投資量としての学歴や勤続年数など、主として女性労働者のワーク・ライフ・バランス（個人単位制度・夫婦単位制度に関連）など。
> ②企業レベル：「労働需要」：労働慣行、賃金、就業形態（正社員・非正社員）、職種、従業上の地位（管理職数）、経営者団体の動向[2] など。
> ③市場レベル：経済変化、構造変化、法制度、政策、世界機関

(国際連合 (UN) と国際労働機関 (ILO)) 等の動向など。

　図表 4-2 は、経済・社会システム研究を、中国都市部労働市場について分析した石塚 (2010) の枠組みである。労働経済学において「差別」が現れる3つの格差、男女間の賃金格差、職業格差、雇用格差（就業者、失業者、無業者の格差）を網羅している。加えて、3 レベルの各枠の外に位置する新技術 γ への適応格差は、すべてのレベルにかかわるものとして経済学で重要な要素である ($Y = F(L, K : \gamma)$)。なお図の上部は当該データの中国特有の論点であり、「計画経済（国有セクターが主流）→市場経済（非国有セクターが主流）」は、計画経済の影響が強い国有セクター従業員の男女間格差と、市場経済に基づく非国有セクター従業員の男女間格差とを分けて分析、比較することにより、今後の労働市場を展望するということである。

2. 日本の経済・社会システムとしての労働市場の歴史

2-1. 明治期：産業革命と女性雇用労働者の登場：1886〜1912 年

　明治・大正期をつうじて、日本の女性の労働力率は高く、そのうち約3分の2の女性は家族従業者として農業に従事していた。

　一方、同時期の男性の農業従事者は全体の半数前後で推移している。また、産業革命以前の明治初期には雇用労働者数は男性のほうが女性よりも多く、出身は農家の次男、三男がほとんどで、官営工場や鉱山関係に従事しており、低劣な労働環境のもとにいた。しかし、1891（明治 24）〜1892 年に早くも定年制の導入が東京砲兵工廠や日本郵船にみられる。

　日本の近代経済成長のはじまり（産業革命）である 1886（明治 19）〜1907 年の日露戦争後恐慌までの約 20 年間に近代産業の創業が相次いだが、綿紡績業と製糸業を中心に展開し、外貨獲得のため関税政策をとるなどして、生糸の世界最大の輸出国になった。これらの産業が熟練労働者は必要としないことと、産業革命において後進国であった日本が先進諸国と競争する激しい合理化の結果として、主たる労働力に女性や年少者が選ばれたのである。女性のなかでも特に 20 歳未満の若年労働者が過半数を占めていた。工場労働者の女性比率は、製糸業で約 95%、紡績業で約 80%、織物業で約 90% で

図表 4-1. 男女別に捉える経済・社会システム

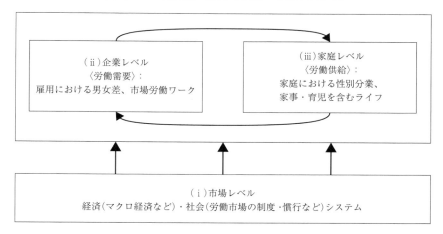

出所:筆者が作成。

図表 4-2. 中国都市部男女別に捉える経済・社会システムの分析の枠組み

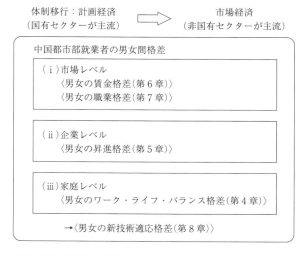

出所:石塚(2010)、図表 1-4。
注 1. 図中の章は当該書籍のものであり、各章で計量経済学の実証分析をおこなっている。

あり、産業革命にたずさわった労働者の 60％ 以上が女性労働者であった。また、これら女性労働者の特性は、低学歴（最終学歴でみて尋常小学校卒業が過半数）で、遠隔地農村からの出稼ぎ者であり、特に貧農家の出身者が大半を占めていた。労働条件をみると、例えば 1898 年の紡績業の女性の月当たり賃金は約 4 円、労働時間は深夜労働を含む昼夜二交代制であり、製糸業の女性の労働時間は 1 日平均約 13〜14 時間、長いときには 17〜18 時間にも至ったようである[3]。また、寄宿舎制度により私生活も労働監督下にあった[4]。

産業革命期に普及し、それ以降も女性が基幹労働力となっていったものに石炭鉱業がある。炭坑によっては夫婦を一対として労働させたりで異なるが、女性労働者比率は 10〜30％ くらいであった。しかし、この際の女性労働者の特性は先のものとは異なっており、青年層の有配偶者が中心で坑内夫として採炭作業に従事し、夫婦で離村して炭坑に住み着いた共稼ぎであった。女性は過酷な坑内労働に加えて家事や育児も担うという二重の責任を強いられており、例えば年収は夫が 56 円に対して妻は 33 円であった（1925 年）[5]。これらの女性などを保護する目的で、1905（明治 38）年に鉱業法が施行された。

農家の女性の副業として、自宅で内職をしている家内労働者は多く、例えば 1912（明治 45）年の経営別綿織物業の女性労働者数は、工場労働者が 12 万人足らず（16％）なのに対して、家内労働者は 59 万人余り（80％）でそのほとんどが農家の有配偶女性の副業であった。その賃金は、「大工業たる機織業に低廉な賃職を以て参与した」とあり、1 日 6〜7 銭（1900（明治 33）年、一等女工は 1 日 40 銭）にすぎなかった[6]。

ここで、当時の女性に対する法制度の扱いをみる。明治維新後の大日本帝国憲法では臣民が平等に公務につく機会を認めてはいるが、女性は総じて家父長制をとる家族制度のもとにあり、有配偶女性である妻は、民法上は法律行為に夫の同意を必要とする「無能力者」であり、財産権はなく就業に際しても夫の許可が必要とされ（14 条）、刑法では一方的に姦通罪の対象とされていた。但し、同様の法制度は先進各国でもみられた[7]。他方、家族制度の役割のひとつとして、「戸主が負う幅広い扶養義務を通して、失業、貧困などを救済する社会政策の代替作用を家が担っていた」[8]。

2−2．大正期：産業構造の変化の兆しと工場法制定：1912〜1928年

　明治前期には工場労働者は男性のほうが多く、低劣な労働環境のもとにいたことは既に述べた。その後の産業革命が軽工業中心に推し進められて以後、女性雇用労働者の数が飛躍的に上昇した結果、低賃金、長時間労働という労働環境がこれらの労働者グループに助長されつつ引き継がれていったようである。これらの事実に並行して、既に1882（明治15）年に工場法の準備が始められたようであるが、経営者側の猛反対が続き、政府も「工場主側の代表者に気兼ね」をして強くでることもせず、時間が経過した。果たして、「保護職工」である女性や年少労働者をこの過酷な状態から保護する目的としての保護法として1911（明治44）年に工場法はようやく制定され、1916（大正5）年に施行された。1914年にようやく工場労働者のうち男性雇用労働者数（66万人）が女性（65万人）を抜いたことからもかなりの後手だったことは否めない。工場法は二十数か条の条文にすぎず内容は貧弱なものであったが、それすらもあまり守られず、労働環境は改善したとはいえない。この際の女性を保護の対象とする理由は、年少者と同じく「肉体上、精神上の弱者」というものであった。1923年の大幅な改訂で母性保護が初めてもりこまれ、その後も昭和初期まで数回の改訂がおこなわれているが、これによって女性の労働市場が大きく変化することはなかったといえる[9]。この制定に際しては、1919年に設立されたILOなどの世界的要請としての外圧が作用したようである。

　前後して日本経済は、1897（明治30）年に金本位制に移行し、同年、綿輸出量が輸入量を超えるという年になったが、その後、輸出が落ち込み恐慌が頻出する。1904年勃発の日露戦争によって近代産業は刺激を受けるが、国際収支は悪化していたところに、1914年に第一次世界大戦が勃発し、参戦国の経済力の落ち込みに食い込むように日本経済は好況となった。これにより、繊維などの軽工業が拡大する一方、鉄鋼・機械・造船などの重工業も好況の波にのりはじめる。このため、労働需要は拡大し、これらの産業に農村や都市の過剰労働が吸収されていった。しかし、1917（大正6）年をピークに輸出額は減少しはじめたことに加えて、戦後恐慌、関東大震災、そして1927（昭和2）年の金融恐慌が続いた。このような状況のなかで徹底的な産業合理化がおこなわれ、熟練労働者に対して終身雇用制や年功序列賃金体系を導入して抱え込む一方、供給過剰気味の非熟練労働者の待遇を悪化させ、

賃金格差が拡大していった[10]。さらに、1917（大正6）～1919年に定年制が造船大手各社、銀行・信託会社などで導入されている。また、初期の労働政策として、1922（大正11）年の健康保険法の制定や、これに続く職業紹介や労働災害に関する法制度の制定がみられる。この時期、財閥も成長し、非近代産業との生産性の格差が明確になっていく。また、第一次世界大戦期の産業構造の変化により、雇用労働者の女性比率が減少した。女性の雇用労働者に限ってみると、いずれの軽工業においても80～90％を占めていることと、絶対数が逓増する傾向は変わらないものの、他方、重工業をみると金属・機械工業の女性雇用労働者の構成比は4.8％（1914年）から6.4％（1919年）へ、さらに1940年には10.2％へと僅かに増加した。世界的にみても第一次世界大戦期に女性雇用労働者は重工業で働いており、このことが女性の働く権利意識を強めたことに影響されて、1919年のILO設立時の国連労働憲章41条に男女同一労働同一賃金が盛り込まれ、1951年の採択のILO100号条約へとつながるのである。

　同期間の学校教育についてみると、都市部では男女ともに中等学校へ進学する傾向があり「学歴社会の端緒的な形成」がみられる。農村部では、男性は高等小学校へ進んだ後、村内で実業補習学校へ進むかあるいは村外へ就職するかの選択がなされ、女性は尋常小学校卒業後に給仕・工員・小店員として就職するかあるいは高等小学校や女学校へ進学する傾向がみられる。また、都市近郊の農村では、教育および都会志向の傾向がみられる。そして、既に社員・準社員・工員といった地位と学歴の対応関係が、大企業においては確立されていた[11]。

　1924（大正13）年頃の東京市の家内労働者数は4万1000人で、主に内地向けの製造加工（裁縫などの繊維関係が半数）に従事し、大半が手作業であり、その9割は有配偶女性であった。また収入は、仲買人の介在、不況による注文の減少、内職者の供給過多などの理由で低落傾向になる。その額をみると、1カ月の工賃収入は平均4円19銭（紡績女工の平均賃金は1日1円10銭）であり、世帯総収入の13％を占め生活費の補助として支出された。また、内職不振の原因のひとつに「内職の家庭生活に及ぼす悪影響」があり、そのなかに「家事の不取締」があることは興味深い[12]。

2−3．昭和初期：重工業の発展と女性工場労働者の減少： 1929〜1936年

　1929（昭和4）年にアメリカで発生した世界恐慌の影響で日本も大恐慌となり、企業の倒産や失業者が増加したが、国内では積極財政がとられ、対外的には金輸出禁止による為替相場の下落により輸出が増加するなど、早急な政策によって好況に転じた。特に、1936年には金属機械器具工業の生産額が紡績工業を抜いてトップに躍進し、これらの産業を中心とする重工業が急成長し、労働需要も拡大した。また、1933年には工場労働者の女性比率が50％を割り込み、それ以後逓減していった。石炭鉱業においても、手労働から機械採炭に変わり、女性雇用労働者の比率は逓減していった。このようななかで、1928（昭和3）年には鉱夫労役扶助規則の改訂により「保護職工」（女性、年少労働者）の深夜業・坑内労働が禁止され、1929年の工場法の改訂では女性と年少者の深夜業の禁止が盛り込まれ、「年期制度」が揺らぎ、雇用労働へと移行する。また、保育所については、1938年に制定された社会事業法のなかで託児所として規定された。

　戦前の家内労働者は、大企業の下請けのその下の孫請けとして需要があるものも多かった。大阪市の内職調査報告書によると、1938（昭和13）年には、製品種類別には繊維関係が44％を占めておりゴム製品（履き物）などと続く。当時の収入は、1カ月平均7円81銭（紡績女工の賃金は大正時代以降減少傾向で1日77銭であった）。「日華事変の進展に伴い国民の緊張感が各家庭にまで浸透して生産活動に従事しようとする意識と生活補助収入を得ようとする考えから、内職が社会的関心を高めていた」ことを受けて、厚生省は家庭内職者の奨励に努め、保護助長に力を注いだ。また、内職の産業的、社会的長所は「個々の余暇を駆って最下層乍らも生産活動に関与せしめ生産力拡充の国策に順応せしめるものと云うことが出来る」とし、具体的には「余剰労働力の善用」などの5点をあげており、短所としては「工賃が一般的に低廉なること」などの5点をあげている[13]。

　戦前の教育制度は、義務教育を除き、男性は中学校や実業学校、女性は高等女学校、実科女学校に進学することになっており、「母性の存養」などのための教育がなされていた。また、その上の大学教育、特に旧帝国大学に女性が入学する道は閉ざされていたといえる[14]。

2−4．太平洋戦争期：戦時経済と若年未婚雇用労働者： 1937〜1945年

　1937（昭和12）年に始まった日中戦争以降、戦時経済が色濃くなっていく。第二次世界大戦の敗戦まで、工場労働者の女性比率は低下していったが、金属・機械器具工業においては労働需要が逼迫して女性労働者数とその比率は上昇した。この時期は戦時の非常事態であり、工場就業時間制限令が廃止され、工場法も遵守されなくなった。さらに、1943年1月には「生産増強勤労緊急対策要綱」が閣議決定されたことにより、女性に代替しうる業種・職種において女性の雇用の標準率が設けられて、男性の就業が制限・禁止された。このようにして、女性の雇用が拡大した。この際の女性雇用労働者も20歳未満かあるいは20歳代前半の未婚の女性が大半を占めており、日本の伝統的な家族制度のもと「妻」は勤労から除外されていた。

　また、税制面では、1940年には配偶者（主として妻）が扶養控除の対象に加えられ、税額控除になった。後に配偶者控除と言われる税制度の始まりである。1944年には中学生や女子学生が「学徒動員」として強制労働を強いられ、1日10〜12時間あるいはそれ以上の時間を働いた。また、学歴は軽工業のそれに比べると相対的に高学歴（高等小学校卒業以上が過半数）であり、都市に居住する非農業従事者の家庭の出身者が大半を占めていたことに特性をみいだせよう。

2−5．昭和中期：敗戦後：専業主婦と核家族の拡大期： 1945〜1956年

　1945（昭和20）年の敗戦の直後に悪性インフレが生じたが、1946年からは鉄鋼産業と石炭産業に重点がおかれた「傾斜生産方式」がとられた。緊縮財政が続くなかで1950年に朝鮮戦争による特需が生じ、1951年には日本の工業生産は戦前の水準を突破し、生活必需物質の供給が増大するなど物質的にはゆとりが出てきはじめ、1955年には日本経済は戦前の実質GNPまで回復した。

　敗戦後、連合軍司令部により労働組合の助長、学校教育の民主化とともに日本婦人の解放が指示された。実際には、1946年の総選挙において女性は参政権を初めて行使することになる。また、日本国憲法には、すべての国民の「法の下の平等」（第14条）や家庭生活における男女平等が含まれ、職業

選択の自由（22条）、生存権（25条）、勤労権（27条）を明示した。さらに、占領軍は経済民主化政策を行い、財閥解体や農地改革がおこなわれ、1945年に労働組合法が、翌年に労働関係調整法が施行された。また、1947年には成人男性までをその対象に含む「体系的労働者保護法」である労働基準法が制定された。このなかには「男女同一賃金の原則」（4条）もうたわれており、女性の「一般保護規定」（広く女性を保護の対象とする、労働時間・休日・深夜業・坑内労働の禁止）や「特別保護規定」（妊娠・出産者を保護の対象とする）（61〜68条）、さらに「出産前後の解雇制限」（19条）や「出産その他の費用にあてるための賃金の非常時払」（25条）が盛り込まれていた。労働条件のうち特に労働時間に関するものは、1日8時間、1週48時間（32条）、残業規制（36条）、時間外労働への割増し賃金（37条）、休日・休息（34・35条）、有給休暇（39条）などがある。これは、1919年のILO第1号条約の1日8時間、1週48時間という世界標準が掲げられた形であるが、実際にはあまり遵守されなかったという。

　同1947年、労働省に婦人少年局が、各都道府県には婦人少年室が設けられ、女性労働者保護に対する行政機関の中心となった。これらのことは画期的なこととして評価できるが、再び女性は年少者とセットで保護されるべき労働者と位置づけられている。同年、改正民法の制定により、「家族制度」が廃止された結果、財産管理権が認められ「夫婦別産制」がとられるようになり、また離婚の際の子どもの監護者の決定、財産分与の請求が認められるようになった。さらに、教育基本法の施行により教育の機会均等がうたわれ女性も高等教育に進めることとなった。まず、中学校が男女共学制になり、翌年には高等学校が男女共学制になると同時に女子大学の創設、国立大学に女性が入学できるようになった。また、1949年からは、新設大学が設置されるとともに、当初は暫定的な制度として短期大学が設置された。「短期大学に期待された主要な機能は、一つは家政のような実際生活に役立つ教育を目的とする女子のための高等教育機関として」であった。この機能は1951年頃から明確になり、1964年に短期大学は法制化された[15]。一方、戦後の学校教育にたずさわる女性が増えるとともにその継続的就業が要請されたことを受けて、1956年に「女子教育職員の産前産後の休暇中における学校教育の正常な実施の確保に関する法律」が制定され、女性の教職員の産前産後には教職員の臨時任用が認められた。

この間、家内労働者の労働条件には問題が多く、これに対して施策を講ずべきとの意見は1947年の中央労働基準審議会の答申で指摘されて以来あったようである[16]。また、1954年には、日本で初めてパートタイム労働者が雇用された[17]。家族従業者は農業などの第1次産業で多いが、第3次産業で増加傾向にあることも無視できない。同年、事業税が創設され、青色申告者の専従者控除の対象に配偶者が追加された。

　また、特に未婚で20歳代以下の女性雇用労働者が多く労働市場に出ていったが、1950年に労働省の婦人少年局が、女性の若年定年制は労働基準法には違反しないという通達を出していることから、既に問題視すべき労働慣行として表面化していたことが伺われる。但し、1940年代～1950年代にかけては、先進各国でも同様であった[18]。

　世界では、1951年にILOが採択した「(男女)同一価値労働同一賃金」原則(ILO100号条約)があり、これはそれまでの「(男女)同一労働同一賃金」よりも広義の条文である。すなわち、同一や類似した職業でなくとも、現実には難しいが例えば女性の電話交換手と男性の警備員との比較が可能になるということである。

2－6．高度経済成長期と有配偶女性労働者：1957～1973年

　1960(昭和35)年を境に、W.A.Lewisのルイス転換点として「無制限労働供給」の時代から労働力不足経済に移行した[19]。雇用労働者世帯(就業者がサラリーマンのみからなる世帯)は1960年の894万世帯から、1970年には1515万世帯で普通世帯総数の57%を占めるに至った[『国勢調査』]。日本経済は、1959年の年間成長率は実質18%、1960年13%で、岩戸景気といわれ空前の好景気であった。1957～1969年頃は「高度経済成長」期で[20]、合成繊維・石油化学・電子工業といった新しい産業もおこり、若年労働者を中心として労働需要が拡大し、労働力不足が蔓延していった。例えば、1961年は好況4年目で生産拡大により、若年労働力に対する需要が激増したので、初任給は大幅に上昇した。その後、好景気が続いたが、1971年8月15日のニクソン声明に端を発したドル・ショックにより円高時代が始まり、1973年には第一次オイルショックにより大不況に陥った。1973年の第一次オイルショック直後は、合理化の一環として大幅な人員整理などの雇用調整をおこない失業者が増大し、組合側は「賃金か雇用か」の選択を迫られ、政府は

失業保険を強化したり、特に中高年齢失業者に応急措置を講じたりしている。

　労働組合は、1960年代を通じて女性雇用労働者の問題を特別取り上げてはいない[21]。1960年には安保条約改正阻止の運動の一環として盛り上がりをみせる面はあるものの、例えば1966年には「景気の先行き上昇が見込まれるため企業側の態度が緩和」し、「消費者物価の騰勢が落ち着き労働者の生活逼迫感が緩和」したとある。これによって、昭和40年代（1965～1974年）に入り「春闘」による賃上げ額もしだいに高額になっていったようである。そして、高度経済成長も終盤に近づき、1970年代に入ってからは、経済成長第一主義から国民生活優先に政策転換への要求が始められた。そして1972年に「近年、多様化の労働者の生活要求」として女性の労働者を視野に入れた要求がなされた。

　1969年に日経連は『能力主義管理 その理論と実践』のなかで、能力主義管理とは「少数精鋭主義を追求する人事労務管理諸施策の総称」としてZD運動やQCサークルを奨励している。これを受けて、評価の厳密化、タイム・カードの導入などによる時間管理の厳格化など、広く職場の労働は強化されて健康問題などが続出していった。一方、1965年以降、女性労働者を重要視する企業は、雇用対策として独自に育児休業制度を設定し始めた。

　1954年には厚生年金保険法が、1959年に国民年金法が施行され、1961年にはその改正により国民皆保険体制が確立された。さらに、1965年には65歳以上の在職者へ年金給付額を削減する在職老齢年金（「高在老」）が、1969年には対象を60～64歳とする在職老齢年金（「低在老」）が施行され、1966年には厚生年金基金法が施行された。また、1959年には中小企業退職金共済法が施行されて日本的労働慣行が隅々まで行き渡ったとみられる。これらのことにより、主として雇用労働者の労働条件の改善が図られたといえよう。

　この時期の女性労働は、2つに分けてとらえる必要がある。1つは、内部労働市場において縁辺労働的な性格をもつ未婚女性雇用労働者と、もう1つは外部労働市場で需要が高まる有配偶女性労働者である。まず、前者、すなわち正規社員である若年女性の短期雇用を促す労働慣行として、以前からある男女格差（差別）の問題点のうち、この時期に表面化したものは2つある。結果として、女性の結婚退職制は1966年の住友セメント事件判決で、若年定年制は1969年の東急機関工業事件判決でも、変化はみられなかったという[22]。1970年に提訴した男女別給与表に関する「秋田相互銀行労働組合」

判決事件は、1974年に労働基準法違反として勝訴した。1971〜78年に、昇給昇格差別を含む女性差別賃金の裁判判決による是正は24件、払い戻し賃金はおよそ20億円であった[23]。

　後者の外部労働市場に関しては、労働力不足に対する追加的労働力創出政策として、有配偶女性を労働市場へ引き出すような方針が採られた。例えば、1964年の経済審議会の中間報告「婦人労働力の有効活用について」や、経済審議会による1966年の「中期経済計画」や翌年の「経済社会発展計画」では活用可能な労働力として高齢者・女性労働者・障がい者をあげている。このなかの女性労働者のなかでも育児に専念した後に再就職する有配偶の中年女性労働者である「婦人労働者」に焦点があてられており、勤労婦人の福祉政策として環境整備が挙げられている。さらに、1969年の経済審議会の報告書では、特に40〜64歳の中高年齢女性の労働力活用が挙げられていることが注目に値する[24]。これらの状況を受けて、1965年に婦人少年問題審議会は、今後の女性労働力の活用に際しては、再就職としてのパートタイム労働者だけでなく結婚後も継続就業する有配偶女性労働者をも視野に入れるように「雇用対策法の立案に対する要望書」を提出している。背景には、同年、ILO123号勧告「家庭責任を持つ婦人の雇用に関する勧告」が採択されたことが要因としてあると考える。しかし、有配偶女性の主流をなすパートの労働条件の実態は非正規労働者としての扱いであるという点で問題がではじめており行政も施策に出ている。具体的には、1968年に失業保険法の改正によりそれまでは全面的に適用されなかったが、一部のパートには失業保険の給付が認められるようになり、1970年の労働省の通達では「パートタイム雇用は一つの雇用形態であって身分的区別でないことを徹底すること」が要請されている。このような労働市場および労働需給側の要請とこれから派生する核家族化の拡大にともなう育児問題が深刻化の結果として、昭和40年代に入って急増した有配偶女性の職場進出に対応し、職場と家庭責任との調和を図る方策と福祉の向上が要請され、1970年に自民党労働問題調査会は「勤労婦人福祉対策五ヶ年計画」のなかに具体的な施策が盛り込まれ、1972年度予算に盛り込まれる形で現実的なこととなった。果たして、1970年にはそれまでは法的に手つかずであった家内労働者に関して家内労働法が[25]、1971年には社会福祉施設緊急整備5ヵ年計画の策定および実施がなされて保育施設の整備に政府が着手している。1972年に勤労婦人福祉法と

児童手当法が、1975年に特定職種育児休業法（正式名称：義務教育諸学校等の女子教育職員および医療施設、社会福祉施設等の看護婦、保母等の育児休業に関する法律）が制定され、1981年には特別保育対策として問題化していた保育園の延長保育や夜間保育に政府が取り組んだ。また、1971年には高齢者の労働力活用を推進する目的で中高年齢者等の雇用の促進に関する特別措置法が制定された。

　一方、家内労働者の労働条件の悪さは戦前からいわれており、労働基準法の制定に際しても対象から外されてきたが、この頃に広く問題視された。1959年4月に制定された最低賃金法の対象からも家内労働者は外されたが、同年11月に労働省は臨時家内労働調査会の設置により総合的家内労働対策の検討に着手し、前年から労働省は家庭内職者の実態調査を開始した。結果として1970年に家内労働法が制定された。工賃の支払いの確保、最低工賃制度、安全および衛生の確保などがもりこまれている。1970年には、家内労働者数は181万人（補助者数を加えると202万人）で1965年以降は増加傾向にあり、女性が大半を占め（92.3％）家計補助的に有配偶者がおこなう「内職的家内労働者」が大半（88.2％）を占めている[26]。組合などの組織的なものに依存することもなく働いているので問題も多かったようである。その後も多くの有配偶女性が従事したが、その賃金は最低賃金法以下のものもしばしば見受けられる。

　1961年には主たる対象が雇用労働者世帯の配偶者である税制の配偶者控除制度と同時に、対象が零細企業の自営業者世帯の配偶者である白色専従者控除が創設された。1968年には雇用労働者とのバランスを考慮して、自営業者の「普及育成策」の目玉として青色申告者の専従者控除の上限をなくす措置がおこなわれている[27]。

　ここで、労働供給者である女性自身の就業意識をまとめる。有配偶者の就業に関する意識調査の変遷をみると、1950年には賛成12％、反対44％であるが、1956年には「生活に余裕があれば」賛成20％、反対60％、「子どもがいれば」東京都では賛成27％、反対54％、農村部では賛成43％、反対40％であり、以前は日本の大部分を占めた農村部のような職住一体型の就業形態であれば女性労働は高い比率で支持されている。1971年には「子どもがいなければ」賛成50％、反対21％であり、出産で退職し子どもが成長してから再就職するという女性は約60％と高くなっている。夫婦共稼ぎにつ

いては、1950 年には賛成 12％、反対 44％であったものが、1971 年には賛成 55％、反対 17％になっており、その後この傾向が促進されている。実際に、共稼ぎ世帯は 1960 年に 20％、1975 年に 50％、1984 年に 60％になっており、女性の勤続年数も 1960 年の 4 年間が 1984 年には 6.5 年間に増加している。

　岡部（1972、pp.87-118）は、当時の女性労働、特に有配偶女性の補助的労働形態として、女性パートタイマーと女性家内労働者、そして男女の正規社員などを比較している。これによると、需要側は、中小企業の労働力不足の解決方法として、「機械化による労働力の節約」（52％）、「下請け外注の利用」（46.7％）、「パートタイマー・アルバイトの採用」（35.6％）などをあげている［中小企業団体中央会『中小企業労働事情実態調査（1970 年実施）』］。この「下請け」のなかに多くの家内労働者が含まれていると考えられ、当時は職種にもよるがパートよりはまず家内労働者の活用が採られたようである。職種は繊維工業が過半数で軽工業関係が大半（86.5％）を占めており、電気機械器具（11.5％）が続く。女性の雇用労働者やパートタイマーの軽工業関係の従事者が 60％足らずであることと比べると高い。1 日の労働時間は、パートは 6 時間未満が 76％を占め、家内労働者は平均 7.3 時間であるが 10 時間以上の者が 36.2％と長時間労働者が多い。また、1 時間当たりの収入額を製造業でみると、パートは 124 円、家内労働者は 83 円、ちなみに雇用労働者は企業規模従業員 1～4 人で 109 円（男性は 194 円）、規模 5～29 人で 126 円（男性は 242 円）となっており、月収は、家内労働者は 11,686 円、雇用労働者は規模 1～4 人で 20,762 円（男性は 40,657 円）、規模 5～29 人で 23,636 円（男性は 50,460 円）、規模 30 人以上で 27,654 円（男性は 60,567 円）となっている。1958 年には、月間就業日数は就業形態で大差ないものの、1 日の労働時間は、家内労働者は平均 5.9 時間であり、雇用労働者は 8.5～8.8 時間と育児・家事などと両立を図るという家内労働者の定義どおり相対的にみて短時間労働者が多い。また、1 時間当たりの収入額をみると、家内労働者は 22 円、ちなみに雇用労働者は規模 1～4 人で 22 円（男性は 39 円）、規模 5～29 人で 29 円（男性は 59 円）となっており、高度成長期の 10 年間の変化は 4～5 倍に伸びておりどの就業形態においても非常に大きい。

　1967 年に日本は、ILO が 1951 年に採択した「（男女）同一価値労働同一賃金」原則（ILO100 号条約）を批准しており、労働基準法の第 4 条も同様の主旨と受け取れる。また、1967 年に宣言され、1979 年に採択された ILO

の女子差別撤廃条約のなかの「労働の質の評価に関する」平等（11 条 1 項 (d)）は、客観的統一的な職務評価制度の必要性を要請するものである。日本もこれを 1980 年に署名している。

2－7．昭和後期：安定成長期と中高年女性パートの拡大期： 1975～1985 年

　日本経済はオイルショックから立ち直り、1976（昭和 51）年頃からは輸出拡大によって国際収支は黒字となり安定成長期に入るが、円高傾向が始まった。日本経済は、1970 年代の根本的な経済構造再編成によって、経済的沈滞、低い成長率、失業率の上昇、物価と為替レートの変動がもたらされた。また、消費者のニーズは多様になり、これに応えて企業はフレキシブルな生産過程を迫られた。コストも削減しなければならず、従来の内部労働市場の凝縮および強化とともに安価でフレキシブルな労働需要をおこなった。すなわち、1974 年からのサービス経済化とパートなどの非正規労働者を含む企業の「2 つのフレキシビリティ」型の雇用管理である[28]。これは、男性中心の中核の労働の質と、女性労働中心の非正規労働などの労働の量のフレキシビリティをさす。そして、この雇用管理を下支えしたのが、サービス経済化によって増加するサービス業の受給条件が相対的に女性に適用するということ、特に 1980 年代に入って進展した ME 技術によって企業にとって重要な文書やデータなどの処理のための内部労働者数の需要が減少し外注化したこと、教育費の上昇、家事の省力化などがある。

　1975 年は国連の「世界婦人年」であり、世界行動計画を策定しており翌年からの 10 年間は「国連婦人の 10 年」が掲げられた。さらに、1979 年には「女子差別撤廃条約」を、1981 年には育児・介護・パート保護などをもりこんだ ILO156 号条約「家庭責任をもつ労働者平等条約」を採択した。これを受けて日本も 1975 年に総理大臣を本部長とする「婦人問題企画推進本部」を発足、1977 年に国内行動計画を策定、1980 年に同条約を署名、1985 年に批准し、翌年に発効している。さらに、1977 年には労働省が「若年定年制、結婚退職制等改善 5 ヶ年計画」を策定し、1979 年には「婦人就業援助促進事業」の名目で都道府県へ国庫補助をおこなうなどの施策が講じられた。そして、有配偶女性の「パート」という呼称の非正社員は増加していき、正社員とは異なる労働条件に関する問題点が益々表面化した。

1980年には、首相の政策研究会の報告書『家庭基盤の充実』では「母親としてのプロ意識、専業主婦の自信と誇りの確立」や「中高年婦人への生きがい」として「パート・内職対策の充実」が挙げられており、配偶者の法定相続分の引上げ、第3号被保険者の創設（主婦の年金権の確立）、配偶者控除限度額の引上げ、配偶者特別控除の創設、同居老人の特別扶養控除が盛り込まれていた。先にあげたILOの動向の影響とあわせて、実際この頃から行政でも「パート」という言葉が頻繁に用いられるようになっている。例えば、1981年から始まったパート専門の職業紹介所であるパート・バンクの設置、1984年には「パートタイム労働対策要綱」が発令されパートの労働条件を改善するための具体的な要請がなされた。
　これを受けて、1987年には「女子パートタイム労働対策に関する研究会」の報告書において、長時間労働の呼称パート問題が認識され、「パートタイム労働者福祉法」の制定が提案された。しかし、主として法学関係の専門家からはこのようなパートに限定した法制度の制定は逆にパートという就業形態を固定化するという理由で批判され、経営者側からはパート雇用の利点を損なうという理由で反対されたため法制化には至らなかった。
　また、1980年に、厚生省「内かん」（通知・指示・通達等）により、雇用保険法による短時間就労者の取扱い、および人事院規則による非常勤職員の取扱いを基準に、「通常の就労者の所定労働時間及び所定労働日数の概ね4分の3以上である就労者については、原則として健康保険及び厚生年金保険の被保険者として取り扱うべき」とされ、当年以後厚生年金の「時間要件」とされた（本書第7章図表7-3）。
　1980年代前半頃からみられる在宅勤務の特徴はパソコンを使用しているということであり、統計上は家内労働者には属さず自営業者である。
　一方、1985年には共稼ぎ世帯の女性への家族手当や世帯手当の支給制限に関する初めての岩手銀行事件判決において勝訴した。その内容は、これらの手当の支給対象を「世帯主」とした場合には世帯主である夫が失職した場合には直ちに妻には適用されなくなるということであった。これらの家族手当や世帯手当、さらには住宅貸付や社宅の貸与の要件のなかにもこの種の労働者の男女による格差（差別）がみられる。例えば、世帯手当の支給要件は配偶者が夫の場合には無収入の障がい者というようなものもあるし、家族手当では「妻または第一子」といったものがみられる[29]。

さて、日本の女性および有配偶女性が農家の家族従業者として共働きをしてきたことは既にみたが、有配偶女性の職場進出、すなわち妻が雇用労働者として働きに出ている共稼ぎ世帯の量の変化をみると、1974年以降は拡大基調にのっており、1980年代に入ってからの伸びは大きい[30]。1980年の改正民法では、配偶者の相続分が改正された。理由は、子どもの数の低下、配偶者の婚姻生活における協力と貢献に報いること、生存配偶者の生活の安定であった[31]。

　一方、1982年に老人保健法が、翌年に退職者医療制度が施行され、増加傾向の高齢者対策が始まった。

2−8．バブル経済期：男女雇用機会均等法：1986〜1991年

　1985（昭和60）年のプラザ合意によって円高がG5で容認され一旦、不況になったが、1986年末から1991年は「バブル景気」とよばれる超好景気になった。人手不足が拡大し、老若男女誰でも正社員として就職できるといわれるような売り手市場が続いた。企業は、後述するような背景が後押しし、時短（労働時間短縮）、女性活用、再雇用などを売りとして、需要不足解消に対応した。

　1989（平成元）年は個人消費や内需の拡大を背景に「時短元年」といわれ、労使ともに「時短によるゆとりある生活」を指示した。対外的な背景として、1980年代の対外的な貿易摩擦の拡大に伴い、長時間労働が有名な日本に対して「働き過ぎ」という外圧が強まった。政府は1988年に、1人当たりの年間労働時間を1800時間程度とする目標を閣議決定した。

　1986年には、男女雇用機会均等法（正式名称：雇用の分野における男女の均等な機会及び待遇の確保等女子労働者の福祉の増進に関する法律。以下、均等法と略す。）が施行されたことにあわせて、労基法の女子保護規定が一部撤廃された。背景には、1985年に既述の「国連婦人の10年」が終了し、ナイロビで開催された国連主催の世界女性会議は「国連婦人の十年：平等、発展、平和の成果の見直し・評価のための世界会議」と呼ばれ、報告は「ナイロビ将来戦略」といわれるものがある。但し、均等法には罰則規定がなく、大企業は2つの制度を設けて対応した。1つは「コース別人事制度」として総合職と一般職を分け、他の1つは各大企業に属する人材派遣業の設立である。

後者に関連して同年、労働者派遣法が施行された。当該法は、1978年に行政管理庁（現・総務省）が「民営職業紹介事業等の指導監督に関する行政監察結果に基づく勧告」に端を発する。当時、企業が自社の雇用労働者を「業務処理請負契約などにより、他の企業で就労させる」という就業形態（請負などによる派遣的労働）が増加したため、職業安定法の「労働者供給事業の禁止（44条）」に抵触する可能性があるような事例がみられたことも背景にある。

　派遣労働者は「技術的常用派遣」と「登録派遣」に大別できるが、当初の背景には前者の男性が主流の技術的派遣労働者として、企業がコスト削減のために他社出向させるということがあった。また、後者の登録派遣労働者は女性が主流である。背景としては、1984年から1985年に、大手の銀行・生命保険・商社なども、人材派遣業を始めた。当時多かったのは、正社員であるOL（Office Lady）がおこなっていた事務処理を代行する、非正社員の登録派遣労働者であった。これらの業務は企業特殊的技能が低いため、企業にとって「企業内労働の外部化」が経済効率的といえた。当初は、自社を結婚退職後の20～30歳代の有配偶女性が、出産までの期間に登録派遣労働者として就業したという。

　派遣労働者という就業形態は、日本の特徴である固定的な労働市場における流動的労働者の代表格として、現在に至るまで法制度の度重なる改訂を含めて多様に展開している。

　さらに同1986年に、高齢者雇用安定法が施行されて事業主に60歳定年の努力義務が付された。

　1989年にパートタイム労働者指針が制定され、雇用保険法の改正により一定条件の短時間労働者にも雇用保険法が適用されるようになった。1990年からはパート・バンクのミニ版のパート・サテライトの設置が開始された。1989年の消費税の創設に先立ち、パートとして多く働いた場合に世帯としての手取額が減少するという「パート問題」の是正という理由もあわせて、1987年には主たる対象を雇用労働者世帯とする所得税の配偶者特別控除制度が導入された。1986年には、年金法の改正により雇用労働者世帯の一定額以下を稼得する配偶者への第3号被保険者制度が導入された。これは「主婦の無年金問題」を受けてのことであるが、それ以前にはこれらの人のうちの70％が任意に保険料を収めていたが、これにより全員が保険料を免除さ

れることになり、「130 万円の壁」ができた。

2－9．「失われた 20 年」期：非正社員の拡大：1991～2011 年

　1991 年にバブル経済が崩壊し、1992 年からは回収不能の貸付金となった不良債権の処理などにより、日本経済は平均 1％程度の低成長期となり、1997 年と 1998 年には 2 年連続して、戦後 2 回目のマイナス成長になるなど、デフレ経済が続き、後に「失われた 20 年」と呼ばれた。名目 GDP は世界第 2 位を維持したが、2010 年には中国に抜かれて世界第 3 位になった。1997 年 4 月には高齢社会対応の消費税を、3％から 5％に引き上げた。

　労働市場は、突然の買い手市場となり、経済低迷と共に続いている。日本には「正社員の新卒一括採用」という雇用慣行があるが、当時に新卒であった第 2 次ベビーブーマー（1971～1974 年生まれ）は就職難となった。フリーター（フリーアルバイター）やニート（NEET: Not in Education Employment or Training）という言葉が一般化した。環境にかかわらず、新卒で正社員にならなかった人を、正社員として中途採用しないという特徴が続き、若年層の非正社員化が生じた。

　当初はバブル経済の名残もあり、不況対策でもあり、政府は 1992 年から 1996 年を「生活大国 5 か年計画：地球社会との共存をめざして」として、引き続き時短政策を進めた。

　1992 年に、国家公務員の完全週休 2 日制を実施し、企業への助成金などの時短促進法（正式名称は「労働時間の短縮の促進に関する臨時措置法」）が 5 年間の時限立法として施行され、家族である子どもが通う公立小中学校で毎月第 2 土曜日が休校になった。1994 年には労働基準法が改正され、法定労働時間が原則週 40 時間に短縮された。1995 年には隔週の週休 2 休校日となり、2002 年からは公立学校は完全週 5 日制と、後に学力低下などが問題視された「ゆとり教育」が始まった。

　公立学校の週休 2 日に合わせて、企業でも週休 2 日が拡大した。日本では出勤すると長時間労働になりがちであるが、週休 1 日から 2 日になることで、平均の就業時間が政府の狙い通り低下した。週休 2 日制の導入効果が最も大きいが、短時間就業のパートタイム労働の拡大などの就業構造の変化も時短寄与していることが確認された。さらに、法制度による外生的な時短に対して雇用調整や賃金決定のメカニズムが必ずしも労働市場の効率を高めるよう

な方向に変化しているとは限らないことが示唆されている［中村・石塚(1997)］。

一方、1999年には、1日8時間労働制の例外として、労働基準法の変形労働時間制が、2000年には労基法の裁量労働時間制が施行されてホワイトカラーへとその対象が拡大するという方向性も始まっている。

この不況と時勢を見込んで、1995年には日経連は報告書「新時代の『日本的経営』」を示し、労働力の3極化を提唱している。その内容は、雇用グループを①「長期蓄積能力活用型」労働者として長期雇用を前提とする管理職・総合職・技能部門の基幹職、②「高度専門能力活用型」労働者として有期雇用である企画・営業・研究開発等の専門部門（派遣社員、契約社員）、③「雇用柔軟型」労働者として有期雇用である一般職・技能部門・販売部門（パート、アルバイト）であり、賃金体系をみると昇給・退職金・年金があるのは①の労働者だけである。すなわち、①では多くの男性労働者とともに一部の女性労働者を含んでおり、③では多くの女性パートとともに増加傾向にある男性高齢労働者を含んでいる。但し、同1995年に雇用保険法が改訂され、高年齢雇用継続給付制により60歳以上の労働者の給与額の確保が盛り込まれ、1998年には高齢者雇用安定法の改訂により正社員の60歳定年が義務化された。

1993年に「パート労働法」（正式名称は「短時間労働者の雇用管理の改善等に関する法律」）が制定され、「雇入れ通知書」が義務化されたことにより文書による労働条件の明示が必要となった。当時は、有期雇用がパートの40％まで拡大されたという。1994年には、企業規模300人以下の中小企業を対象に、パートタイム労働者を雇用した場合の「パート助成金」が施行され、労働基準法の改正により有給休暇が6カ月継続勤務者から付与されるようになった。1999年からは労働基準法の改正により有期雇用契約が従来の3年から1年に短縮された。

また、労働者派遣法の改正が続き、1994年には対象を26業務に広げ、特例として60歳以上の人は大半の業務が適用され、1996年の改正では手続きの簡素化が盛り込まれ、1999年からは「ネガティブリスト方式」（適用対象業務の原則自由化）が可能になった。不況による新規学卒者の就職難に伴い、特に女子学生の就職率が男性に比べて低下し、コース別人事のうちの一般職が派遣社員に代替される傾向がいっそう強まり、女性の新卒者が派遣労働者

として就業する「新卒派遣」労働者が増加した。

　一方、1999 年に男女雇用機会均等法が改正され、男女の雇用差別に関して罰則規定が盛り込まれると同時に、労働基準法の女子保護規定が撤廃されて女性労働者も時間外・深夜労働などができるようになった。同年に、労働市場だけでなく経済・社会システム全般にかかわる男女共同参画社会基本法が施行され、2001 年には男女参画室が局へ昇格された。2004 年には、所得税の配偶者特別控除制度が一部変更され、配偶者控除制度とのダブル適用がなくなり、税制のみの「103 万円の壁」は若干低くなった。

　さらに 2007 年施行の均等法改正では、間接差別の禁止条約が盛り込まれた。但し、世界的な間接差別と異なり、「総合職の募集と採用時に、合理的な理由がないにもかかわらず転勤要件を設けること」など限定的な間接差別とした。間接差別は欧米では既に法制度に導入されて久しく、法学者などは以前から提言していた［浅倉（1991）］。直接差別とは、男女で異なる明確な扱いであるのに対して、間接差別は性別には無関係で中立的な慣行や基準にみえても、実際の結果として女性就業者がいない職場であったり、職場の男女比や属性に基づいて偏りがあるなどで判断されるものである。

　世界的には、先だつ 1995 年に、国連主催の第 4 回世界女性会議が北京で開催され、「北京行動綱領」という報告書が出された。さらに 2000 年には国連特別総会による「女性 2000 年会議」が開催された。

　人口減少に繋がる少子化対策が、1990 年に前年の合計特殊出生率が 1.57 であったという公表による「1.57 ショック」を受けて始まった。1992 年に育児休業法が施行され、子どもが 1 歳になるまで休業する権利が男女を問わず労働者に与えられるようになり、児童手当法も改正されて所得制限はあるものの支給対象年齢が拡大した。それでも 1993 年には出生率は 1.46 とさらに低下したため、1994 年に「緊急保育対策 5 か年事業」（通称：エンゼル・プラン）を策定し 1995 年から 5 年間実施された。さらに 1995 年からは、雇用保険法と年金制度の改正により、休業中は給与の 25％相当が給付されることに加えて年金保険料が免除された。

　また、高齢化に対応して、1992 年に介護雇用管理改善法が施行され、1996 年には育児・介護休業制度として介護休業の事業主への努力義務が付され、1999 年には義務化された。また、1992 年には看護婦人材確保法が施行されると同時に福祉重点ハローワークが設置され、2000 年からは介護保

険法が施行された。

　2000年頃から日本経済は若干の回復の兆しをみせたがデフレ経済は続く一方で、韓国や東南アジア諸国は1990年代半ばにアジア通貨危機に伴いIMF（国際通貨基金）からの経済支配があり、中国は高度経済成長により2010年に日本を抜いて世界第2位の経済大国になり、2008年夏のアメリカ発の世界経済・金融危機（通称「リーマンショック」）の影響や、EU（ヨーロッパ連合）拡大や、TPP（環太平洋戦略的経済連携協定）などにより、経済や労働市場のグローバル展開が本格的になった。

2-10.「一億総活躍」経済政策提言期：2012年〜現在

　2012年7月に日本政府は「日本再生戦略」を閣議決定し、経済政策の第3の矢の成長戦略の1つとして「女性活躍政策」を盛り込んだ。同年10月に東京で開催されたIMFと世界銀行年次総会において、IMFラガルド専務理事は、日本に経済政策として日本の潜在力として、女性も働きやすい働き方改革を促した［Steinberg and Nakane（2012）→石塚（2003）］。

　翌年、日本政府は全上場企業が役員のうち少なくとも1人を女性にすることを要請した。これを受けて2014年4月に経団連（日本経済団体連合会）は、「女性活躍アクション・プラン」を策定し、女性管理職の増加を約1300社の大企業で構成される会員企業に求めた。具体的には、女性の管理職登用にかんする自主行動計画を作成し、経団連がホームページで公表し、進捗状況を定期的に点検するものである。同時期に、消費税を5%から8%に上げた。

　加えて厚生労働省の主導により、2015年8月に「女性活躍推進法」が施行され、翌年4月1日までに従業員規模301人以上の約15,000企業を対象に、2016年度から10年間の時限立法として、女性管理職などの数値目標計画の公表を義務付ける「女性活躍」の「見える化」の実施が義務化された。具体的には自社の、採用者や管理職の女性比率などを分析し、自主行動計画を提出・公表することが求められている。同2015年に「若年者雇用促進法」も創設された。同年6月に「ニッポン一億総活躍プラン」が閣議決定された。さらに2016年には「一億総活躍政策」を中核において、日本経済の促進のため、労働市場改革および雇用改革という経済政策であることを示している。

　経緯として、日本政府は2003年に、職場における「女性活躍」のロード

マップとして、「202030」を掲げた。これは、2020年までに、社会のあらゆる分野における「指導的地位」（議員・弁護士・管理職・研究者・大学教授等・新聞記者・医師など：本書の図表2-1）に占める女性（「女性リーダー」と呼ばれる）の割合を当時の約10％から30％程度になるよう期待する、とした政策目標である。ポイントは、①従来から採用されている女性雇用の"量"（就業者数）も重要ではあるが、"質"（指導的地位の人数と男女比）を強調していることと、②30％にあると考える。ここで30％という数値の背景は、1990年に国連が日本政府に対して、ナイロビ将来戦略勧告で「指導的地位における女性割合を、1995年までに少なくとも30％にする」とした国際的数値に基づく見直し戦略を勧告したことにあるという。また30％達成により、全体の意思決定に影響することを意味する。但し、「202030」はクォータ（割り当て義務）制ではなく、単なる数値の努力目標である。

また日本政府は、2014年7月に改正男女雇用機会均等法を施行し、「間接差別」の対象範囲を「すべての労働者の募集、採用、昇進、職種の変更をする際に、合理的な理由がないにもかかわらず……」と拡大した。

2015年12月に政府は、2003年以前から2015年になっても概ね10％という女性比率が変化していないため、2020年までに15％（公務員は7％）という目標に引き下げることを公表した。日本の男女間格差は、144カ国（地域）中、第111位であり、OECD諸国で最下位の韓国の第116位に次いで2番目に格差が大きい（世界経済フォーラムGGGI、2016年）。特に経済面の男女間格差が総合順位を引き下げている大きな要因の一つである［石塚（2016）］。

一方、世界では2015年に、国連（国際連合）が加盟国に対して「203050」すなわち2030年までに管理職など指導的地位の女性割合を50％目標にすると各国政府や企業に働きかけて実現をめざしているということを公表している。背景として、国連においても、2016年から15年間の期限で、男女の就業に関して持続可能な開発目標SDGs（The Sustainable Development Goals）として、経済・社会・環境に焦点を当てた統合的目標を掲げ、経済面に重きを置くように変化している。

日本の一連の政策の背景には、女性の人権のみならず、①人口減少、②財政赤字の拡大などのマクロ経済的要因がある。これに伴い、IMF（国際通貨基金）の2012年報告では、「日本の女性労働力が他のG7並みになれば1人

当たり GDP が 4% 上昇、北欧並みになれば 8% 上昇」という。

　2013 年 4 月、改正労働契約法により、今後 5 年超更新の有期雇用契約の非正社員が「無期雇用転換申込み権」を有することが施行された。施行後に就任した有期雇用労働者の 5 年後である 2018 年 4 月以降から、当該権利が実行される。但し、契約社員という内容に変わりはないので、格差の大きい正社員になるという訳ではないという。

　厚生年金保険については、2012 年に導入から約 30 年を経た「時間要件」を厚生年金保険法に明文化し、さらに 2016 年 10 月にはいわゆる「パートの年収 106 万円の壁」などと呼ばれる「時間・月収要件等」が施行され（詳細は本書第 8 章第 2 節）、第 1 号と第 3 号の一部保険者を、第 2 号に移行させることを義務づけたといえる。しかし、多くの企業が施行していない問題も明らかになっている（本書第 8 章第 4 節）。因みにこの壁は、既に石塚（2003）が「時間要件の約 103 万円近辺の壁」として実証的に確認していた（本書第 7 章）。また、2015 年 10 月には、公的年金保険の第 2 号被保険者の厚生・共済年金が一元化された。

　2016 年 12 月、年金改革法（正式名称：「公的年金制度の持続可能性の向上を図るための国民年金法等の一部を改正する法律」）が施行され、当年から 2021 年の具体的な改革案を示した（本書第 8 章第 2 節に詳しい）。

　「年収の壁」にかかわる制度として、税制度変更の 2018 年からも、「年収 103 万円の壁」は税制でも存在し続け、妻自身の課税最低限は 103 万円のままであり、夫の所得に制限は創設されるが、配偶者控除のみの適用の上限も変更はなく、妻の年収が 103 万円を超えても同額の配偶者特別控除が適用されるケースがあることに変化はない。しかし、夫に多様な所得制限を設けたり、夫の課税所得が 1000 万円超であれば、従来の配偶者特別控除だけでなく配偶者控除も非適用になる（詳細は本書第 8 章を参照されたい）。つまり、配偶者控除と配偶者特別控除という税制が、従来は他の関連諸制度適用を取り込んで 103 万円という 1 点で頑丈な壁であったが、多くの低い壁を作ることで、税制のみによる問題提起を避けたともいえよう。但し、一番手前の壁として 103 万円が続く可能性は考えられる。さらに新たな問題は、税制の簡素性が満たされず、一般にさらに理解されづらい複雑な制度になる点である。

3．まとめ

　本章では、冒頭に示した通り、日本の経済・社会システム、すなわち①労働供給の労働者レベル（家庭レベル）として、男女労働者グループ別、主として女性労働者のワーク・ライフ・バランス（就業継続型の個人単位制度、あるいは非正社員推進型の夫婦単位制度に関連）など、②労働需要の企業レベルとして、就業形態（正社員の内部労働市場型、非正社員の外部労働市場型）、職種、従業上の地位（管理職数）、経営者団体の動向など、③市場レベルとして、経済変化、構造変化、法制度、政策、世界機関（国際連合（UN）と国際労働機関（ILO））の動向、および日本の対応について、明治維新後から歴史的に検討した。図表4-3に各項目別に分類した。

　（2-1）明治時代から概観してみると、当初は非農業の賃金労働者の導入により、日本の労働市場が確立されるのに伴い、法制度などは追認型であった。内部労働市場や個人単位の法制度や慣行が成立していった。（2-4）太平洋戦争期から（2-5）敗戦後に、多様な法制度が創設および改訂され、現在に至る。その後、（2-6）高度経済成長の影響もあり、各企業が労働者を確保することもあり、日本型固定的労働市場で無期雇用の正社員として就業するというかたちが確立されていった。一方、女性グループは、前の期に一般化した専業主婦から、有配偶女性の非正社員という補助的労働者に徐々に移行し、（2-7）安定成長期と（2-8）バブル経済期には有配偶女性の非正社員化が一般的となった。但し、若年層などの無配偶女性を中心に、男女雇用機会均等が進められていった。（2-9）バブル崩壊後の「失われた20年期」の低成長やマイナス成長期には、老若男女と内外労働市場という多様な国民を対象に、多様な制度が成立した。結果として（2-10）僅かな経済成長がある近年では、経済成長政策やグローバル化の政策などとして、世界的に格差の大きい「日本女性の就業促進」から老若男女という多様な人財の「一億総活躍」経済政策提言をおこなうに至っているが、大きな変化はない。

図表 4-3. 女性と経済・社会システム

時期区分	労働者グループ 施行年	女性労働者 個人単位（就業継続型）	女性労働者 夫婦単位（非正社員奨励型）	女性労働者 生活・福祉・教育など	政府 政策、審議会報告など
1. 明治期：産業革命と女性雇用労働者の登場：1886〜1912年	1891（明治24）〜				
	1898（明治31）			民法：家族制度	
	1905（明治38）	鉱業法施行：鉱業と家事の両立支援			
	1911（明治44）	工場法公布			
2. 大正期：産業構造の変化の兆しと工場法制定：1912〜1928年	1916（大正5）	工場法施行			
	1917〜				
	1919（大正8）				
	1920（大正9）		税制：「狭義での最初の人的控除」である扶養控除の創設。但し、配偶者は対象外。		
	1923	改正工場法：母性保護			
	1928（昭和3）	改正鉱夫労役扶助規則：保護職工（女性・年少者）の深夜業・坑内労働の禁止			
3. 昭和初期：重工業の発展と女性工場労働者の減少：1929〜1936年	1929	改正工場法：女性・年少者の深夜業の禁止			
4. 太平洋戦争期：戦時経済と若年未婚雇用労働者：1937〜1945年	1937（昭和12）			母子保護法の制定	
	1938	社会事業法：託児所の設置			国家総動員法
	1940（昭和15）		税制：配偶者が扶養控除の対象になる。税額控除。		
	1941（昭和16）	工場就業時間制限令の廃止			
	1943				生産増強勤労緊急対策要綱
	1944	女子学生は学徒動員として強制労働			

経営者	男性労働者		世界の動向	
	内部労働市場型 (正社員)	外部労働市場型 (非正社員、高齢者 など)	国連(UN)、 国際労働機関(ILO)	日本
	一部、定年制			
	終身雇用制、年功序列 賃金体系、定年制が一 部大企業で採用			
			ILOの設立、3号：産 前産後の女性雇用者条 約採択、4号：女性雇 用者夜間労働禁止条約 採択、国連労働憲章41 条：男女同一労働同一 賃金	
	健康保険法、職業紹介 ・労働災害に関する法 制度			

第4章　経済・社会システムとしての日本労働市場の歴史

時期区分	労働者グループ 施行年	女性労働者 個人単位 (就業継続型)	夫婦単位 (非正社員奨励型)	生活・福祉・教育など	政府 政策、審議会報告など
5. 昭和中期：敗戦後：専業主婦と核家族の拡大期：1945～1956年	1945 (昭和20)				
	1946				
	1947	労働基準法：男女同一賃金、女子保護規定など		改正民法：家族制度の廃止、夫婦別算制、教育基本法	労働省の発足、婦人少年局の設置、中央労働基準審議会：家内労働者の労働環境の問題
	1948			児童福祉法の制定	
	1949		税制：シャウプ勧告。扶養控除を所得控除に移行。		
	1950 (昭和25)				婦人少年局通達：女性若年定年制は労基法には違反しない
	1951		税制：給与所得の世帯合算制が廃止され原則個人課税となった		
	1952		税制：青色申告者の専従者控除を創設。但し、配偶者は対象外。		
	1954		税制：事業税の創設。青色申告者の専従者控除の対象に配偶者を追加。		
	1956	女子教育職員の産前産後の休暇中における学校教育の正常な実施の確保に関する法律			
6. 高度経済成長期と有配偶女性労働者：1957～1973年	1958				
	1959		最低賃金法、パートタイム労働者を初雇用		
	1960 (昭和35)				
	1961		税制：配偶者控除、白色専従者控除の創設		
	1962			児童扶養手当法	
	1964			短期大学法	経済審議会：婦人労働力の有効活用について

経営者	男性労働者		世界の動向	
	内部労働市場型（正社員）	外部労働市場型（非正社員、高齢者など）	国連(UN)、国際労働機関(ILO)	日本
	労働組合法			
	労働関係調整法		婦人の地位委員会CSW設置	
	労働基準法			
日経連の創設			世界人権宣言	
			ILO100号：男女同一価値労働同一賃金勧告採択	
			102号：社会保障の最低基準	
	厚生年金保険法			
			111号：性別などの雇用差別禁止条約採択	
	中小企業退職金共済法	国民年金法		
		改正国民年金法：皆年金の確立		

第4章　経済・社会システムとしての日本労働市場の歴史

時期区分	労働者グループ 施行年	女性労働者 個人単位（就業継続型）	女性労働者 夫婦単位（非正社員奨励型）	女性労働者 生活・福祉・教育など	政府 政策、審議会報告など
	1965（昭和40）	一部、育児休業制度			婦人少年問題審議会：雇用対策法の立案に対する要望書で女性労働の活用について
	1966	結婚退職制に差別判決			経済審議会：中期経済計画で婦人労働者に焦点
	1967				経済審議会：経済社会発展計画で勤労婦人の環境整備
	1968		改正失業保険法：一部パートにも適用、税制：青色専従者控除の上限廃止し、給与相当額		
	1969	若年定年制に差別判決			経済審議会：中高年齢女性の労働力活用
	1970（昭和45）		家内労働法		労働省通達：パートは雇用形態であって身分的区別ではない、自民党労働問題調査会：勤労婦人福祉対策 五ヶ年計画
	1971				社会福祉施設緊急整備5ヵ年計画の策定・実施：保育施設の大幅な整備
	1972	勤労福祉婦人法		児童手当法	
＊第一次オイルショック期：1973～1974年	1973				
	1974	男女別給与表に労基法違反判決			
7. 昭和後期：安定成長期と中高年女性パートの拡大期：1975～1985年	1975（昭和50）	特定職種育児休業法			婦人問題企画推進本部の発足
	1976			改正民法	
	1977				労働省：若年定年制、結婚退職制等改善5ヶ年計画の策定
	1979				国庫補助：婦人就業援助促進事業
	1980（昭和55）				首相の政策研究会：家庭基盤の充実、週休2日制等労働時間対策推進政策の策定
	1981	パートバンクの設置	改正民法：配偶者の相続分(1/2)		特別保育対策：延長保育・夜間保育
	1982				
	1983				

経営者	男性労働者		世界の動向	
	内部労働市場型 (正社員)	外部労働市場型 (非正社員、高齢者 など)	国連(UN)、 国際労働機関(ILO)	日本
		在職老齢年金(高在老)	123号：家庭責任を持つ女性雇用勧告採択	
			女子差別撤廃宣言の採択	100号批准
日経連：能力主義管理 (ZD運動・QCサークル)を奨励		在職老齢年金(低在老)		
			132号：年次有給休暇改正条約の採択	
		中高年齢者等の雇用の促進に関する特別措置法		
		改正低在老		
	雇用保険法(失業対策)		国際女性年、世界行動計画	
		改正高在老	国連女性の10年 (～1985年)	120号：4/9を批准
				国内行動計画
			女子差別撤廃条約採択	
		厚生年金保険(第2号被保険者)の「時間要件」が通達された		女子差別撤廃条約署名
			156号：家庭責任をもつ労働者平等条約(育児・介護、パート保護など)採択、165号：同勧告	123号批准、婦人への国内行動計画策定
		老人保険法		
		退職者医療制度		

時期区分	労働者グループ 施行年	女性労働者 個人単位（就業継続型）	女性労働者 夫婦単位（非正社員奨励型）	女性労働者 生活・福祉・教育など	政府 政策、審議会報告など
	1984				パート労働対策要綱の策定、労働省婦人局に改名
	1985（昭和60）	改正労基法：女性労働者保護規定一部撤廃、共稼ぎ世帯の女性への家族手当差別判決		改正児童手当法、改正児童扶養手当法	
8. バブル経済期：男女雇用機会均等法：1986～1991年	1986	男女雇用機会均等法	改正国民年金法：主婦（第3号被保険者）の年金権確立により「130万円の壁」等創設。労働者派遣法：16業務。		
	1987		税制：配偶者特別控除制度。白色申告者の専従者控除額を引き上げた。		（＊売上税法案の廃案（5月））
	1988				1人当たり年間労働時間を1800時間とする目標を閣議決定（＊消費税法の成立(12月)）
	1989（平成元年）		改正雇用保険法：短時間労働被保険者の新設。所得税制：「年収100万円の壁」制度に変更	改正国民年金法：20歳以上強制加入	消費税の創設3％（4月）。パートタイム労働指針。
	1990		パートサテライトの設置		1.57ショック（前年の合計特殊出生率が1.57で、自然の出産なのに1966年の1.58を下回った）により、野党の女性議員の提言で少子化対策スタート
9.「失われた20年」期：非正社員の拡大：1991～2011年	1991				
	1992	育児休業法：男女を対象（事業所規模30人以上）		介護雇用管理改善法、看護婦人材確保法、児童手当法改訂（1月から第1子より支給）、福祉重点ハローワーク。公立小中学校で第2土曜日が休校。	経済審議会：生活大国5か年計画(1992～96年)。国家公務員に完全週休2日制採用。
	1993（平成5）		パート労働法（正式名称：短時間労働者の雇用管理の改善等に関する法律）		

経営者	男性労働者		世界の動向	
	内部労働市場型（正社員）	外部労働市場型（非正社員、高齢者など）	国連(UN)、国際労働機関(ILO)	日本
大手の銀行・生保・商社が、人材派遣業開始			世界女性会議→ナイロビ将来戦略（婦人の地位向上、アンペイド・ワークの経済的評価など）採択	女子差別撤廃条約批准
コース別人事（総合職と一般職）	高齢者雇用安定法：60歳定年努力義務	労働者派遣法：16業務		
				2000年に向けての新国内行動計画
	時短（労働時間短縮）元年	改正低在老	児童権利条約、国際児童年10周年	
			日本へ：ナイロビ将来戦略の見直し勧告	(→勧告を受ける)
				2000年に向けての新国内行動計画(第1次改定)
女子大生の「新卒派遣」	時短促進法			

時期区分	労働者グループ 施行年	女性労働者 個人単位（就業継続型）	女性労働者 夫婦単位（非正社員奨励型）	女性労働者 生活・福祉・教育など	政府 政策、審議会報告など
	1994		改正労基法：パートにも有給休暇、改正派遣法：26業務、パート助成金		緊急保育対策5か年事業（「エンゼル・プラン」）の策定（1995～99年）
	1995	改正雇用保険法：育児休業給付(25%)、年金：育休中は免除。改正育児休業法（全事業所対象）	所得税制：「年収103万円の壁」制度に変更	公立学校で、隔週の週2日休校	
	1996	育児・介護休業法（育休：全事業所規模を対象に。介休：努力義務）	改正派遣法：手続きの簡素化		
	1997				労働省女性局・女性少年室に改名。消費税5％（4月）。
	1998（平成10）			改正児童福祉法：保育料・園の利用者選択	
	1999	改正均等法：罰則あり、改正労基法：一般女性保護規定撤廃（時間外労働が男女とも360時間に）、介護休業制度：義務化	改正労基法：有期雇用契約、改正派遣法：原則自由化	男女共同参画社会基本法	
	2000	改正派遣法：正社員候補の派遣		介護保険法	男女参画基本法。「新エンゼル・プラン」の策定（2000年～2049年）。
	2001	改正雇用保険法：育児休業給付(40%)			男女共同参画室から局へ昇格
	2002	改正育児介護休業法：時間外労働150時間制限（労基法より移行）・看護休暇制度（努力義務）		公立学校で、完全週2日休校（ゆとり教育開始）	厚生労働省「少子化対策プラスワン」策定（男性の育児休率を3年間で10%に）
	2003				「次世代育成支援対策推進法」が10年間の時限立法として施行。「少子化社会対策基本法」
	2004		税制：配偶者特別控除適用を一部変更し、配偶者控除との二重適用を廃止		
	2005				「新新エンゼルプラン」（～2009年）。「202030」（女性活躍のロードマップ）
	2007	改正均等法：間接差別			労働契約法を創設

経営者	男性労働者		世界の動向	
	内部労働市場型（正社員）	外部労働市場型（非正社員、高齢者など）	国連（UN）、国際労働機関（ILO）	日本
	改正労基法：法定労働時間が週40時間	改正派遣法：60歳以上へ特例	日本へ：100号条約遵守に関する所見の公表、175号：パート労働条約採択、182号：175号の勧告	児童権利条約批准
日経連：「新時代の『日本的経営』」		高年齢雇用継続給付、改正低在老	第4回世界女性会議→北京行動綱領	156号採択、男女共同参画2000年プラン策定
		改正派遣法：手続きの簡素化		
	改正労基法：週40時間制		181号：民間職業紹介の解禁（96号の改正）の採択	
	高齢者雇用安定法：60歳定年義務化、教育訓練給付	改正高年齢雇用継続給付	APEC（アジア太平洋経済協力会議）の女性問題閣僚会議	
	改正労基法：変形労働制	改正派遣法：原則自由化、改正高在老		181号批准
	改正労基法：裁量労働制（ホワイトカラーへ拡大）	改正派遣法：正社員候補の派遣	女性2000年会議	
	改正厚生年金法：離婚時の合意分割制度			

時期区分	労働者グループ 施行年	女性労働者 個人単位（就業継続型）	女性労働者 夫婦単位（非正社員奨励型）	女性労働者 生活・福祉・教育など	政府 政策、審議会報告など
10.「一億総活躍」経済政策提言期：2012年～現在	2012	政府の経済政策の成長戦略の1つに「女性活躍」（就業促進）			政府の経済政策の成長戦略の1つに「女性活躍」（就業促進）
	2013		改正労働契約法（4月）：今後5年超更新の有期雇用契約の非正社員が「無期雇用転換申込み権」を有することを施行		
	2014	改正均等法：間接差別の拡大。経団連「女性活躍アクション・プラン」			消費税8％（4月）
	2015	「女性活躍推進法」を10年間の時限立法で施行			「202030」を、2020年までに15％（公務員は7％）に目標を引き下げた。「若者者雇用促進法」を順次施行。「一億総活躍プラン」を閣議決定。
	2016				
	2017				
	2018		税制：配偶者控除と配偶者特別控除を改訂し、税制による妻の「年収の壁」の一元化を改めた。改正労働契約法：2013年4月以降の5年超更新の有期雇用の非正社員の要請により「無期雇用転換申込み権」を開始。		

出所：本書第4章の本文に従い、筆者が作成した。
注1．法制度の年は、原則として施行年である。

経営者	男性労働者		世界の動向	
	内部労働市場型（正社員）	外部労働市場型（非正社員、高齢者など）	国連(UN)、国際労働機関(ILO)	日本
		改正厚生年金保険法：第2号被保険者の「時間要件」が明文化	IMFレポートで、日本の経済政策として、女性活用を提言	
経団連「女性活躍アクション・プラン」				
			国連が加盟国に、「203050」を提唱	
		10月：改正厚生年金保険法：第2号被保険者の「時間・月収要件」等を明文化（「106万円の壁」等と呼ばれる制度） 12月：年金改革法→2016〜2021年に施行	今後15年間の期限で、男女の就業に関して持続可能な開発目標SDGs（The Sustainable Development Goals）として、経済・社会・環境に焦点を当てた統合的目標を掲げた	

【注：第 4 章】
(1) 経済・社会というシステムで捉えることは、青木・奥野（1996）の功績による。また、労働経済学としてのレベル分類は、G. Schmid, J. O'Reilly and K. Schomann ed.（1996）"International handbook of labour market policy and evaluation" E. Elgar Publ. が、法制度を「労働需要」「労働供給」「外部労働市場」などに分類していることを参考にした。石塚（2010、第 2 章）は、中国のケースではあるが、学術的に厳密な経済・社会システムとして労働供給レベル・労働需要レベル・市場レベルに基づく歴史分析である。
(2) 1948 年に、日本の経営者団体のひとつで労働者問題についての連合体として日本経営者団体連盟（日経連）が創設されている。従って、戦後の経営者の労働力の活用に関してはこの動きを探ることで大まかには捉えることができる。
(3) 西成田豊「序章 女子労働の諸類型とその変容：1890 年代〜1940 年代」中村編（1985）、pp.10-17。当時、「植民地インドの紡績業の月賃金は 8〜9 円」だった。
(4) 中村政則、コラード・モルテニ「第 1 章 製糸技術の発展と女子労働」中村編（1985）、p.63。
(5) 西成田豊「第 2 章 石炭鉱業の技術革新と女子労働」中村編（1985）に詳しい。
(6) 岡部（1972）、pp.15-17、女性労働者数は第 1 表から計上した。家庭内職者の歴史的経緯や家内労働法については岡部（1972）に詳しい。また、副業については、梅村他（1988、pp.45-50、150-160）が詳しく、特に明治期は兼業が多かったという実態があったとしている。但し、統計的見地からは、統計書の就業人口はこれを把握しきれていないことが指摘されている。
(7) 石塚（1999）の各国の女性に関する歴史の部分を参照されたい。
(8) 小川由美子（1996）、pp.63-64。当初の民法案は個人を重視するものであったが、論争が起こり周知の「家族制度」のように方向づけがなされた。
(9) 工場法制定の背景、内容、その後の経緯については、山本（1987）pp.2-9 が詳しい。
(10) 白井（1992）、pp.46-47 は「近代的労務管理」が大企業に普及しはじめたのは第一次世界大戦後であった、としている。その理由として、大戦による産業構造と就業構造の変化の前進によって、「男子熟練労働力の不足と労働移動の激化により、企業内養成と定着化対策の必要性が増した」ことをあげる。
(11) 第一次世界大戦から 1920 年代の学校教育については、大門正克「学校教育と社会移動」中村編（1992）に詳しい。
(12) 岡部（1972）、pp.18-22。内職不振の原因としては 10 項目があげられており、他の 9 項目は経済的要因である。
(13) 岡部（1972）、pp.22-28。
(14) 労働省婦人少年局編（1975）、pp.17-18。
(15) 前掲注（14）参照。
(16) 岡部（1972）、pp.22-28。
(17) 山岡（1989）。
(18) 大沢（1993）、p.120。1940 年代〜1950 年代にかけては、先進各国でも同様であった。
(19) 南亮進（1992）。
(20) この時期区分は南（1992）による。ほかに、1955〜1973 年の平均経済成長率 10％超の 19 年をさすという説や、1959〜1973 年の同 12％を達成した 15 年間をさすという

説や、1960～1973 年の GNP 成長率が名目で 15.3%、実質で 9.6% を記録した 14 年間をさすという説などがある。
(21) 労働組合の動きは、主として『労働白書』各年の「労使関係」の項による。
(22) 浅倉（1991）、pp.216-229 に、その後も続いた裁判例一覧がある。
(23) 脇田ほか（1987）、pp.284-285。
(24) 経済審議会労働力研究委員会報告書（1969）『労働需給の展望と政策の方向』
(25) 岡部（1972）、p.1 に、「日本の労働対策の上からとり残されていた分野に、はじめて労働保護の手が及び、労働者とみなされるものはあまねく何らかの保護を受けることとなった訳である」とある。また、これは ILO26 号条約と関連しており、西欧諸国では、1950 年代に同法を成立させている（p.434）。
(26) 労働省労働基準局『家内労働実態調査（1970 年）』
(27) 石塚（1995a）、pp.98-101。導入に際しては、対象となる 3 者間のバランスが尊重されている。
(28) 熊沢（1995）の「2 つのフレキシビリティ」。
(29) 浅倉（1991）、p.175。
(30) 『就業構造基本統計調査』各年。
(31) 乾・二宮（1993）、p.207。

第5章

計量経済学分析：1980年代半ば前後で「女性労働政策」と「年収の壁制度」の効果はどのように変わったか

1. はじめに

　1980年代半ばに、労働市場の変化に基づき、経済・社会システムは変換期を迎えた。労働や経済に関する法制度の創設および改正が相次いだ。法制度に関しては、「規制緩和」と共に、顕著な男女間の扱いの差に対する「規制の強化」も同時に進められ、女性が働くことを中心に、日本における男女の働き方にかかわる。

　1970年代半ば以降は女性の雇用就業化が進み、その就業をとりまく環境は、サービス経済、経済成長と景気動向に応じた労働市場の需給関係、就業形態の多様化、社会的意識の変容、制度・政策の転換などに起因して変化した。なかでも制度・政策についてみると、1986年に施行された男女雇用機会均等法は罰則規定が不充分であったために実効性を欠いてはいたが、女性の就業に関する法制度の整備はこれを機に始まったといえる（本書第4章を参照されたい）。それ以前は女子保護規定と「夫婦単位を前提とした制度」のみであったが、以後は法制度の創設および改正が続いた。

　新古典派経済学全般においても、外部環境の急激な変化のなかで、経済・社会システムが円滑に機能するために、そのシステムの一部である制度の充実が重要視されるようになってきたという［青木・奥野（1996）；猪木

（1999）〕。

　「女性労働に関する制度・政策」（以下「女性労働政策」）の転換が始まってから実証分析終年の 1997 年までで 10 年強が経過している。制度の効果を単純に測ることはできないが、21 世紀を迎え、今後の「女性労働政策」のあり方を探るためにも、これまでに制度・政策が女性の就業行動にどのような影響を及ぼしてきたのかを現時点で確認しておく必要があろう。従って、本章では「女性労働政策」が女性の就業行動に与える影響を定量的に分析し、評価することを試みた。さらに、法制度によっては個別に運用の実態や概要を述べ、諸外国の制度についても説明を加える。ここで、本章の「女性労働政策」とは、狭義の労働制度・政策のみならず女性の就業行動にかかわる制度・政策全般をさすものであり、税制度、社会保障、所得保障制度などに基づく「年収の壁制度」も含まれる。「女性労働政策」とその一部をなす「年収の壁制度」という造語は、筆者によるものであり本文中で詳述する。

　本章で焦点をあてるのは、労働市場に現れる男女間の差のなかで最も顕著な差異がみられる有配偶女性とパート就業である。有配偶女性グループは女性全体（15 歳以上）の約 3 分の 2 を占めており、女性の動向を見ていくうえで重要である。また、少子・高齢社会における労働力不足の切り札として、潜在的労働力である無業の有配偶女性（専業主婦）が注目されていることは周知のことであろう。なお、近年の法制度はその対象として男女を区別しない傾向にあるため、本章の問題意識に基づいて分析することによって、男女を問わない制度・政策の方向性が見えてくると考える。

　構成は、第 2 節で各種の統計資料によって、家族のなかの女性、労働者としての女性の変遷を見て実態を整理し、第 3 節では本章の目的を示すために「女性労働政策」の歴史的推移を見たうえで、特にそのなかの「年収の壁制度」の概要を確認する。続く第 4 節において、「女性労働政策」の効果を測るために有配偶女性の就業行動モデルを 2 期間に分けて推定した。結果の一部を先取りすると、夫婦単位に基づく「年収の壁制度」が有配偶女性の雇用就業化、特にパート化を促すことが認められたため、さらにパートという働き方の実態を明らかにするために労働条件の一つである賃金について簡単な分析をおこなった。第 5 節で「女性労働政策」の残された課題をあげて、最後に若干の方向性を示すことでまとめとする。

2．女性の行動はどのように変わったか

　人の行動（時間配分）は、新古典派経済学のミクロ経済学では労働時間（市場労働時間）と余暇時間（労働時間以外の全時間）とに2分割されるが、とりわけ女性の行動については、余暇時間のなかの育児・介護・家事時間など（家庭内労働時間）も加えて時間の3分割にして応用して分析することができる[1]。従って、本節では家族員と就業者の両面から女性の行動の推移をみていく。

2－1．家族のなかの女性

　まず、家族構成員としての女性の変遷をみていこう［厚生労働省『人口動態統計』各年］。女性の平均寿命は1975年の76.9歳から、2000年には84.6歳（男性は77.6歳）、2015年には86.99歳（同80.75歳）に伸びている。婚姻率は1971年の10.5（人口1000人対）から1978年の6.9まで激減した後、逓減していて2015年は5.1である[2]。当初は、女性の高等教育の選択肢として創設された短期大学の定員と女性の進学率は減少していて、1975年の短大19.9％、大学（学部）12.5％から、1993年に同24.4％、19.0％となり、2015年には同9.3％、47.4％（男性は55.4％）に内訳が変わっているが、高等教育への女性の進学率は増加している。高学歴化などの要因により初婚年齢が高くなる「晩婚化」傾向がみられる。また、離婚率は1963年の0.73を底に上昇して2000年には2.10となり、2011年の東日本大震災以降は1.0台になり、その後も逓減していて2015年は1.80である。内訳は、婚姻期間が長い夫婦の比率が増加傾向にある。合計特殊出生率（1人の女性が産む子どもの平均値）は、1973年の2.14から2000年には1.35に逓減し、2005年の1.26を最低に、2016年には1.45である。第1子出産年齢は1980年の26.4歳から2000年には28.0歳となり、2015年には30.7歳に上がっている。「少産化」および「晩産化」傾向にある。世帯の形態別には、核家族世帯と単独世帯が一貫して増加し、「拡大家族」世帯（近年では三世代世帯と同意）は逓減している。拡大家族は、夫婦の親による育児の肩代わりと、夫婦による親の介護との2つの可能性を有する。

　まとめると、晩婚化により婚姻前の個人単位（非夫婦単位）の期間は長く

なっているものの、核家族として夫婦単位のなかにはいっていく女性は主流である。しかし、10～20年以上を経た後に離婚して個人単位に戻る人も増えている。今後は、ライフスタイルはますます多様化し、一生を通じて個人単位と夫婦単位を行き来する人が増えていくであろう。また、少産化のため育児に要する時間が減少しているので、就業可能な時間は増えたことになる。

2－2．労働者としての女性

次に、労働者としての女性の変遷を図表5-1でみる。いずれの就業形態においても、1970年代半ばを第1の転換期としている。特に、雇用労働者やパート（短時間雇用労働者）が逓増しており、これらは有配偶女性の雇用労働者数と概ね平行に推移している。つまりパートとして雇用されて働きに出る有配偶者を中心に、女性の就業は定着したといえる。一方、職住一致タイプについては、家族従業者（主として農業や卸売・小売業に従事）や、高齢化の進む家庭内職者は減少しているが、自営業主はサービス業や卸売・小売業において逓増している。30～40歳代の有配偶女性が大半を占める在宅就業は自営業主に含まれるため、将来的に時間や場所が弾力的な働き方が増えていくことが示唆される。

さらに、1997年の数値を図表5-2でみると、女性比率の高い就業形態、つまりパート、家庭内職者、家族従業者は有配偶比率も高く、賃金は低い。小企業、短時間労働のほうが女性比率は高く、有配偶女性では顕著である。1986年の導入以降、増加していた派遣労働者も女性が多く、男性に比べて賃金が低い傾向があり、動向が注目された。一方、女性が少ないのは管理的職業で、部長では女性比率2％にすぎない。また、産業別の雇用労働者数を、総務省『労働力調査』（2000年）でみると、サービス業が907万人（全女性就業者の36.4％、女性比率52.8％、以下同じ）、卸売・小売業、飲食店が757万人（同30.4％、51.4％）、製造業が461万人（18.5％、34.9％）の順に多い。しかし、1970年代半ば以降、先の2産業は一貫して女性が増加したのに比べ、製造業は1993年から減少し続けている点が異なる（男性は1995年からの3年間のみ減少）。職業別では、事務従事者が777万人（29.6％、60.5％）、技能工・製造建設作業者および労務作業者が568万人（21.6％、29.4％）の順に多いが、後者は逓減していた。（本書の図表2-6の2015年の数値と比較できる。）

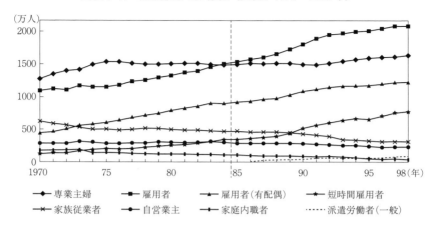

図表 5-1. 就業形態の多様化（女性、1970〜1998 年）

データ出所：総務省統計局『労働力調査』（1972 年以前は沖縄を除く数値）、厚生労働省『家内労働概況調査』、厚生労働省『労働者派遣事業報告集計結果』に基づき、筆者が図示した。
注 1. 雇用者（女性、有配偶女性）は、非農林業。
注 2. 短時間雇用者は、週間就業時間が 35 時間未満の非農林業雇用者。
注 3. 派遣労働者は、1989 年以後は一般労働者派遣事業の常用雇用者と登録者の合計、1988 年以前は一般に特定労働者派遣事業の派遣労働者を加えた数値。
注 4. 縦点線は、就業構造変化の時を計量経済学で推計した結果、1984 年第 4 四半期であったことを示す［本章 4-1 節］。

　日本女性の就業率を 5 歳刻みの年齢階級別にみると「M 字型」であることは周知であるが、30 歳代前半を底にして左の山（30 歳未満）は未婚の正社員、右の山（35 歳以上）は有配偶の非正社員が大半を占めている。当時、「結婚、出産・育児のため」離職した女性雇用労働者が、正社員では個人的な理由のうちの 18.3％、パートでは 5.6％ を占める[3]。一方、女性の平均勤続年数は増えており、特に育児休業制度が施行された 1992 年からは 8 年間で約 1.4 年のびて 8.8 年になっている。
　まとめると、女性全体および有配偶女性の就業者数は、サービス業などの第 3 次産業における非正規労働者を中心に一貫して増え続けている。一企業に継続して就業する女性も微増する一方で、就業形態は多様化しており、就業と非就業、正社員と非正社員、また非正社員間を行き来する人は益々増えるといえる。

図表 5-2. 就業の実態（男女別、1997 年）

	就業者数(1000人)			比率		時間給	
	男性 A	女性 B	有配偶女性 C	女性 B/(A+B)	有配偶女性 C/B	女性 (円)	男女間格差 (男性=100)
有業者総数	39,508	27,495	14,924	0.41	0.54		
雇用労働者	33,130	21,867	11,361	0.40	0.52		
役員	2,973	877		0.23			
正規従業員	26,787	11,755	4,860	0.30	0.41	1,638	63
パート	436	6,562	4,959	0.94	0.76	919	85
アルバイト	1,652	1,692	470	0.51	0.28		
派遣社員	53	204		0.79		1,067	64
自営業主	5,621	2,309	1,231	0.29	0.53		
雇人のある業種	1,694	350		0.17			
雇人のない業種	3,901	1,411		0.27			
家庭内職者	27	548	404	0.95	0.74	485	55
家族従業者	743	3,309	2,328	0.82	0.70		
非労働力人口(15歳以上)*	11,470	27,160	15,940	0.70	0.59		
(週間就業時間別雇用者)*	32,080	20,770		0.39			
1-34時間	3,680	7,460		0.67			
35-59時間	23,530	12,580		0.35			
60時間以上	4,830	720		0.13			
(勤務先の規模別雇用者)*	32,640	21,270	12,110	0.39	0.57		
1～29人(賃金は5～9人)	10,120	7,640	4,770	0.43	0.62	1,331	69
30～999人(賃金は10～999人)	12,560	8,390	2,060	0.40	0.25	1,515	66
1000人以上	6,390	3,140	1,520	0.33	0.48	2,052	62
職階別：部長	395	9		0.02			
課長	870	34		0.04		3,580	81
係長	783	66		0.08		2,893	86

データ出所：就業者数は総務庁『就業構造基本調査』(1997年調査)
注1. *印は総務庁『労働力調査』、職階別は労働省『賃金構造基本調査』より、企業規模100人以上の数値。賃金は労働省『賃金構造基本調査』(賞与のみ1998年)より、企業規模10人以上の賞与などを含む数値。
注2. 派遣社員は労働省『労働者派遣事業実態調査』より、平均日給÷8時間で計算。家庭内職者は労働省『家内労働実態調査』より、1998年の1時間あたり工賃。

3．「女性労働政策」と「年収の壁制度」

　女性の行動変化の背景は冒頭で述べたが、特に 1986 年以降、「女性労働に関する制度・政策」（以下「女性労働政策」）が変化した。本節では「女性労働政策」の歴史的推移を、分析対象の 2000 年頃までみて、その一部をなす「年収の壁制度」を概観する。なお「女性労働政策」とは、雇用政策や労働政策の枠を越えた広義の労働政策であり、女性の就業行動にかかわる制度・政策全般をさす。従って、税制、社会保障制度なども含まれる。

3－1．「女性労働政策」と日本経済の沿革

　「女性労働政策」は、明治・大正期の「工場法」に始まり、その延長線上に 1947 年（施行年、以下同じ）の「労働基準法」（以下、労基法）のなかの「一般女子保護規定」（時間外労働の上限は年間 150 時間、午後 10 時〜午前 5 時の深夜労働の禁止、休日労働の制限など）、および「妊娠・出産保護規定」、1972 年の「勤労福祉婦人法」、1975 年の「特定職種育児休業法」（正式には「義務教育諸学校等の女子教育職員および医療施設、社会福祉施設等の看護婦、保母等の育児休業に関する法律」）があり、さらに 1986 年施行の「男女雇用機会均等法」（正式には「雇用の分野における男女の均等な機会及び待遇の確保等女子労働者の福祉の増進に関する法律」。以下、均等法）へと続く。この間に従来の制度名称が変更された 1961 年の所得税および住民税の「配偶者控除制度」と、1987 年創設の「配偶者特別控除制度」、1986 年創設の公的年金の「第 3 号被保険者制度」は、「夫婦単位を前提とする制度」であり次節で詳解する。

　1986 年の均等法は罰則規定がなく実効性に欠けてはいたものの、この頃から「女性労働政策」の制度創設および改正が続いた。前年の改正労基法では、一般女子保護規定が一部撤廃され、初めて法定労働時間の短縮についても明記された。その後、労働時間短縮は数回の法制度改正を経て、1997 年には原則週 40 労働時間制が施行されるに至った。また、均等法施行にあわせて「労働者派遣法」が創設されたがその後の改正により、非正社員である派遣労働者が、正社員であるコース別人事の一般職に代わって採用されることが多くなった。すべての職種を対象とする仕事と育児の両立支援の制度化

は、1992年の「育児休業法」に始まり、1995年の育児休業期間中の給付や年金保険料の免除へと続く（同年、育児・介護休業法に改正）。雇用保険や有給休暇は、いわゆる「長時間パート」には従来から適用可能であったが、1993年の「パート労働法」に先立ち常用短時間パートへと対象が広がった。さらに、1999年には罰則規定を盛り込んだ改正均等法（正式には「雇用の分野における男女の均等な機会及び待遇の確保等に関する法律」）にあわせて、改正労基法により一般女子保護規定が撤廃され、時間外・休日・深夜労働に関する規程が撤廃され、時間外労働の上限基準は男女とも360時間となった。

まとめると、「女性労働政策」は1980年代半ばを転換期として、それ以前は一般女子保護規定と「年収の壁制度」の一部が中心であったが、以後は多様な就業形態の選択を視野に入れた制度の創設および改正が続いた。しかし、その内容は必ずしも実態に即したものではなく、制度ごとに様々な問題点が指摘されている[4]。

日本経済は、1956年から1973年の第1次オイルショックまでに高度成長の平均9.1％成長を経て、1974年から1991年期間の後半の「バブル経済」（1986年から1991年）を含む安定成長期には平均4.1％成長を経て、「失われた20年」の1991年から2011年には平均0.9％という低成長期になった。

本章の分析の後半期（1985〜1997年）は、高成長のバブル経済、および低成長期を含んでおり、日本の労働市場は売り手市場から買い手市場となった。

第4節では、「女性労働政策」や特にその一部をなす「年収の壁制度」などが女性の就業行動に与える影響を計量経済学モデルで推定し、応用ミクロ経済学の労働経済学で評価する。

3−2．「年収の壁制度」の概要[5]と機会費用（損失額）の計算

既述のように、現在、夫婦単位を前提とする年収の壁に関する制度は、税制、企業の賃金制度における配偶者（家族）手当、公的年金制度にみることができる。本章では、これら3つの制度のうち以下にあげた部分をまとめて「年収の壁制度」とよぶ。

まず、所得税は原則個人単位であるが、そのうちの「配偶者控除制度」や「配偶者特別控除制度」は実質的に夫婦単位である。「配偶者控除制度」は、

妻の年間課税所得が103万円（1995〜2017年）以下のときに夫の課税所得から38万円を減じて税額が計算されるものである。「配偶者特別控除制度」は、最大38万円を「配偶者控除制度」の38万円に上乗せして納税額が計算されるものであるが、夫の所得に制限が設けられている。この制度は、「配偶者控除制度」が妻の所得に応じて夫の手取り額を急激に減少させるために妻の就業意欲が損なわれ、パートなどの年収103万円以下の働き方を選択するいわゆる「パートの壁」問題を解消するために導入された。しかし、勤め先企業から夫に年間12万6000円（1997年、平均）支給される「配偶者手当」の要件は「妻の所得が所得税の非課税限度額（年収103万円）以内であること」が多く、つまり「パートの壁」は依然としてある[6]。また、国民年金と厚生年金が重なる部分の「第3号被保険者制度」も夫婦単位である。雇用労働者（第2号被保険者）の夫をもつ妻が「常用労働者」（労働時間や勤務日数が、通常の労働者のおよそ4分の3以上の労働者）とみなされないか、あるいは年収が130万円未満であれば、第3号被保険者となり、妻本人も夫も、妻分の保険料の納付を免除される。免除額は、第1号被保険者（自営業者など）の納付額と同じ年間15万9600円（＝月当たり保険料13300円×12ヶ月、1997年）などとなる。

　「年収の壁制度」に基づくコストの大きさをみる。例えば、夫が年間課税所得500万円の雇用労働者、妻が無業（専業主婦）または年収103万円以下のパートのケースにおいて、夫婦の税引き後の手取り額の増加分を計算する。各制度に基づく手取り額を単純に計算すると、配偶者控除分7.6万円、配偶者特別控除分7.6万円、配偶者手当て分10万800円（＝12万6000円×（1－税率20％））、公的年金分15万9600円となり、合計額41万2400円となる。これをパートの平均時給919円で割ると448.7時間であり、1日7時間働くとすると64日間分に相当する。

4．実証分析：「女性労働政策」の効果はどのように変わったか

　4-1節の分析では、女性の就業モデルについて詳述し、推定の方法を示す。続く4-2節において推定結果を概観するが、「年収の壁制度」などの個別の制度についてその効果を検証し、「女性労働政策」を相対的に評価する。さらに4-3節では賃金格差に着目し、パートという働き方の実態を探る。

4-1. 女性の就業行動モデルと構造変化

　まず、女性の就業行動モデルの説明変数、すなわち有配偶女性（以下、妻）の就業行動（就業率）に影響すると考えられるものには、夫の所得、妻自身の賃金率、パート比率、有効求人倍率、乳幼児の有無などがある[7]。本章では、制度の効果をみるために「年収の壁制度」および育児休業制度を新たに説明変数に加えて推定した。

　説明変数（要因）の推定結果について、理論と整合的で期待される符号は次のとおりである。"夫の所得"は、減少した場合に妻の就業率が上昇する「家計補助的」な妻の就業傾向がいわれている（「ダグラス＝有沢の第1法則」）ためマイナス。"妻の賃金率"は、増加した場合に、育児・介護・家事などの家庭内労働や余暇よりも就業に時間を費やす作用が一般に強いとされるためプラス[8]。"パート比率"は、企業側が賃金の低いパートを雇うことによって時間当たり生産性を上げることができるのでプラスであり、同時に就業時間の長さの程度が分かる。"有効求人倍率"は労働需給の逼迫度を表し、プラスであれば景気後退期において「就業意欲喪失」効果が強ければ就業をあきらめて無業（専業主婦）となることを、マイナスであれば「付加的就業」効果が強ければ夫の雇用不安定を補うために就業することを意味する。"乳幼児"については、育児は人手を必要とするため、一般に妻の家庭内労働時間の価値を引き上げ、就業を抑制するのでマイナス。但し、"乳幼児×育児休業制度ダミー"の交絡項は、1992年創設の育児休業制度により妻全体の就業率の低下を抑制する効果が期待されるためプラス。

　さらに、「年収の壁制度」が就業におよぼす効果をみるために導入した「年収の壁制度」を含む2つの交絡項についてみる[9]。"夫の所得×「年収の壁制度」"は、実際には「年収の壁制度」が夫の所得を媒介として実現するので相乗効果をみることができ、結果として無業（専業主婦）からパートとして就業する妻が多ければプラス、就業者から無業になる妻が多ければマイナスとなる。また、"パート比率×「年収の壁制度」"は、制度変更により、フルタイム労働者がパートになることが考えられるためプラス。各変数の概要および基本統計量は図表5-4に示した。

　対象とする期間は、女性の雇用就業化が始まった1970年代半ばから1997年までの二十数年間である。この間で有配偶女性において就業構造が変化した時期を推定したところ、1984年第4四半期に認められた[10]。従って、こ

の時期を境に1975年第1四半期～1984年第4四半期を前期、1985年第1四半期～1997年第4四半期を後期として、分けて推定をおこなった。次節では、前期と後期の推定結果を比較、検証していく。

4－2．推定結果：「女性労働政策」の効果はどのように変わったか

図表5-3の推定結果に基づいて概観する。まず「女性労働政策」の変数の結果を検証する。

① （2）欄以降をみると、「年収の壁制度」を含む変数は、両者とも前期では有意ではなく、後期にはプラスで有意になっており（1）欄よりもモデル自体の説明力も上がっている。従って、「年収の壁制度」は前期には妻の就業行動に必ずしも影響しているとはいえないが、後期にはパート就業化を促進する効果が生じており、まさに「女性労働政策」の一部として機能するようになったことが認められた。

② 後期の（4）～（6）欄で、乳幼児×育児休業制度をみると有意にプラスであり、育児休業制度により就業継続が促され、妻全体でみた就業率が上昇したということができる。実際に平均勤続年数は増えており、制度が浸透していくことにより、今後は妻の就業継続が進むといえないだろうか。他方、「晩産化」の影響も考えられる。また、全企業規模を対象にした育児休業制度の施行は1995年であるため、評価するには時期尚早とも考えられる。今後は、個人データやコーホートなどによって分析を進めていく必要があろう[11]。

次に、制度の変数以外の結果をあげる。但し、必要に応じて個別の変数についておこなった分析の結果も加えてみていく。

① 夫の所得は、全期間を通じて有意にマイナスであり、夫の所得変化に応じて妻が「家計補助的」に共稼ぎを選択する傾向が認められる。つまり「ダグラス＝有沢の第1法則」は依然として成立している。但し、総務庁『就業構造基本調査』（1982～1997年調査）を用いて検証したところ、この傾向は弱まってきている。

② 妻の賃金率は、一貫して有意にプラスであることから、妻は自身の賃金上昇に応じて就業する傾向があり、雇用就業化は定着していることが認められる。

③　パート比率が、後期にプラスであることから、妻のパート就業化あるいは就業時間の短時間化が進んでいるといえる。また、企業が後期にはパートを積極的に雇い入れるようになってきていることが導出された。

④　有効求人倍率は、後期には有意にマイナスであり、景気後退期においても妻は就業するようになってきている。さらに労働市場の逼迫度についての推移を詳しくみるために「フロー分析」をおこなったところ、景気後退期において、前期は専業主婦化していたが、後期の「バブル崩壊」後の1992年頃からは妻は就業者となるか、あるいは失業者として職探しを続けて労働市場に残るかを選択する傾向が日本の女性においても確認された[12]。このような現象は、樋口・清家・早見（1987）の1980年代初めまでの分析ではアメリカの女性にみられたものであり、日本女性の新たな傾向と捉えることができた。

⑤　乳幼児は、前期はすべての推定モデルにおいて有意にマイナスであったものが、後期には値が小さくなるかあるいは理論値とは異なるがプラスに転じているものもあり、就業者全体でみると乳幼児の存在が離職を促す傾向は弱まっている。但し、2-1節でみたように出生率自体が逓減していることをあわせると、育児に要する時間が減ったことにより就業が容易になったということの現れとも考えられる。

最後に、「女性労働政策」を総体的に捉えて評価する。推定結果をみると、改めて女性の就業構造が1980年代半ばに変化したことが確かめられた。「女性労働政策」の転換期と時期を同じくしていることから、政策と就業実態が関係していることが示唆される[13]。就業の推移をみると、一貫しているのは雇用就業化の定着である。一方、後期で変化がみられたのは、「年収の壁制度」と企業側の要因によるパート就業促進効果、就業意欲の高まり、育児による離職促進傾向の後退、および家計補助的な就業傾向が弱まってきていることである。

従って、後期の1985～1997年において、必ずしも夫婦単位を前提とせず多様な就業形態を視野に入れた制度の導入が続く「女性労働政策」は、女性の雇用就業化や就業意欲の高まりを妨げないような方向性をもつといえる。一方、夫婦単位を前提とする「年収の壁制度」や企業側の要因により、パート就業が拡大するような効果が生じている。但し、法制度が就業の実態の後

図表 5-3. 有配偶女性の就業行動分析

期間	前期：1975年第1四半期〜1984年第4四半期			後期：1985年第1四半期〜1997年第4四半期					
推計モデル	(1)	(2)	(3)	(1)	(2)	(3)	(4)	(5)	(6)
定数項	−0.851***	−0.854***	−0.881***	−0.773***	−1.870***	−1.565***	−1.251***	−1.829***	−1.602***
	12.796	9.868	9.552	3.825	7.535	13.247	7.338	8.697	14.33
夫の所得	−0.030***	−0.0272	−0.029**	−0.013***	−0.045***	−0.095***	−0.017***	−0.037***	−0.011***
	2.489	0.539	2.309	3.629	7.166	5.413	6.218	6.567	6.338
妻の賃金率	0.061***	0.062**	0.068**	0.054***	0.147***	0.155***	0.059***	0.119***	0.141***
	2.577	2.145	2.394	3.135	6.971	13.1	4.577	6.237	11.445
パート比率	−0.012***	−0.012***	−0.012***	0.018***	0.034***	0.020***	0.095***	0.023***	0.017***
	3.569	3.181	3.415	5.814	9.169	13.49	3.615	5.543	9.307
有効求人倍率	0.026	0.027	0.036	0.014	−0.071***	−0.088***	−0.098***	0.018	−0.044**
	0.926	0.811	1.022	0.811	3.535	7.412	5.174	0.659	2.195
乳幼児	−0.024***	−0.024***	−0.022***	−0.004***	0.030	0.079	−0.002	0.035**	0.015
	3.674	3.419	3.081	2.942	1.73	0.936	0.013	2.395	1.723
トレンド	0.078***	0.078***	0.077***	−0.018	−0.097***	−0.012***	0.008	−0.052***	−0.094***
	4.632	4.444	4.497	1.412	5.701	11.44	0.813	2.874	6.991
夫の所得×「年収の壁制度」		−0.0001			0.0052***			0.0035***	
		0.052			5.668			3.88	
パート比率×「年収の壁制度」			−0.0003			0.0022***			0.0019***
			0.474			12.09			8.654
乳幼児×育児休業制度ダミー							0.060***	0.042***	0.020***
							6.042	4.29	2.633
自由度調整済み決定係数	0.9971	0.9971	0.9971	0.9868	0.9922	0.9969	0.9926	0.9944	0.9973

注1. ***は1%、**は5%で有意を表す。下段はt値であり、絶対値で表す。
注2. 推定した就業率モデルは、ln（有配偶女性の就業率／（1−有配偶女性の就業率））＝ $\beta 0$ + $X\beta + \mu$
注3. 推定方法は、注2のロジスティック関数を、15歳以上の有配偶女性の人数をウェイトとして最小二乗法でおこなった。

図表 5-4. 有配偶女性の就業行動分析の変数の概要および基本統計量

変数名		単位	出所	平均値	最大値	最小値
有配偶女性の就業率	有配偶女性の雇用労働力率＝非農林業雇用労働者÷15歳以上人口		総務庁『労働力調査』	0.30	0.37	0.21
夫の所得	夫の実質月間収入（勤労者世帯、cpiで実質化）の前期比を1975年第1四半期＝10で指標化		総務庁『家計調査』	9.26	12.20	7.15
妻の賃金率	妻の実質月間収入（勤労者世帯、cpiで実質化）	万円	総務庁『家計調査』	4.19	5.51	2.63
パート比率	女性雇用労働者のうちの、週間就業時間が35時間未満の者の比率（非農林業）	％	総務庁『労働力調査』	24.42	36.86	16.36
有効求人倍率	有効求人倍率（一般）		労働省『職業安定業務月報』	0.78	1.45	0.52
乳幼児	出生率	0.1	厚生省『人口動態統計』	11.97	17.47	9.40
トレンド	1975年および1985年の第1四半期は"1"、以後"2、3、4、……"					
「年収の壁制度」	所得税の配偶者控除と配偶者特別控除の適用可能上限額（cpiで実質化）	万円		54.55	77.23	35.30
育児休業制度ダミー	1992年第2四半期以後は"1"、その他は"0"			0.25	1.00	0.00
(cpi)	消費者物価指数（総合、全国）（1995年＝100）		総務庁『物価統計月報』	85.27	101.90	55.40

注1. 用いたデータは、季節調整四半期。月次データは移動平均法により、年次データは直線補間により修正した。

追いをしているのか、あるいは法の施行により実態が変化しているのかといった因果関係については個々の制度について分析をおこなう必要がある[14]。

4-3. 二重に低いパートの賃金

前節において、「年収の壁制度」や企業の要因によりパート就業が促進されていることを確認した。従って、パートの実態を正規従業員と比較しながらみてみよう。

まず日本における賃金格差について諸外国と比較、検証する。図表5-1で

みたようにパートの賃金は低い。同じ正規従業員でも男女間に差があり、そのうえ同じ女性でも就業形態によって差があるので、パートの賃金は二重に低いといえる。世界的にみても、日本の男女間格差は非常に大きく、男性を1とした場合に女性は0.63であり、他の先進国が0.80以上で、アメリカが0.97と小さいのとは大きく異なる[15]。さらに、女性の就業形態間格差についても、多くの先進国がフルタイム雇用労働者を1とした場合にパートタイム雇用労働者が0.9以上と小さいのに対して、日本では約0.6と大きい［OECD（1983）］。

　次に図表5-5で、日本における就業形態間の賃金格差を産業別にみる。いずれの産業においても賃金格差の拡大が認められる[16]。特に製造業と卸売・小売業、飲食店をとりあげたのは、パート比率はいずれも高いものの、その動向が顕著に異なってきているため（2-2節）、今後の傾向を探るうえで適切と考えたからである。就業形態や男女構成による就業構造の変化が、生産性にどのような影響を与えているかみるために簡単な推定をおこなった。図表5-5の「弾力性」とはパート（短時間雇用労働者）比率あるいは女性比率が1％上昇した場合に、生産性が何％増えたかをいう。製造業では、資本の影響を考慮しなければ1人あたりの生産性は短時間雇用者の増加に伴い減少すると考えられるため期待通りの結果である。しかし、卸売・小売業、飲食店では、後期になって0.698と大きくプラスに転じており、女性比率についても4.255となっている。このことだけから確かなことは言えないが、将来的にも女性の雇用拡大が見込まれる卸売・小売業、飲食店のような産業においては、生産性と労働時間の関係は変化している。他の条件を一定とすれば、今後はより一層、パート化や女性化が進んでパートの低賃金が続くことが示唆される。中村・石塚（1997）では、最近の労働時間短縮期（1988〜1993年）には時短による生産性の低下をパートの拡大が補ったことを導出している。パートを雇用する理由のなかで「人件費が格安だから」は1990年の21.0％から1995年には38.3％と増加傾向にある［労働省（1997）］。パートは「最低賃金法」によって賃金の下限のみが保障されており［篠塚（1989）、第8章］、現在でも法で規定された最低賃金を若干上回るように連動している。

　パートと正社員の賃金格差に関する先行研究によると、労働供給側（パート就業者）の要因としては、通勤の利便性や労働時間の選択可能性が挙げら

図表5-5. 正社員とパートの格差（女性のみ、産業・期間別）

期間	製造業		卸売・小売業、飲食店	
	前期	後期	前期	後期
	1975～1984年	1985～1997年	1975～1984年	1985～1997年
賃金格差（正社員＝1）	0.732	0.676	0.683	0.618
生産性への弾力性				
パート比率	−0.116	−0.12	−0.115	0.698
女性比率	0.591	1.061	−1.073	4.255

データ出所：労働省『賃金構造基本統計調査』、経済企画庁『国民経済計算』、総務庁『労働力調査』
注1. 賃金は、賞与などを含む時間あたり賃金
注2. 弾力性の推定式：ln 人員ベースの生産性 ＝ 定数項＋ln「　」比率＋トレンド

れる［中馬・中村（1994）］。一方、労働需要側（企業）の要因をみると、両者における人的資本の蓄積の違い以外の格差は賃金制度に基づくとする［大沢（1993）、pp.189-190］。従って、パートの労働条件に関する制度をみていく。

　正社員は、給与形態・手当て・賞与・社会保険・退職金などの景気にあまり影響されない硬直的な賃金システムに守られている。ヨーロッパなどと異なり日本では、男女の正社員の処遇格差に関しては労働基準法に規定があるが、就業形態間にはない。1993年創設の「パート労働法」には、正社員と非正社員間の処遇の「均衡」についての努力規定がある。一方、ヨーロッパでは、短時間労働者（日本における「パート」）は長時間労働者（同「正社員」）と同等の労働条件が法制度により義務づけられている[17]。「雇用保険」においては、1989年に常用短時間労働者を対象とした「短時間労働被保険者制度」が導入され、週所定労働時間20時間（1993年）以上で、1年間以上継続して雇用されるなどの場合に適用されるようになった（収入基準は2001年に撤廃）。しかし、保険料率は一般被保険者と同じであるが、失業手当の給付率は一般被保険者よりも低く設定されている。パートのなかには複数企業就業者もいるが、雇用保険は事業所単位の制度であり要件を満たさないため加入できない。このような意味においても、個人（就業者）単位で制度をとらえる必要があろう。

　また同年、労働基準法の改正により年次有給休暇の付与が6カ月継続勤務

者に適用されるようになり、雇用期間を雇入通知書で明文化することが義務づけられた。しかし、逆にパートの短時間化、労働契約期間の短期間化、有期雇用の拡大という問題が生じている。「インサイダー・アウトサイダー理論」によると、正規従業員（インサイダー）は労働組合員であり賃金決定にかかわるため賃金引下げは生じない。労働省（1997）によると、女性パートの組合加入者の割合は4.5％と低い[18]。

まとめると、特にパート就業者が増大した最近の約15年間にパートと正規従業員の賃金格差は拡大している。格差およびその拡大の意味については諸説あるが、その他の労働条件をも含めて制度や実態をみると、「女性労働政策」が的確に反応しているとは言いがたい。

5．これからの「女性労働政策」への課題

「女性労働政策」のなかで、特に「年収の壁制度」、育児政策、労働時間政策について残された問題をあげる。

5－1．「年収の壁制度」の問題点

まず、「年収の壁制度」の税制における配偶者控除および配偶者特別控除に関する第1の問題点としては、4-2節の推定結果によると、後期の1985～1997年に「女性労働政策」の一部として有配偶女性のパート化を促す効果をもつように変化しており、就業形態の決定に対して制度が中立的でないことが挙げられる。第2に、婚姻者（夫婦単位）のみに適用されるので婚姻の決定に対して中立的でない。さらに第3として、所得控除であるために累進税率のもとでは、所得階級別にみた世帯間において逆進的であり「垂直的公平性」を満足しない。

第4に、第3の問題点を緩和する目的ともとれるが、配偶者特別控除は夫の年間課税所得が1000万円超の場合には適用がない。従って、税制による「パートの壁」は今なお残っている。また、一般に高所得の夫は高学歴である場合が多く、その妻も高学歴であることが多い。学校教育において多くの人的資本の蓄積がなされたこの部分に「壁」を残したことは、人的資本の活用という観点からも問題がある。第5に「パートの壁」の解消を目的とする配偶者特別控除制度は認知度が非常に低い。家計経済研究所（1996年調査）

によると、「配偶者特別控除制度による『壁』の解消」について「内容まで知っている人」は 2.2％、「話を知っている人」を含めても 30.3％ にとどまる。また、その後におこなわれた配偶者控除および配偶者特別控除制度の認知度に関する調査においても、両制度について「よく知っている人」が 11.4％、「おおよそ知っている人」を含めても 55.2％ であり（1996 年実施分）、「パートの壁」の是非を議論する前に啓蒙の必要があろう。

　第 6 に、石塚（1995a）によると、両制度の存続理由のひとつとして雇用労働者世帯と自営業者世帯との税負担の「バランス政策」が認められた。これは、先の 4 つの問題点とは異なる視点で捉える必要がある。さらに、諸外国に目を向けると、過去にはこのような制度があっても、現在では英国や韓国などに類する制度が認められるだけである[19]。

　次に、公的年金の第 3 号被保険者制度（以下、第 3 号）についてみる。第 1 の問題点は、税制の第 1 の問題点と同じである。第 2 に、妻の保険料を、夫が加入している厚生年金組合の組合員が独身者も含めて全員、つまり組合単位での負担がなされているため「非婚ペナルティ」が生じており、個人間の公平性を満足しない。第 3 に、自営業主の配偶者や母子世帯の母親には適用されないうえ、彼女らは保険料納付の義務があるため世帯間の「水平的公平性」を満足しない[20]。第 4 に、制度の導入前は対象者のうちの約 70％ が任意に国民年金（1 階部分）の保険料を納めていたが、第 3 号の妻は実際の金銭的負担がないため国民年金基金制度（2 階部分）に加入することはできなくなった。さらに、2001 年導入の「確定拠出型年金（日本版 401k）」にも第 3 号は加入できないため、老後の年金設計においても夫婦単位が益々強調されることになった。

5-2. 育児に関する制度・政策

　妊娠・出産はさておき、育児は必ずしも女性の問題ではないと考えるが、2-2 節でみたように実際には女性の就業における課題のひとつである。4-2 節では「育児休業制度」により就業中断が抑制された結果として、妻全体でみた就業率を引き上げる効果が認められた。さらに、1995 年には雇用保険の「育児休業給付」や、休業中の社会保険料の本人負担分免除が始まり、2001 年には給付率が引き上げられて保険料の企業負担分も免除され、2002 年には未就学児の親を対象に看護休暇制度が導入された。しかし、育児休業

制度の取得分の大半は正社員の女性であり、非正社員の雇用保険加入率は低い。また、都市部の保育所における待機乳幼児の実態も報告されている。

　他に関連する制度には、「児童手当」と「税制の扶養控除」がある。前者は所得制限があり低額所得者のみに給付され、後者は所得控除であり累進税率のもとでは高額所得者に厚い。両者は、実際の効果は同じであるが、異なる省庁間で異なる時勢に配慮して別々に施策がなされてきたために、経済的、社会的変化に対応できなくなってきている。日本の児童手当は低年齢者に限られてきた点も問題である。諸外国の育児支援策をみると、所得制限なしの給付金制度によって20歳くらいまでの学生を対象としており、育児費用は税額控除できる国が多く、財源も企業ではなく政府であり、日本とは大きく異なる[21]。しかし、最も少子化のスピードが早いのは日本である。

5-3．労働時間の短縮

　日本は、諸外国に比べて男女とも労働時間が長い。しかし、突出しているのは男性労働者である。1985年に内外の要請から労働基準法の法定労働時間短縮に関する改正が始まり、1997年には原則週40時間就業制となった。一方、2000年には裁量労働制が拡大され、対象となるホワイトカラーは労働時間の枠がなくなった。実態は、週休2日制の普及により年間の労働時間は減っているが、1日あたりの労働時間は増えているという報告もある[22]。

　夫婦が個々に職場や家庭内で最適な時間配分をおこなうためには、1日当たりの実労働時間の短縮が課題となろう。この意味で、労働時間短縮は個人単位志向の政策といえよう。また前節で取り上げた育児休業制度も、男女の実労働時間の短縮が実現されていかなければ、企業にとっては高いコスト負担になってしまうことが考えらえる。4-3節の検証によると、サービス経済においては必ずしも労働時間の長さと生産性とが相関があるとはいえないので、労働時間の価値の捉え方も変わらざるをえない。パートに多い短時間労働という働き方は必ずしも問題ではなく、賃金や制度の適用において正社員との説明できない格差が大きいことが問題である。

6．まとめ

　分析結果によると、後期（1985〜1997年）は、前期（1975〜1984年）に

比べて、①「女性労働政策」を総体的に捉えると、女性の就業や就業意欲を妨げないような方向性をもつこと、②「年収の壁制度」と企業側の要因により、パート就業化が拡大していること、③「育児休業制度」は女性の就業中断を抑制する効果があること、④第3次産業（卸売・小売業、飲食店に代表）では、製造業と異なり、パート（短時間雇用労働者）の拡大に伴い、1人当たりの生産性が増加していることが導出された。

近年、男女ともにライフスタイルは益々多様化しており、未婚者や離婚者といった個人（単位）は増える傾向にある。特に女性ではパート、派遣労働者、在宅就業などの非正社員の割合が高く、就業形態も多様化している。しかし、パートの賃金などの労働条件をみると、正社員との格差が拡大しており、将来的にも雇用拡大が見込まれる産業において、より一層この傾向が強い。有配偶女性にパート就業者が多い現状においては、夫婦単位ではさておき、個人単位でみると「貧しさが女性に偏る」ことになる。

また、男性においても非正社員は増えており、新規学卒者が派遣労働者として就業する「新卒派遣」や、若年者に浸透する「フリーター」傾向などを併せ考えると、今後、性別や年齢を超えて派生する問題は益々複雑になっていくことが考えられる。

分析の2003年時点において、非正社員や流動的な労働者に対しては制度・政策が充分に及んでいるとはいえない。従って今後は、政策が対象とする単位を、夫婦単位や企業単位から、個人単位として、法制度の整備を進めていくことが望まれる。なお、本章では「女性労働政策」を総体的に評価したが、さらに個々の制度と女性の就業について分析を進める必要があろう。

【注：第5章】
(1) 本書第3章第2節で既述のように、時間の3分割を前提とする仮説には、Mincer (1962) の「時間配分（time-allocation）」モデルや、Becker (1965) の「家庭内生産（household production）」モデルがある。
(2) 男性の生涯未婚率は逓増している。
(3) 厚生労働省『雇用動向調査報告』（2000年調査）。報告書の「一般」を正社員とした。
(4) 例えば、法学の視点からは浅倉（1991、pp.244-255）など、浅倉むつ子氏の一連の研究のなかで言及されている。
(5) 課税単位の議論や歴史的検証は、日本については石塚（1995a；本書第6章）、諸外国については Chan (1993) に詳しい。公的年金に関する単位については、木村（1994）

が参考になる。なお、公的年金の「加給年金」や「遺族年金」も夫婦単位であるが、本章では拠出時のみをとりあげる。また、企業の医療保険（組合管掌健康保険）も、厚生年金保険に連動している。

(6) 12万6000円は、以下の数値10,500円×12ヶ月で計算した。労働省『賃金労働時間制度等総合調査』（1998年実施）により全企業平均でみると、78.1％の企業が月間10,500円の配偶者手当を支給しており、そのうちの49.9％が要件を「妻の所得が非課税限度額以内」としている。これを企業規模1000人以上でみれば、各92.5％、17,400円、71.0％となり大企業ほど夫婦単位の傾向が強いといえる。さらに、賞与にも配偶者手当が加算されることもある。

(7) 女性の就業行動に関する実証分析は、Mincer（1962）に始まり、日本の女性については古郡（1981）やHill（1984）などがある。

(8) 厳密には、スルツキー方程式に基づく労働時間の議論である。

(9) 石塚（2003；本書第7章）は、「年収の壁制度」を妻自身の就業コスト（機会費用）と捉え、制度の変更による有配偶女性の就業形態の選択への効果について理論および実証分析をおこなった。考えられる効果は、①無業の専業主婦がパート就業すること、②無業のままでいること、③フルタイマーがパートに転ずること、の3つである。推定結果は、専業主婦確率を引き上げるというよりは、①と③のパート就業確率を引き上げる効果があるというものであった。すなわち、本章の時系列データによる推定結果と、横断面データによる推定結果が一致した。他にも、樋口（1995）は、「パートの壁」にかかわる諸制度がパートの労働時間を大幅に抑制し、賃金率を引き下げる効果があるとしている。安部・大竹（1995）は税・社会保障制度のために労働時間を調整するという結果を導出している。

(10) 本章の就業行動モデルを、チョウの方法（Stepwise Chow test）で構造変化の時期を推定した。また、需要面の構造変化もみるために、「部分雇用調整モデル」に基づいて性別・就業形態別に同様のテストをおこなった。結果は、女性パートでは、1984年第2四半期、女性正社員では1986年第3四半期、男性正社員では1980年第3四半期に認められた。有配偶女性にパートが多いことを考えると、整合的な結果といえる。

(11) 育児休業法の効果に関して個人データを用いた先行研究のうち、滋野・大日（1998）は施行後のデータを用いて、同法が就業継続を促す効果があるとしている。一方、今田（1996）は、1991年の調査を基に、就業継続は出産・育児期にはみられず、高学歴女性の晩婚化によって達成されていることが導出されている。

(12) 「フロー分析」とは、就業・失業・非労働力の3つの労働状態間での移動率に基づいて分析するものである。『労働白書』（平成10年版、11年版）でも失業分析やフロー分析がおこなわれている。

(13) この時期は、「女性労働政策」の転換の他に、日本経済においても円高を受けて構造調整が提唱された。また、篠塚（1989, p.199）では、「1980年代後半に入ると状況が一変した。主婦パートが集まらなくなったのである。供給側の就業意識に何らかの大きな変化が生じたのであろう。……"新パート制"の導入である。」とある。

(14) グランジャー（Granger）因果性のテストをおこなう方法がある。

(15) ILO（2001）"Yearbook of Labour Statistics"（1998年調査）によると、スウェーデン0.89、フランス0.82、ニュージーランド0.84、英国0.80、韓国0.64である。

(16) 新古典派経済学ベースの労働経済学で賃金格差をみる場合には、人的資本論に従い勤続年数、就学年数、職種、就業上の地位などの個人属性をコントロールして比較する必要がある。1975年から1997年の勤続年数の増加率は、労働省『賃金構造基本統計調査』によると、正社員では製造業75.0％、卸売・小売業、飲食店で81.0％、パートで各90.6％、96.0％であり、パートのほうが高い。従って、勤続年数をコントロールしても格差は拡大しているといえる。
(17) パートの均等待遇に関する数少ない訴訟である「丸子警報器事件」において、長野地裁判決（1996年）は、同等の作業をしている非正社員（臨時社員）が、同じ勤続年数の正社員と8割以下の賃金格差があるのは違法とした。和解により、最終賃金格差は90％となった。
(18) 労働大臣官房政策調査部編（1997）、注22。
(19) 石塚（1995a；本書第6章）、Chan（1993）、注7。
(20) 国民年金の保険料未納者問題も深刻化しており、1998年の未納率は23.4％である（社会保険庁『社会保険事業概況』）。一方で、厚生年金財政は、保険料収入の減少と給付額の増加で悪化している。
(21) 児童手当は、英国やスウェーデンでは16歳未満の第1子から所得制限なしで、フランスでは同様に第2子から、ドイツでは18歳未満であれば所得制限なしで第1子から支給される。ニュージーランドでは所得制限があるものの20歳未満を対象に税額控除と給付金制度の組み合わせによって給付される。財源は、フランスで事業主拠出が若干あるものの、他は国庫など政府であるのに対し、日本は約80％が企業負担でありこの比重が高い。育児費用は、アメリカ・フランス・ニュージーランドでは10代半ばまでの子どものいる就業中の親は、育児費用を税額控除できる。
(22) NHK『国民生活時間調査』によると、男性の労働時間（平日）は、1975年7時間49分、1985年8時間34分、1995年8時間29分であり、10時間以上労働者の比率は、1995年の25％から、2000年には30％に増えている。

第III部

パートの「年収の壁」と税・年金制度の経済学・歴史・実証分析

第6章

財政学でみる「年収の壁」と配偶者控除等の歴史

1. はじめに:「人形の家効果」と「貧困の罠」をもつ年収の壁制度

　日本においては15歳以上人口のうち男性の61.3%、女性の56.6%が配偶者を有しており、所得税の配偶者控除制度にかかわる可能性を有する(2015年国勢調査)。配偶者控除制度とは、配偶者の年間収入（税引前の収入）が103万円以下である場合に、税額の算定に際して相手方配偶者の収入から38万円が所得控除される制度である（2017年）。

　世帯数において共稼ぎ夫婦が夫片稼ぎ夫婦を上回っていることは、既に確認した（本書第2章図表2-9）。有配偶女性の21.0%が年収の壁にかかわる制度のため「就業調整をしている」と回答しており[1]、労働供給にバイアスをかけ、労働市場に歪みをもたらすと考えられる配偶者控除および配偶者特別控除などは財政学における「人形の家効果」（doll house effect：専業主婦を優先し、共稼ぎの女性に冷たい専業主婦優遇税制がもつ効果）[2]を有する制度といえる。また、結果としてこれらの制度が、世界的にみても大きい日本の男女間の賃金格差を生じさせている女性の低賃金を補完し、日本女性に財政学用語の「貧困の罠」をもたらす一因となっていると捉えることができる。多くの有配偶女性は、家庭レベルでは家事（育児・介護を含む）時間が男性に比べて長く、職場レベルでは時間の制約なく長時間就業をこなす男

性就業者に正社員の座が多く提供され、国レベルの制度では「パートの年収の壁」にかかわる制度がパート就業を奨励し、パートであるため家庭では家事労働を担う。「貧困の罠」とは、個人単位でみると各レベルが関連して循環していて、有配偶女性の貧困化という現実をもたらすことをいう。

　財政史あるいは税制史を扱った文献は多く存在するが、所得税制度の歴史的推移において配偶者に焦点をあてた研究はみあたらない。従って、本章において税制史の観点から、配偶者控除制度の導入・維持・拡充の理由を3つの論点をあげて検証し、偏りのない所得税制度を探る手がかりとすることは意義がある。

　なお、夫婦で捉えた場合に考慮すべき租税は資産税などもあるが、本章は配偶者控除制度に主たる焦点をあてるものであるので、取り上げる租税は所得税である。また、この配偶者控除制度の対象者は、自営業者の家族に適用される専従者控除の対象以外の配偶者であるが、そのうち特に雇用者世帯に焦点をあてる。

　本章で用いる言葉を定義する。文献からの引用および特記がある場合を例外として、「配偶者」とは世帯における妻、「相手方配偶者」とは夫である。また、「パートタイム労働者」とは、主として配偶者控除の対象である年間収入103万円以下の有配偶女性であり、非正社員や、職場での呼称「パート」などが大半であるが、必ずしも定義は同じではない。なお、世界におけるパートタイム労働者の定義は、週30時間未満労働の者としている[3]。従って、「フルタイム労働者」とは配偶者控除の対象外である年間収入103万円超の有配偶女性であり、「無業者」とは収入の無い「専業主婦」である。

　本章の構成は次のとおりである。第2節において現状の分析として、有配偶女性の労働供給と、所得税制度の2つの側面からみる。また、第3節において3つの論点をあげ、続く第4節において税制史をみる場合の指標とする。第4節では、配偶者控除制度に焦点をあてた所得税史を展開し、本章の課題について考察する。おわりに、女性労働と所得税の今後の展望を示す。

2．現状分析

2－1．有配偶女性の労働供給の現状

　1986年の男女雇用機会均等法施行後も女性総合職に対する処遇、賃金の

男女間格差、および平成景気後の女子学生の採用激減などの問題が指摘されているが、様々な形態を伴った総体的な女性の職場進出がめざましい。本章は有配偶女性に焦点をあてるものであるので、その労働供給をみるが、就業形態は、フルタイム労働者、パートタイム労働者、無業者（専業主婦）の排他的な3つの選択である。

図表6-1によると、まず有配偶率は、上部にあるとおり、30歳代から60歳代前半は6割から8割程度の割合であり、65歳以上でも過半数である。

次に有配偶者の就業率を、時系列でみると、本書第2章図表2-9、同第5章図表5-1などで示す通り、バブル景気が崩壊後の1990年代以後は逓増している。図表6-1の2016年の状況をみても、20～64歳では、就業者のほうが無業者よりも多い。すなわち、有配偶女性の職場進出拡大は趨勢と捉えることができる。総体的に、有配偶者は、全体の就業率に大きく貢献しているといえる。

最後に2016年の横断面で年齢階級別に、有配偶女性の3つの就業形態の占率をみる。図は全有配偶女性における割合であるが、非農林業者が就業者の大半を占めており、非農林業の正社員（「フルタイム労働者」が大半）と非正社員（本章の「パートタイム労働者」定義が多い）、加えて無業者に注目する。20歳代後半から30歳代前半ではフルタイム労働者がパートタイム労働者よりも多い。他の年齢階級では、パートタイム労働者のほうが多い。さらに無業者は、20歳代および30歳代と、50歳代後半以降において、他の2つの就業形態より大きい。

2－2．現行所得税における配偶者の取扱い

所得税の納税義務額の算出方法は、R. A. Musgrave and P. B. Musgrave (1989) によると以下のようになっており、現在の日本における所得税額の算定も同様である。

収入（revenue）－経費（expenses）＝調整総所得（Adjusted Gross Income）
所得（AGI）－人的控除（personal exemptions）－所得控除（deductions）
　　　　　　　　　　　　　　　　　　　　＝課税所得（Taxable Income）
課税所得×税率（bracket or marginal rates）＝算出税額（tax）
算出税額－税額控除（credits）＝納税義務額（tax liability）

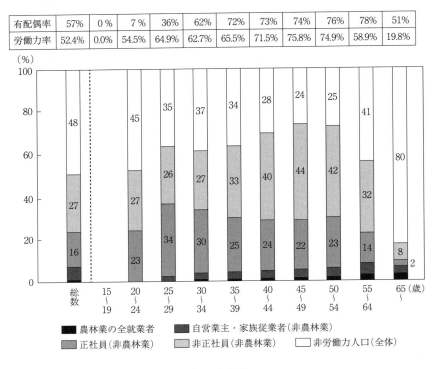

図表 6-1. 有配偶女性の労働供給の構成比（年齢階級別、2016 年）

データ出所：総務省統計局『労働力調査』（2016 年調査）

　日本において、給与所得者の経費に該当するのは給与所得控除である。基礎的な人的控除は4つで、基礎、配偶者、配偶者特別、扶養控除であり、特別な人的控除は4つで、これらはすべて所得控除方式である。また、その他の所得控除は7つで、医療費などである。

　さらに、夫婦単位で捉えた場合に、給与所得にかかる「パートの年収の壁」にかかわる現行制度（2017 年）を、図表 6-2 にみる。1994～2015 年までは「年収 103 万円の壁」として、3 つの制度に加えて妻本人の課税最低限が 103 万円のラインで概ね一本化されていた（本書第 7 章図表 7-3）。次に 2016 年に図表 6-2 の E 欄にあるように、以前は年金の「時間要件」で 103 万円程度であったものを、「所得要件」等として 3 万円引き上げただけであ

る（制度の詳細は本書第8章第2節、当時の実態は第7章図表7-4）。

次に、図表6-3は「夫婦全体でみた可処分所得」を表したものであり、図表7-3（2015年以前）の制度であるが、特に1994年の数値に基づきシミュレーションした。ここで採用した制度は1994年のもので、国税である所得税、地方税である住民税2種、企業が給付する配偶者手当、および社会保険負担（年金、医療）であり、世帯は夫と妻の2人で構成されるとした。

図の見方であるが、横軸は妻の年間収入を、縦軸は夫婦の可処分所得を、折れ線は夫の年間収入で300万円から1500万円を表している。これをみると、妻の収入が100万円と130万円のところで、何れの所得階層においても可処分所得のラインがキンクしていることが分かる。その要因は、100万円の点においては、夫側では、その収入から配偶者控除が認められる上限であり、同時に企業から配偶者手当が受給される上限である場合が多いからであり[4]、また妻側では、自身の非課税所得の上限である。130万円の点では、夫の社会保険料負担は変わらず、妻は自身の社会保険料負担が生ずる[5]。

参考までに計算方法の例として、企業からの配偶者手当を除いた場合に、夫の年間収入が700万円のケースにおける夫婦の可処分所得を取り上げる。まず、妻の年間収入が95万円の場合には、夫の年間収入は700万円プラス企業が給付する配偶者手当12.6万円で合計712.6万円となる。更に、税の算定に際して、この合計額から配偶者控除38万円と配偶者特別控除10万円などが所得控除され、国税である所得税の課税所得は380.2万円となり、これに20％の税率を乗じた額が納税義務額となる。最終的に夫婦単位でみた可処分所得は、夫個人の537.5万円に、非課税である妻個人の所得95万円を加えて、632.5万円となる。次に同様にして、妻の年間収入が140万円の場合には、夫の年間収入は700万円のままで、企業からの配偶者手当給付はない。更に、税の算定に際しても、配偶者控除も配偶者特別控除もなく、同課税所得は408.8万円であるが、これに20％の税率を乗じた額が納税義務額となる。妻の所得に対しては、医療および年金の公的社会保険負担が生ずる。最終的に夫婦単位でみた可処分所得は、夫個人の515.5万円に、妻個人の122.4万円を加えて、637.8万円となる。両者を比較すると、妻の年額でみると、後者は45万円余計に稼得しており、これを時給703円で換算すると640.1時間分だけ前者より余計に働いたことになる。しかし、夫婦でみると5.3万円の加算となり、更に、夫の所属する企業規模が大きい場合には減

図表 6-2. 夫婦単位に基づく「パートの年収の壁」にかかわる諸制度の概要（2017年）

妻の税引き前年間賃金	A: ①夫が、所得税の配偶者控除（年間38万円）を、	B: ①夫が、所得税の配偶者特別控除（最高38万円）を、	C: 所得税の配偶者特別控除（年間38万円の消失控除）を、（夫の年間課税所得が1000万円以下の場合） / （夫の年間課税所得が1000万円超の場合）	D: ②夫が、勤務先企業から配偶者手当（月17,282円）を、	E: ③妻が、年金の時間・月収要件等と、自身の年収約106万円（注4）以上で満たせば、第2号被保険者として、厚生年金保険料（18.182％の労使折半9.091％）を、	F: ③妻が、夫（第2号被保険者）である第3号被保険者の被扶養者の「年収要件」（130万円未満）を、自身の年収が超えれば（注5）、妻自身が第2号被保険者として、厚生年金保険料（18.182％の労使折半9.091％）を、あるいは妻が第1号被保険者として、国民年金保険料（月16,260円）を、	G: ④妻が、自身の所得に対して、所得税（国税）を、	H: ④妻が、自身の所得に対して、住民税（地方税）を、
100万円以下	受けられる	受けられない	受けられる / 受けられない	受給する	(第3号被保険者であれば、夫婦のいずれも)負担しない	(第3号被保険者であれば、夫婦のいずれも)負担しない	課税されない	課税されない
103万円以下	受けられる	受けられない	受けられる / 受けられない	受給する			課税されない	課税される
103万円超～106万円未満	受けられない	受けられる	受けられる / 受けられない	受給しない			課税される	課税される
106万円以上～130万円未満	受けられない	受けられる	受けられる / 受けられない	受給しない	負担する必要がある		課税される	課税される
130万円以上～141万円未満	受けられない	受けられる	受けられる / 受けられない	受給しない	負担する必要がある	負担する	課税される	課税される
141万円以上	受けられない	受けられない	受けられる / 受けられない	受給しない	負担する必要がある	負担する	課税される	課税される

出所：各制度の詳細に基づき、筆者が図表化した。実際には、夫と妻という男女の限定はない。

注1. 網掛けの部分により、制度適用外の有配偶女性の「就業ペナルティの大きさ」が計算できる。
注2. ＡＢＣの制度は、国税の所得税と、地方税の住民税がある。所得税はＧと同じく「年収103万円の壁」であるが、住民税はＨと同じく「年収100万円の壁」となる。
注3. Ｄ：②の月額という。厚生労働省「就労条件総合調査」(2015年調査、2014年11月分の数値)の「家族手当、扶養手当、育児支援手当など」全企業平均である。
注4. 2016年10月以降、5要件すべてを満たす必要がある。1) 従業員数 (被保険者) が501人以上、2) 月間所定労働時間が20時間以上、3) 月間賃金88,000円以上、4) 雇用期間1年以上、5) 通常学生以外、2017年4月以降、従業員 (被保険者) 500人以下の厚生年金加入企業も、労使合意を得たうえで、2) 3) 4) 5) の要件をすべて満たさせば適用できる。
注5. 税制と異なり、年収130万円の詳細は、企業によって異なる。
注6. Ｅ＆Ｆ：Ｅの保険料は2016年9月〜2017年8月の「一般の被保険者等」、Ｆは2016年4月〜2017年3月の保険者 (被保険者等)。③は、第1号〜第3号被保険者のうち1つが適用義務である。
注7. 本図表の、2004年〜2015年版は本書第7章図表7-3、2018年版は本書第8章図表8-3、である。

第6章 財政学でみる「年収の壁」と配偶者控除等の歴史

図表 6-3. 夫と妻の年間収入と夫婦の可処分所得

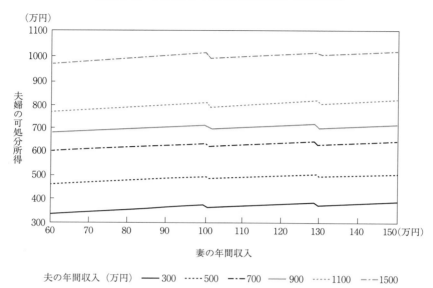

注 1. 筆者がおこなった可処分所得の計算方法と採用した制度については本文を参照されたい。

額となる[6]。

　すなわち、日本の配偶者控除制度などは、配偶者が無業の場合には、相手方配偶者の可処分所得を引き上げる効果をもち、配偶者が年間収入 141 万円以上のフルタイム労働者の場合には、相手方配偶者の可処分所得は同じかあるいは引き下げる効果をもっている。人的控除である配偶者控除の本来の意味は、最低生活費は非課税とするということである。

3. 財政学からみる働き方と税・社会保障の 3 つの論点と、税の 3 原則

　本節では、冒頭で取り上げた課題である、税制史における配偶者控除制度の導入・維持・拡充の理由、を検証するための具体的な論点をあげる。加えて、税の 3 原則の定義を示す。
　J. E. Stiglitz（1988）によると、所得税制度を履行する場合には 4 つの問題

点があり、課税単位、所得の決定、所得控除、タイミング、である。「タイミング」に関しては、本章の対象の給与所得は源泉徴収により一律であるため特に問題としない。事業所得者の場合は、重要な論点であるが、本章では付随的な対象であるため問題としない。

　他の3つは重要である。第1の「課税単位」は、個人単位あるいは夫婦（世帯のケースもある）単位かという基準の選定がある。第2の「所得の決定」は、人的サービス、特に配偶者の家事労働の税制上の評価がある。第3の「所得控除」は、所得控除、税額控除、および手当の選択がある。但し、第2の論点については、配偶者控除によって相手方配偶者の可処分所得に加算される額は配偶者の家事労働の経済的評価とはなりえない性質のものであるが、本章4-5節で後述する創設理由に「給与所得者……の主婦の家事労働」があげられているため、家事労働の税制上の評価を検討する。従って、これら3点を、次節で日本の所得税制史における配偶者控除制度の変遷をみていく際の論点とする。

　本章のテーマで最も重要なのは第1の論点の「課税単位」である。配偶者の実態は3つの就業形態に大別できることは既にみた。これらを「個人単位」でみると、フルタイム労働者、パートタイム労働者、無業者（専業主婦）である。また「夫婦単位」でみると、共稼ぎと片稼ぎであり、さらに共稼ぎは、妻がフルタイム労働者であるケースと、パートタイム労働者であるケースに分かれる。一般に税制は、夫婦単位課税方式と個人単位課税方式に分けられる。更に「夫婦単位課税方式」とは、所得税創設時に日本においても採用された合算非分割課税方式と、他に合算分割課税方式とがある。理論的には、両者の前提として夫婦間で完全な消費と所得の共有がおこなわれるとする。例えば夫婦2人で構成される世帯のケースでは、合算非分割課税方式は、2人の所得の合計額を基準に税額を算定するものであり、合算分割課税方式は、2人の所得の合計額を2で割った額を基準に税額を算定するものである。「個人単位課税方式」とは、夫婦の中の個人単位で課税がおこなわれるものである。日本の現行制度は原則的には個人課税であるが、図表6-2でみたように配偶者控除制度などのために巧みに「夫婦単位の課税」となっている。

　財政学理論で検討すると、所得の再分配としての社会政策的観点を、その存在理由が明確でないまま、税制の人的控除である配偶者控除に含ませてい

るので複雑である。また、配偶者がパートタイム労働者である夫婦は、共稼ぎと片稼ぎの両方にまたがっており、一層複雑である。すなわち、これらの夫婦においては、配偶者自らの基礎控除の適用と、相手方配偶者の配偶者控除および配偶者特別控除の適用という二重三重の便益を受ける結果となっている。

　第2の論点の「所得の決定」においては、先行研究における納税義務額算出の際の配偶者の家事労働の評価をみる。

　Musgrave（1959）によれば、在宅配偶者とは「自宅において家事・育児を行ったり余暇を楽しんだりする者である」が、労働イコール余暇の機会費用という「等価選択ルールによれば片稼ぎ夫婦も、共稼ぎ夫婦も同額の納税がなされるべきである。原則としては、在宅配偶者の帰属所得が課税ベースに算入されるべきである。」これに従えば、仮に家族構成や所得額などの条件を同じとした場合、共稼ぎ夫婦においては、現在よりもむしろ減税され、片稼ぎと同一の税額となる。すなわち、日本の所得税は原則としては総合所得税であり、この場合の収入は包括的なものであるが、「ある種の非現金所得（帰属所得）が除外され、ある種の現金所得（公的年金保険料の雇用者負担分など）が除外されることがある」ために完全に包括的とはいえない。この非現金所得とは、主婦の家事サービスなどのアンペイドワーク（無報酬労働）の帰属所得分が考えられる。

　これに対して、R. Goode（1964）は、「われわれ自身のサービスの消費は所得の一形態である。……家庭での主婦のサービスの価格は課税所得から除外されているが、家庭外での仕事から得る収益は課税される。」が、「消費の一形態であり課税を免れている所得の一部である余暇と自分のためにしたサービスとが大幅に競合するから……家庭内で行われるサービスを評価する試みは、直ちに、理論的にも実務的にも克服しがたい障害にぶつかるであろう。価値のあるサービスを生み出す活動を休養と区別し、営利的なものを非営利的なものから、重要なものを取るに足らぬものから区別することは、不可能であろう。」という。すなわち、貨幣として実現した所得にのみ課税すべきであるとする。また、包括的所得概念で有名な H. C. Simons（1938）も、「家庭内で生産される財貨・サービスの価格は細かく報告すべきだとしても、まず、どこかで停止する必要に直面するにちがいないが、都合のよい停止線は見出しがたい。髭剃りの価格を算入すべきであろうか、子どもの教育の価

額はどうか。看護師に代わる母親のサービスの価額は、算入すべきであろうか。」と述べており R. Goode と同意見ということになる。

他方、共稼ぎ世帯に対しては、R. Goode（1964）は、「家庭の外に出て働く人は、しばしば、そうでなければ家庭にいて行ったであろうサービスに対する支出を余儀なくされている。働きに出る主婦ばかりでなく、独身者や、その程度は小さいが、その妻が家庭にいる夫もまた、余分な支出を余儀なくされる。課税所得の計算上、これらの費用の控除を認めないことは、家庭外で働くことを妨げる歪みとなっている。税制が労働力のなかで既婚女性が占める割合が大幅に増加することを妨げたことは事実である。」と述べた上で、「働きに出る主婦に対して不利な差別待遇は、……控除を認めれば緩和することができる。……控除は、主婦が働くために余分の支出が実際に行われたかどうかにかかわらず、認められるものであろう。」と提言している。また、J. E. Stiglitz（1988）も、「共稼ぎ世帯は片稼ぎ世帯が無料で提供するサービスを購入しなければならず、先の両者共に、2人働いている家族は1人だけ働いている家族よりも低い税金を支払うべきである。」と主張する。

第3の論点の「所得控除」においては、所得控除、税額控除、および手当ての3者選択の観点からみる。「所得控除」においては、日本の現行制度のように累進課税の下では、所得が高いほど控除額が大きく、所得が低いほど控除額が低くなる。さらに、夫の年間収入が1000万円未満の場合には、妻の年間収入が141万円を超える共稼ぎ世帯には何の控除もなく、また、夫の年間収入が1000万円以上の場合には、妻の年間収入が103万円を超える共稼ぎ世帯には何の控除もない（2017年）。「税額控除」においては、所得に影響されずに一律の控除額となり、所得が低いほど相対的な控除の比率が大きくなる。以上の2つは所得があることが前提であるが、既述のように本来の人的控除の意味は、最低生活費は非課税ということに基づく。「手当て」は、補助金と同意である負の所得税であり、所得の有無にかかわらず給付されるものである。

税制度の原則は、研究書によって9原則などもあるが、筆者は3つの原則に集約する［Musgrave（1959）；石塚訳（1999）］。税の3原則とは、税制度が満たすべき原則であり、(1)「水平的公平性」（所得が同じ人は、同じ税負担をする）と「垂直的公平性」（所得が高い人ほど、高い税負担をする）、(2)「中立性」（税が人々の経済活動に影響を与えない）、(3)「簡素性」（納

税者が制度を理解しやすく、税務行政が簡素で合理的であり、脱税・節税の可能性が低い）をいう。

4．税制における配偶者の歴史：配偶者控除・専従者控除等

本節では、配偶者控除制度の導入・維持・拡充の理由を、歴史的経緯をみた上で検証する。

4－1．明治・大正期：所得税の創設：1887～1925年

日本の所得税の歴史は、1887（明治20）年7月1日の所得税法の施行に始まる。所得税導入以前の税体系による歳入は、農民によって負担される地租が大部分を占め、第2位が酒造税であった。所得税の採用に際しては3つの理由がある[7]。第1は、明治15年の朝鮮事件以来、日本と清国の間には軍事緊張が高まっており、それは財政上の海軍費膨張圧力となっていたこと、第2は、北海道物産税の減税が決定され、一層の財源減少が見込まれたこと、第3は、既存の他の税目の増徴が困難であり税体系の改正の必要に迫られていたことである。

所得税法の草案は、英国・フランス・ドイツ・オーストリア・イタリアなどを調査比較した結果、収入一般に賦課することとし、第1条に「凡ソ人民ノ資産又ハ営業其の他ヨリ生スル所得金高1箇年300円以上アル者ハ此税法ニ依テ所得税ヲ納ム可シ但同居ノ家族ニ属スルモノハ総テ戸主ノ所得ニ合算スルモノトス……、本税ノ起源ハ富者ニ課スル」とあり、家族所得の世帯合算非分割方式が唱われており世帯単位課税である。課税最低限の年間収入300円は平均的家計上余裕があるもので、無論、累進課税制度による所得再分配の狙いはなかった。従って、初年度の所得税収入の全税収入に対する占率は0.8％（53万円）であった。また、配偶者およびその他扶養者の有無は考慮の対象にはならない簡便的な制度であった。この場合の戸主であるが、明治政府の「家」制度の下にあっては高額所得者で非女性と考えるのが妥当である。

1899年の改正では、分類所得税制が採用され、第1種を法人所得税、第2種を公社債利子所得税（支払い段階で源泉課税）、第1・2種以外を第3種の個人所得税とした。

1913（大正2）年の改正では、国家の財源不足による所得税拡充の必要性から累進性が強化され、平均税率の逆転現象という不公平の是正のため全額累進課税から超過累進課税へと移行され、所得格差拡大のために低額給与所得者への税負担削減などへの配慮から勤労所得控除の採用がおこなわれると共に、個人所得の計算方法を詳細に規定した。勤労所得控除は、現行制度においても名称を変えて給与所得控除として存続されており、給与所得者に対して認められる経費として捉えられる。当時は、勤労所得に対する軽課措置として導入され、第4条に「第3種ノ所得中俸給、給料、手当、歳費ニ付テハ収入予算年額ヨリ其ノ10分ノ1ヲ控除シタルモノヲ以テ所得トス……」とあり、手当を含む給与の10分の1の所得控除を認めることとし、課税最低限も引き上げられて、勤労所得軽課措置がおこなわれた。

　1920年の改正では、配当所得を第3種所得に加えて総合課税主義の強化が図られ、勤労所得には賞与、年金、恩給なども含めて勤労所得の範囲を拡大した上で、税率を21段階とするなど累進性も一層強化された。

　同年、「狭義での最初の人的控除」として、所得税の扶養控除が、配偶者を対象外として創設された。具体的には、勤労所得控除制度を改正して、家族扶養に対する人的控除を追加採用したものであり、同居の18歳未満の者、60歳以上の者、身障者をもつ第3種所得金額3000円以下の所得者に、該当者1人当たり50円から100円の特別控除を認めたものであった[8]。すなわち、少額所得世帯に限定した上で、世帯としてみると同収入であっても子どもや老人などの世帯人員によって担税力に差を認めるという人的配慮を、所得に応じて税額を負担するという能力説に付加したものであり、税制による所得の再分配を意図している。税制上の意味は、年少者、高齢者、および身障者を稼得能力者から除外することと、これら以外の配偶者は稼得能力者として認めるということであろう。従って、この時点においては配偶者は稼得能力がある者として捉えられており、相手方配偶者の所得からの控除対象ではなかった。さらに、勤労所得控除は、年間収入が12,000円超の高額所得層を対象外に改訂した。これらの措置は、大戦景気および物価高騰の下に生じた所得格差拡大を反映したものである。実際には、同年の第3種所得税納税者は、約130万人で大部分の給与所得者の収入は非課税限度以下であった[9]。

4－2．昭和初期：配偶者控除の前身を1940年に創設
　　　：1926〜1948年

　昭和に入ってからは財源がより一層逼迫して、大正時代には軽課措置を講じていた低額所得者に対しても戦費調達のために広く所得税を課す必要が生じ、所得税は浸透、大衆化していった。

　1940（昭和15）年の改訂では、国税、地方税が包括的に取り上げられた。軍事国家の戦争遂行のために他ならないものであったが、今日の所得税体系の基礎となるものとなった。扶養控除の対象に追加して配偶者が認められ、所得税創設以来所得控除であったものを、この時からシャウプ勧告までは税額控除に改めた。後に配偶者控除となる前身の創設時の名称である。この措置は戦費調達のための税収増額とは相反する減税策であり、単に減税策であれば、税率の引き下げや他の控除額の引き上げなどもあり、これまでの歴史的推移においては実際にそのような措置が講じられた。但し、扶養控除の対象として低額所得世帯の配偶者を加えたことは、戦時下においては即戦力となる少額所得者の手厚い扱いが必要で、さらに、これらの世帯を含めた「家庭の維持」が不可欠であったと考えられる。先立つ1939年には、女子青年団によって「女子よ家庭に還れ運動」、および「産めよ殖やせよ運動」が始まっていた。また、税額控除としたことの意味も、公平性というよりは、税制上の配慮から低額所得者が相対的に有利になるような配慮と捉えることが妥当である。税制上は、配偶者が稼得能力者から除外されたことになる。

　さらに、1942年には、増税策として最低税率の引き上げ、基礎控除の引き下げなどがおこなわれ、所得税の課税対象は低所得者層にまで及んだが、他方、再び減税策として扶養控除制度が改められ、勤労所得6000円以下層にその対象を拡充した。すなわち、先の1940年の増税および扶養者控除による減税措置がより一層強化された。大蔵省財政史室（1977）によると、「人口政策や国民保険政策などの観点から拡充された。」とある。前者の「人口政策」は、1941年の「人口政策確立要綱」の「出生増加の方策」の項における「出生ノ増加ハ今後十年間ニ婚姻年齢ヲ現在ニ比シ概ネ三年早ムルト共ニ一夫婦ノ出生数平均五児ニ達スルコトヲ目標トシテ計画ス」という点を考慮すると、配偶者に対して子どもを殖やすためにも家庭を維持するようにと促した政策といえる。後者の「国民保険政策」とは、1941年に「労働者年金保険法」が公布され、対象者は健保適用の常用労働者10人以上の工場

および事務所の全労働者であった。政策として実行するために、減税策が取られたと考える。以上の経緯で、1944年には所得税の税収額が全税収入のうち約50％を占めて、税収額第1位となった。

　戦後は、インフレーションのために物価水準は昭和10年前後と比較すると200〜300倍となった。税制度からみると、前年度の名目所得を課税対象とする実績課税制をとる事業所得者の所得税と、所得の取得と税額負担が同時におこなわれる源泉徴収の方法をとる給与所得者の所得税との不公平を拡大させた。他方、崩壊寸前の法人と、派生的に生ずる農業者および個人事業者の所得税負担の集中という傾向がみられた[10]。

　これを受けて、1945年には勤労所得税の基礎控除額の引き上げが、1946年には基礎控除額と扶養控除額の引き上げがおこなわれ、不公平是正の減税政策が控除額の拡大によってなされた。1947年3月には、第一次吉田内閣下で株式などのキャピタルゲインも含めた従来の分類所得税と総合所得税を統合して「総合所得税の一本化」、および事業所得者に対する「予算申告納税制度の導入」がなされた。これは事業所得者に対して、所得の発生と租税負担のタイミングのずれを考慮して導入したものであったが、実際には脱税の余地を残し、徹底されなかったとある[11]。他方、税率の細分化および引き上げによる累進性の強化が図られた。1948年の改訂では、その方針において「所得税については、賃銀、物価等の変動に伴う所得状況の推移、課税の実状に照らし、負担を軽減するため、基礎控除、扶養控除、勤労控除、税率等につき所要の改正を行うこと」とあり、給与所得に対する一層の減税策として、扶養控除を含む各種控除額の引き上げと税率の引き下げが用いられた[12]。

4－3．シャウプ勧告：1949〜1950年

　1949年5月に、日米両方の要望でアメリカのコロンビア大学のカール・シャウプ博士一行が来日し、同8月に『シャウプ使節団日本税制報告書』（通称『シャウプ勧告』。以下、『勧告』と略す。）を発表した[13]。その背景としては、戦後の急激なインフレーション、徴税秩序の混乱および税負担の加重、および地方財政の危機があり、『勧告』はこれを是正するために先に発表された「経済安定9原則」および「ドッジ・ライン」の延長線上に位置していた[14]。また、その評価は『昭和財政史』（1977）において「課税の公

平さを重視し所得税を税制の中核にすえたものでヘイグ・サイモンズの包括的所得税の概念に近いものであった。」とされ、他の文献においても概ね同様の評価がされている。ここで、以下の検証に先立ち「シャウプの公平概念」をみると、水平的公平に関しては積極的であったが、垂直的公平に関してはそれほどではない。実際に、富裕税の導入および税率の引き下げによって高額所得納税者の協力を向上させ、高額所得者からより多くの税収を確保する狙いであることが、シャウプ自身によって明文化されている[15]。

　本章においては、このような公平概念をもつ『勧告』が、原則個人単位課税の例外として扶養控除対象の世帯合算課税を残したことと、所得控除方式に改められたことに注目する。

　まず、課税単位を原則個人、控除対象扶養者は合算とした理由として、「第4章．個人所得税税率と控除、第E節夫婦単位の取扱」[16]において、「同居親族の所得合算は、これを廃止して各納税者が独立の申告書を提出し、……。しかし、扶養控除が行われる場合には、扶養親族と主張されている者の所得は納税者の所得に合算しなくてはならぬ措置を講じておくのは適当である。……要領のよい納税者は、配偶者または子どもに財産およびこれから生ずる所得を譲渡することによって税負担を軽減しようとするから、相当の問題の起ることが予想される。」と説明されている。扶養控除対象者以外を個人単位課税とした点のみを取り上げれば、それまでの合算非分割課税においては第二次労働者の適用税率は必然的に高くなっていたものを是正し、現在においても他の国の税制度と比較しても評価できるものである。しかし、例外として3つのケースに合算課税が継続されたが、これらは、扶養家族として控除の申請がなされた妻および子どもの所得、納税義務者と同居の配偶者および子どもの資産所得、納税義務者の経営する事業に雇用されている配偶者および未成年家族の給与所得である。『勧告』において、前提とされる夫婦は、高額所得者である男性が収入を得て、女性が家庭に留まって家事・育児に専念するという形をとり、その上で要領のよい夫が妻子に名義を移して税負担軽減を図るというものであろう。ここでも、低額所得者層に対する軽課措置というよりは、高額所得者層からの租税確保の方針が現れている。この他に例外とした理由としては、当時は欧米においても合算所得税が主流であったことなどがあげられる。

　次に、扶養控除の所得控除方式導入の理由として、「同、第B節基礎控除

および扶養控除」において3つあげている[17]。第1に基礎控除が所得控除であったためこれに合わせること、第2に地方税の算出に際して課税所得額を再計算する必要がないこととし、簡便性の点から説明がなされている。第3に「所得控除方式は、扶養親族によって生ずる所得税額の差異を、所得額の増加するに従って増加させるものである。この結果、全体として特に、高額所得階層における大世帯と小世帯との間には税負担の分配がより公平なものとなる。……税率を変えただけでは、世帯の大きさによって相異なる税負担の軽重を調整することはできない」とあり、高額所得者層に焦点をあてた上での税負担の公平感という視点からの説明がなされている。言うまでもなく、所得控除にすることによって相対的に不利となる低額所得者に対する特別な配慮はない。

また、医療費控除が創設され、日本は大蔵省の文書や「シャウプ宛の池田書簡」によって、第1に所得税の軽減を主張した上で、概ねこの『勧告』どおりに1950年税制を実施した。いわゆる「シャウプ税制」である[18]。

4－4．シャウプ税制の再構築期：1951～1958年

後続の約5年間が『勧告』の再構築期として捉えられており、重い所得税負担を軽減するため、基礎、扶養、勤労控除の引き上げ、7つの新控除の創設、税率の引下げという形で減税政策が相次いだ。また、1951（昭和26）年には給与所得の世帯合算制が廃止され原則個人課税となったが、図表6-3でもみたように相手方配偶者に対する配偶者控除の拡充により、実質の「世帯を単位とする課税」方式は2017年現在においても残っている。1953年に富裕税は廃止され、包括的所得税から分類所得税のような形に戻った。控除のみをみると、1951年には寡婦控除が（寡夫控除は1981年に創設）、1952年には社会保険料控除、および青色申告者の事業専従者控除などが創設された。当初は配偶者を除く家族の給与を最高5万円を限度として経費計上することを認めるものであったが、1954年には、付加価値税を廃止して事業税を創設する見返りとして、同時に青色事業所得者の専従者控除の範囲を拡大して配偶者も含むこととなった。当時の東京国税局長は、この経緯を回顧して「この時期に妻の専従者控除を認めたというのが一つのポイントのように思います。……青色申告になったとたん、……相当大きく税金が多くなってしまう。……確かに甘いと思いますが。」[19]と語っており、当初は青色申告

制度の普及を奨励する見地から導入された[20]。しかし、その対象に配偶者を加えたことが、後に白色事業者の専従者控除および給与所得者の配偶者控除の創設へとつながっていく。以後、所得税制度は、給与所得者、青色申告者、および白色申告者の3者の配偶者の取扱いとバランスに縛られたまま、廃止されることなく物価にスライドして推移していく。

翌1955年には、扶養控除額をその対象者1人目40,000円、2～3人目25,000円、4人目以上15,000円と細分化した。『昭和財政史』(1990)の説明によると、「当時、扶養家族の中で控除に差をつけるという方法はアメリカを除く先進諸国では一般的であった。英国では、扶養控除は所得控除で、85ポンド以下の所得を有する子女で16歳未満または在学中の者1人当たり85ポンド、16歳を超える扶養家族でも70ポンド以下の所得を有し、且つ自活能力のない者1人60ポンド、納税義務者又はその配偶者の母で寡婦になった者を扶養するとき60ポンド、となっており、西ドイツでは所得控除で、18歳未満の子女又は25歳未満で在学中の子女1人につき、第1、第2子600マルク、第3子840マルク、などとなっており、日本独自の取扱いではなかったようである。」[21]と日本の当該制度を補足しているようである。但し、英国は配偶者を対象の範囲内にする余地があるのに対し、西ドイツは子どものみを対象としているところに違いがある。また政策としては、日本の扶養控除制度の対象者の1人目は当該額が最も大きく、給与所得世帯の配偶者を意識してのことと捉えることが妥当であり、前年に減税の対象となった青色事業者とのバランスを図る意図があるものと考えられる。

4－5．配偶者控除の創設：1959～1973年

1959（昭和34）年から1973年にかけての15年間は、日本の名目成長率は年平均12％を記録し、紛れもない高度成長期であった。1960年の池田内閣による「所得倍増計画」、朝鮮戦争の特需などがその背景としてあげられる。政府は、給与所得者の増大とともにその重税感を考慮して所得税減税を図ることになるが、その方法は各種控除の引き上げ、税率の引き下げ、その他の3通りであった。1956年からの10年間に、各種控除の引き上げが8回、税率の引き下げが5回おこなわれた。

1961年には、配偶者控除が扶養控除から独立して創設され、主要な所得控除は4つとなった。配偶者控除の創設に際しての税制調査会の説明は2つ

に大別できる。「専従者控除とのバランス」および「課税単位」である[22]。さらに、前者は、専従者控除の拡充と、これと配偶者控除とのバランスに、後者は「妻の座」の容認と、共稼ぎ世帯と片稼ぎ世帯のバランスに分かれる。

　前者においては、まず、「専従者控除の拡充」の説明として「事業専従者の所得の取扱いのように日本社会の実状に根ざした特殊の要素もあるが、……」として実質的には世帯課税単位となっている青色申告者の事業専従者控除を特殊とした上で、「青色申告者について、一定の専従者控除を認めているのは、……青色申告制度の普及育成策として理解すべき面が大きい。」、「現実にこの制度が青色申告者の一番大きな『特典』として、その普及育成を進めるうえの主柱となっている。」が、「政策的措置とみる以外には、その合理的説明がむずかしいと思われる。」とその本来の意味を述べて、「白色申告者と青色申告者あるいは法人企業との間に負担のアンバランスをきたしていることは、確かである。」ことから、白色申告者の専従者控除の採用を認めるとしている。

　次に、「専従者控除と配偶者控除とのバランス」の説明として「……専従者控除の拡充を適当と考えている。……配偶者控除の創設は、給与所得者を含む多くの納税者に広く減税の利益を及ぼし、専従者控除の拡充により、事業所得者が受ける減税の利益との差を薄める実際的効果を持っている。……家計と企業の分離があいまいな白色申告者に対しても一定の外形的基準により専従者所得を認めることは、事業所得者の家族の家事労働の部分にまで控除を認める危険と事業に従事した正当の労働報酬が控除されない危険との双方の可能性を持つと同時に、給与所得者の家庭からみれば、その家族、特に主婦の家事労働との関係が微妙な関係となる。配偶者控除の創設は、配偶者についてこの点に対する安全弁的な機能を果たし、事業所得者と給与所得者の双方にとって実質的公平をもたらすことが期待される。」とある。すなわち、それまで事業者の配偶者（妻）に対して認められる控除としては、青色申告制度承認の中小企業支援策から創設された青色申告者の事業専従者控除の妻に対する適用が唯一であったが、これに加えて白色申告者の妻に対しても適用することとした。この創設と時期を同じくして給与所得者の配偶者控除が創設されたことにより、バランスの観点からのみ施行されたことが明白となる。

　バランスの主体は納税義務者、すなわち相手方配偶者であり、給与所得者

と2つの事業所得者との3者のバランスとみることが妥当である。しかし、専従者控除は、配偶者自身が稼得所得を得た上で、会社の利益から費用として控除することを認めたものであり、扶養控除のように夫の稼得所得から控除する制度とは根本的に異なる。従って、租税原則の水平的公平性の観点から説明することはできない。また、家事労働の観点からは、貨幣として実現した所得のある事業所得者の配偶者の所得の一部あるいは全部を会社の経費計上することに合わせて、給与所得者の配偶者の「家事労働」を帰属計算して課税するのとは逆に控除するようにしたことは、第2節において展開した家事労働の評価を考慮すると、前者はR. Goode（1964）の主張に反し、後者はMusgrave（1959）の主張に反している。

　後者は配偶者に対するメッセージと解釈できるが、まず、「……妻は単なる扶養親族ではなく、家事、子女の養育等家庭の中心となって夫が心おきなく勤労にいそしめるための働きをしており、その意味で夫の所得の稼得に大きな貢献をしている。……『妻の座』から独自の配偶者控除を認める税制上の理由をどこに求めるかという問題である。……単に生活費の観点からでは、1人目の控除を他の控除以上に引き上げる理由はでてこない。……しかし、夫婦という共同体にあっては、各の消費ないし生活水準は、夫婦のうちのいずれが所得を得たかということではなく、全体の所得水準と各人の必要によって決められるのが普通であり、税制上これを担税力を求める最小の単位とみることは、むしろ自然……」として説明を加え、原則的には個人単位課税でありながら相手方配偶者の所得からの所得控除を選択したとする。また、給与所得者に限らず、事業所得者も減税の対象として適用できるが、配偶者控除と専従者控除との重複控除は認めないとある。すなわち、妻と限定した上で子どもと同様の扶養者から切り離し、その家事労働をいわゆる「内助の功」として評価したものであるが、結果的には、配偶者の年間収入が100万円以下という条件を充たさない家事労働は評価されないのである。ここに、共稼ぎ世帯と片稼ぎ世帯、および当初は余り考慮されていなかった配偶者がパートタイム就業形態をとる世帯との不均衡が生じ、累進税制の下では所得控除としたことから高所得者世帯と低所得者世帯の評価の不均衡が生ずる。

　次に、共稼ぎと片稼ぎのバランスの点については世帯における所得税負担の比較をおこなった上で、「共稼ぎの場合には、それに応じて特別の費用もかかり、生活の不便も多いことを考慮しなければならず、……家事世話費な

いし子女世話費に相当する追加控除を設けることが考えられよう。」として
おり、この観点から当時他の先進国において主流であった夫婦合算分割課税
制度の選択の考慮を示した上で、「負担のアンバランスが特に大きいのは、
高額所得者の場合であるが、実際問題として共稼ぎの家庭にそれほど大きな
所得者は例が少なく、この種の大きなアンバランスは資産所得の名義分散に
よる方がはるかに大きいが、……資産所得の合算によって対処しているもの
と考えることができよう。」という説明があり、共稼ぎの世帯は高額所得者
ではないという前提の下に、共稼ぎ世帯に対する配慮を捨象しているが、こ
の点は現在においても適当であろうか。結果的には、共稼ぎ世帯に対しての
み適用される制度の採用はなく、現行制度においても同様である。これは、
租税原則の公平および中立のいずれも満足するものではない。また、同年は
この他にも、給与、扶養、青色申告者の専従者控除の引き上げがおこなわれ、
控除制度の点では大きく手を加えられた。

　1960年代を通じて、世帯における課税単位に関しての議論が盛んになさ
れたが、結果的には、給与所得控除の引き上げによって給与所得者の税負担
の軽課措置がおこなわれた。また、1967年には、青色申告者の事業専従者
控除の限度額が廃止され給与額全額を控除とするように改訂されたが、これ
は実質的な控除額の増額として捉えることができる[23]。

4－6．安定成長期：配偶者特別控除の創設：1980～1991年

　1980年代頃から、配偶者がパートタイム労働者である世帯においては世
帯でみた可処分所得の逆転現象が生じ、いわゆる「パート問題」として盛ん
に議論された。1983年に当時の税制調査会委員の木下和夫は、「主婦のいわ
ゆるパート収入は、……自身が納税者になるばかりでなく夫の所得について
配偶者控除の適用が受けられることになっていた。……このために賃金が低
く抑えられるとか、年末に就労を自制することが生じる等を理由として現行
制度の見直しの要望があった。」が、「簡素化の観点からも新たに課税制度を
設けることは適当でないとした。」と回顧している[24]。

　しかし、1987年には配偶者特別控除が創設され、同時に白色申告者の事
業専従者控除額の引き上げがなされた。配偶者控除創設の説明としては、
「片稼ぎの給与所得者世帯では、配偶者の他方もその稼得を支えているとみ
なすことが自然であり、何らかの斟酌を加えることが妥当」、「一定額以下の

所得をもつ配偶者や扶養親族は、二つの基礎的な人的控除を受けることとなる。……いわゆる逆転現象が拡大している。……配偶者に所得がある場合とない場合との間のバランスを図り、配偶者などの収入に応じて世帯としての税負担がなだらかに変化するように……パート問題の解決にも役立つと考えられる。」とあり、給与所得者の配偶者に対する内助の功の評価、給与所得者の軽課措置、逆転現象の解消を創設理由としている[25]。当該制度は、先に創設された配偶者控除から派生的に生じたものであり、その目的を単に理由の3番目の逆転現象の解消と捉えることが妥当である。しかし、図表6-3でみたように他の制度を加味すると、逆転現象は現在でもあり、いわゆる「パート問題」は存在する。さらに、これは消失控除であり配偶者の所得額によって逓減する性質をもち、相手方配偶者の所得が800万円超（1987年）の稼得の場合は認められない制限付きとした。同時に、消失控除であるために配偶者はその所得を相手方配偶者を通じて予算申告し、その後修正申告しなければならないので税務行政を複雑にし、配偶者のプライバシーを侵害し、租税原則のひとつである簡素性を満足しないものとした。また、『答申』の中の配偶者特別控除等の項に「配偶者特別控除の創設との関連において、配偶者に係る白色事業専従者控除……」の引き上げが説明されている。すなわち、今度は給与所得者に対する軽課措置から生じて、青色事業者の専従者控除の上限は既にないので、政策的にみた給与所得者と白色事業者のバランスを図る目的で、後者の引き上げがなされたとみられる。

　また、1988（平成元）年に創設された消費税は、低額所得者層の税負担が高額所得者層に比べて相対的に重くなるという逆進税であったが、これに先行する減税政策として、その他の控除額の引き上げと共に配偶者特別控除が創設されたと捉えることができる。

　加えて1986年4月、年金法の改訂により、相手方配偶者が第2号被保険者（厚生年金などの加入者）の世帯において、配偶者の年間収入が130万円未満の場合に配偶者は第3号被保険者となった。それ以前は、これらの配偶者は任意加入であったが、約70％が第1号被保険者として個人単位で公的年金保険料を負担していた。しかし配偶者の保険料負担義務は実質的に消滅し、負担は相手方配偶者の厚生年金などの加入者が全員でおこなうことになった。従って、第3号被保険者の創設は、無年金受給者問題の解消であったが、給与所得者世帯における世帯単位での負担軽減をもたらした。

図表 6-4. 配偶者対象の各種控除などの推移（単位：円）

年	基礎控除	配偶者控除 (扶養控除の1 人目(注2))		配偶者特 別控除 (消失控除)	白色専従者 控除	青色専従者 控除	平均給与 (含賞与) (注7)
1940 (昭和15)	720	12	扶養控除に 配偶者を追加				
1942	600	24					
1944	600	24					
1945	1,200〜1,800	24					
1946	1,800〜2,400	72					
1947	4,800	240〜480					
1948	10,325	1,195					
1949	15,000	1,800					111,200
1950	25,000	12,000 (注1)	税額控除から 所得控除に変更				120,200
1951	38,000	17,000					148,600
1952	50,000	20,000					178,700
1953	60,000	35,000					197,300
1954	70,000	38,800	青色専従者控除 の対象に配偶者 を追加			80,000	204,900
1955	80,000	40,000				80,000	207,500
1956	80,000	40,000				80,000	231,200
1957	87,500	47,500				80,000	249,100
1958	90,000	50,000				80,000	251,400
1959	90,000	65,000				80,000	273,500
1960	90,000	70,000				80,000	300,100
1961	90,000	90,000 (注2)	配偶者控除＆ 白色専従者控除 の創設		70,000	80,000	340,700
1962	100,000	100,000			70,000	120,000	380,100
1963	110,000	105,000			75,000	125,000	421,400
1964	120,000	110,000			90,000	150,000	466,600
1965	130,000	120,000			120,000	180,000	506,900
1966	140,000	130,000			150,000	240,000	548,500
1967	150,000	150,000			150,000	240,000	620,200
1968	160,000	160,000			150,000	給与額相当	706,300
1969	170,000	170,000			150,000	〃	809,600
1970	180,000	180,000			150,000	〃	939,900
1971	190,000	190,000			170,000	〃	1,057,100
	200,000	200,000					
1972	200,000	200,000			170,000	〃	1,212,700
1973	210,000	210,000			200,000	〃	1,463,000
1974	240,000	240,000			300,000	〃	1,820,900
1975	260,000	260,000			400,000	〃	2,030,000

第6章 財政学でみる「年収の壁」と配偶者控除等の歴史

1976	260,000	260,000			400,000	〃	2,289,000
1977	290,000	290,000			400,000	〃	2,457,000
1978	290,000	290,000			400,000	〃	2,602,000
1979	290,000	290,000			400,000	〃	2,790,000
1980	290,000	290,000			400,000	〃	2,948,000
1981	290,000	290,000			400,000	〃	3,091,000
1982	290,000	290,000			400,000	〃	3,197,000
1983	300,000	300,000	【95万円の壁】		400,000	〃	3,292,000
1984	330,000	330,000	【98万円の壁】		450,000	〃	3,401,000
1985	330,000	330,000	〃		450,000	〃	3,517,000
1986	330,000	330,000	〃		450,000	〃	3,626,000
1987	330,000	330,000	配偶者特別控除の創設	112,500（注3）	600,000	〃	3,718,000
1988	330,000	330,000	〃	165,000	600,000	〃	3,847,000
1989（平成元）	350,000	350,000	【100万円の壁】	350,000（注4）	800,000	〃	4,024,000
1990	350,000	350,000	〃	350,000	800,000	〃	4,252,000
1991	350,000	350,000	〃	350,000	800,000	〃	4,466,000
1992	350,000	350,000	〃	350,000	800,000	〃	4,550,000
1993	350,000	350,000	〃	350,000	800,000	〃	4,522,000
1994	350,000	350,000	〃	350,000	800,000	〃	4,555,000
1995	380,000	380,000	【103万円の壁】	380,000	800,000	〃	4,572,000
1996	380,000	380,000	〃	380,000	860,000	〃	4,608,000
1997	380,000	380,000	〃	380,000	860,000	〃	4,673,000
1998	380,000	380,000	〃	380,000	860,000	〃	4,648,000
1999	380,000	380,000	〃	380,000	860,000	〃	4,613,000
2000	380,000	380,000	〃	380,000	860,000	〃	4,610,000
2001	380,000	380,000	〃	380,000	860,000	〃	4,540,000
2002	380,000	380,000	〃	380,000	860,000	〃	4,478,000
2003	380,000	380,000	〃	380,000	860,000	〃	4,439,000
2004	380,000	380,000	配偶者控除と配偶者特別控除の二重適用の廃止	380,000（注5）	860,000	〃	4,388,000
2005	380,000	380,000	〃	380,000	860,000	〃	4,368,000
2006	380,000	380,000	〃	380,000	860,000	〃	4,349,000
2007	380,000	380,000	〃	380,000	860,000	〃	4,372,000
2008	380,000	380,000	〃	380,000	860,000	〃	4,296,000
2009	380,000	380,000	〃	380,000	860,000	〃	4,059,000
2010	380,000	380,000	〃	380,000	860,000	〃	4,120,000
2011	380,000	380,000	〃	380,000	860,000	〃	4,090,000
2012	380,000	380,000	〃	380,000	860,000	〃	4,080,000
2013	380,000	380,000	〃	380,000	860,000	〃	4,136,000
2014	380,000	380,000	〃	380,000	860,000	〃	4,150,000
2015	380,000	380,000	〃	380,000	860,000	〃	4,204,000
2016	380,000	380,000	〃	380,000	860,000	〃	

| 2017 | 380,000 | 380,000 | 〃 | 380,000 | 860,000 | 〃 | |
| 2018
(平成30) | 380,000 | 0
130,000
260,000
380,000 | 配偶者控除と配偶者特別控除の制度変更 | 380,000
(注6) | 860,000 | | |

注1. 税額控除から所得控除に移行。
注2. 配偶者控除創設。これ以前は、被扶養者1人目の扶養控除額。
注3. 配偶者特別控除は、本人(相手方配偶者・大半は夫)の適用要件として、年間所得800万円以下がある。
注4. 同上。1000万円以下である。
注5. 配偶者控除と配偶者特別控除の二重控除を廃止し、配偶者(大半は妻)の年間所得103万円超〜141万円未満のみとした。
注6. 本人(夫)の所得制限基準を増やし、配偶者(妻)の年間所得103万円超〜201万円以下とした。本書第8章図表8-3に詳しい。
注7. 平均給与は、国税庁『税務統計からみた民間給与の実態』各年より、「1年を通じて勤務」の者の平均値である。

4－7．配偶者控除の持続と廃止検討：1992〜2012年〜現在

　日本経済は、1991年にバブル経済が崩壊し、「失われた20年」といわれる景気低迷期が始まった。日本経済は平均1%程度の低成長期となり、マイナス成長になるなど、デフレ経済が続き、10年経過で「失われた10年」と言われたが、最終的に「失われた20年」と呼ばれた。

　日本では固定的な労働市場での安定的な就業形態である正社員比率が減少し、非正社員比率が増えた。また、バブル崩壊以前には夫の片稼ぎ世帯が主流であったが、バブル崩壊を経て夫婦共稼ぎ世帯が主流となった。

　背景には、企業の業績低下によるコスト削減によるパートなどの非正社員の採用がある。また1995年に、配偶者控除額・基礎控除額・配偶者特別控除の上限が同額の3万円引き上げられて38万円になり、所得税では「103万円の壁」、住民税では「100万円の壁」になったことも考えられる。

　2004年に、妻の収入が103万円未満の場合に、夫の所得制限のうえ、配偶者控除の2階部分の配偶者特別控除との二重適用が廃止された。両控除による夫の所得税控除の最高額は、76万円から38万円に変更された。

　2012年に日本政府は、経済政策の第3の矢の成長戦略の1つとして「女性活躍政策」を掲げ、2014年には「骨太の方針」(日本政府の「経済財政運営と改革の基本方針」)の成長戦略の1つに「女性活用：女性の働き方に中立的な財政・社会保障」を掲げ、検討の結果、いくつかの選択肢を提示した。

これを受けて 2014 年 11 月に政府税制調査会は、3 つの選択肢として、「A．配偶者控除の廃止。B．配偶者控除に代えて、配偶者の所得の計算において控除しきれなかった基礎控除を納税者本人に移転するための仕組み（いわゆる移転的基礎控除）の導入。C．配偶者控除に代えて、諸控除のあり方を全体として改革する中で、夫婦世帯に対し配偶者の収入にかかわらず適用される新たな控除の創設といった見直しに子育て支援を加味するものである。各々については、さらに、税額控除化などの見直しを組み合わせること等が考えられる。」を提示した。前提情報として上記 A の単純な数値のみは、財務省によると、2015 年の配偶者控除適用者数は約 1500 万人であり、年間約 6000 億円の税収増になるという。当該会は結果として、上記 C の夫婦単位の保持に基づき「夫婦控除」の導入を公表した。

　しかし、2016 年 12 月に税制改正関連法案が閣議決定され、2018 年から「年収 150 万円の壁」が始まると言われるが、従来の「パートの年収の壁」が単純に引き上げられる訳ではない。「年収 103 万円の壁」は税制でも存在し続け、妻自身の課税最低限は 103 万円のままであり、夫の所得に制限は創設されるが、配偶者控除のみの適用の上限も変更はなく、妻の年収が 103 万円を超えても同額の配偶者特別控除が適用されるケースがあることに変化はない。しかし、夫に多様な所得制限を設けたり、夫の課税所得が 1000 万円超であれば、従来の配偶者特別控除だけでなく配偶者控除も非適用になる。詳細は本書第 8 章を参照されたい。つまり、配偶者控除と配偶者特別控除という税制が、従来は他の関連諸制度適用を取り込んで 103 万円という 1 点で頑丈な壁であったが、多くの低い壁を作ることで、税制のみによる問題提起を避けたといえよう。但し、一番手前の壁として 103 万円が続く可能性は考えられる。さらに新たな問題は、税制の簡素性が満たされず、一般にさらに理解されづらい複雑な制度になる点である。

4－8．本節のまとめ

　冒頭でとりあげた課題である税制史における配偶者控除制度の導入・維持・拡充の理由を検証する。

　はじめに、日本の戦後の所得税制度の中で発展してきた控除制度の特徴をまとめると 2 つあり[26]、①一旦創設された控除はその重要性が消滅しても決して廃止されていないこと、②自己増殖的に新しいものが横並びで付け加

えられることである。前者の例としては、1951年に導入された勤労学生控除などがあり、後者は、生命保険料控除と損害保険料控除、扶養控除と配偶者控除、配偶者控除と配偶者特別控除などがある。このことを配偶者控除に照らし合わせると、①では一旦創設された青色専従者控除は決して廃止されないこと、②では横並びで白色専従者控除に配偶者控除が付け加えられること、さらに、①では配偶者控除の創設、②では配偶者特別控除の創設、として捉えることができる。

次に、配偶者控除制度の歴史的経緯であるが、配偶者控除の前身は、1940年に相次ぐ戦争による財政逼迫の下、主として戦時下で即戦力となる低所得の夫が有利に「家庭の維持」ができるように、扶養控除の対象者として子どもと同様に配偶者を加え税額控除に替えたことに始まる。税制上、妻は稼得能力者から除外されたのである。以来、扶養控除および配偶者控除適用内の配偶者（パートタイム労働者）および専業主婦（夫）（無業者）である配偶者は、実質的には「世帯を単位とする制度」のなかにいる。税制上、これらの配偶者は稼得能力者から除外されたまま現在に至っている。この2つの就業形態をとる有配偶女性は、図表6-1でみたように2016年においては、全有配偶女性の82％を占めており、相手方配偶者である有配偶男性においても同様である。

また、1945年以降の戦後期に日本の制度が民主化政策で一新された時でさえも、1950年のシャウプ税制においては、給与所得の世帯合算制が廃止されて個人単位課税となった。しかし、原則個人単位課税の例外として控除対象者の配偶者と子どもに対しては「世帯単位非分割課税方式」が継続され、戦前の制度が温存された。翌1951年からのシャウプ税制再構築期に、世帯合算制が廃止されて原則個人単位課税となった。しかし、配偶者の扶養控除という実質的な夫婦単位課税は残った。さらに3年後の事業税創設では減税策として、自営業の青色事業所得者の専従者控除に配偶者が加えられた。

さらに、1961年には青色事業者、白色事業者、および給与所得者との「政策的バランス」のためになされた白色事業者の専従者控除創設と同時に、専従者控除に妻が追加され、給与所得者の配偶者扶養控除は配偶者控除に改称された。税制調査会による導入理由は、自営業者と給与所得者の減税策バランスと、配偶者控除について「妻は単なる扶養親族ではなく家事、子女の養育等家庭の中心となって夫が心おきなく勤労にいそしめるための働きをし

ており夫の所得の稼得に大きな貢献をしている」妻の座にあるという。1987年には配偶者控除を補強する目的で、配偶者特別控除を創設した。この妻は適用所得内の婚姻者限定である。

　最後に配偶者控除制度の存在理由を検証する。事業者と給与所得者との政策的バランスをとるためだけであれば、給与所得者に対する減税策は、給与所得控除などの他の控除額の引き上げや税率の引き下げなどもあり、過去に採用されている。しかし、配偶者控除制度は廃止されることなく年々引き上げられ、配偶者特別控除制度によって補強されたのである。この間、共稼ぎ世帯に対する税制上の配慮は何もなされないままであり、合理的な理由は存在しない。配偶者控除および配偶者特別控除の創設時に、税制調査会の答申において説明された理由の「妻の内助の功」の観点から当該制度が、今日でも継続していることが考えられる。諸外国に目を向けると、過去には同様の制度があったが、現在では大半の国で廃止になっている。

5．おわりに

　本章は、日本の所得税の配偶者控除制度が、当初は名称は異なるものの1940年に導入されて以来、その存在理由が明確でないまま現在においても存続されていることを確認した。女性の職場進出は趨勢であるが、当該制度とのかかわりが深いパート就業形態をとる有配偶女性は増えている。制度が個人の就業形態の選択にバイアスをかけ、女性の労働供給ないし労働市場全体が著しく歪められているならば、現状に適合するように変えることが急務である。但し、制度が職場進出を強制することも不適切であり、人間行動に中立的である必要がある。配偶者控除を核として「年収103万円の壁」があり、この壁では、妻自身が所得税を納め、夫の勤務先企業からの配偶者手当が止められ、当控除により夫の税額が増え、この壁の先に第3号被保険者の認定基準の年収130万円の壁があり毎月16,490円（2017年）の年金保険料の負担が生じる。但し、夫の所得上限が1000万円の夫婦に適用される配偶者特別控除を併せると、配偶者控除が単体で壁を築いているケースはかなり以前に減少している。しかし、この壁により、夫婦合算の手取り額、特に夫の所得が減らないように、パートの妻が働く時間を調整することが長年議論されてきた。

偏りのない所得税体系は、歪みのない個人単位課税を採用した上で、非課税無制限の児童手当および介護手当を認めるものであることが望ましい。さらに、日本においては、第1号被保険者の国民年金保険料納付率を概ね100％にすると同時に、第3号被保険者の実質的な国民年金保険料負担を採用することが望ましい[27]。これらのことをおこなえば、企業の配偶者手当もそれに応じた動きをするであろう[28]。また、配偶者控除制度などを見直す場合、経過措置を講じることもありうる。

　さらに、当初のように有配偶女性や学生アルバイトのみならず、一般に非正社員が拡大したうえ、非課税上限が年収の壁と同額で引き上げられてきたため、全ての低所得の非正社員に同じ額の壁が立ちはだかるようになっている。従って、配偶者控除が働き方に及ぼす影響は大きく、その点で、廃止には意義があると考える。

　「税制の労働供給に対する効果は理論上だけでは解明できないので、実証分析に譲るべきである」とするMusgrave（1989）やJ. E. Stiglitz（1988）の言葉がある。従って次章では、日本の税制などが、女性の労働供給に与える影響を本書第7章の実証研究によって明らかにする。

【注：第6章】
(1) 厚生労働省『パートタイム労働者総合実態調査報告』（2015年調査）によると、女性のパートタイム労働者の「就業調整をしている」21.0％と「就業調整の必要がなかった」38.9％の合計は59.9％で、配偶者控除適用内の年収103万円以下で労働供給をおこなっていたという。なお1990年同調査では、「年収100万円を超えないように就業調整を行う」30.4％と「年収が100万円を超えることはない」27.3％の合計は57.7％で、配偶者控除適用内の年収100万円以下（当時）で労働供給をおこなっていたので、割合は増えている。
(2) 「『人形の家』効果」は、P. B. Musgraveが国際財政学会での報告「女性と課税」のなかで用いた用語である。藤田（1992、p.51）は、これを引用して、日本の配偶者控除および配偶者特別控除は「時代錯誤税制という批判が可能」としている。
(3) OECD databaseによると、短時間労働者の定義は、「主たる仕事について通常の労働時間が週30時間未満の者」である。
(4) 労働省『賃金労働時間制度等総合調査報告』1992年によると、企業が給付する配偶者手当制度を採用する企業は調査産業計で77.8％、支給制限を設けている企業がそのうちの41.8％、その制限を配偶者の非課税最低限100万円としている企業がそのうちの83.3％であり、一企業平均手当額は月額9300円である。この数値を1000人

以上の企業に限ると、各92.0％、63.5％、88.5％、16,200円であり、3万円以上支給が6.7％ある。さらに本書第8章図表8-4によると、2016年にも企業の対応は概ね変化がないことが分かる。
(5) 本章4-6節にあるように、1986年の年金法の改訂により、第3号被保険者が創設され、年収130万円未満の妻の保険料負担義務は適用される夫婦独自にはなくなり、夫が加入する年金制度の加入者全員が負担することになった。それ以前は、後の第3号被保険者の約7割は第1号被保険者として国民年金に任意加入していた。一方、公的年金保険の第1号被保険者（詳細は本書第8章図表8-1）の保険料未払い者は約40％である（1995年）。現在は、多様な免除制度が創設されている。給与所得者である第2号被保険者の配偶者で、年間収入が130万円未満の第3号被保険者である妻は、このような優遇制度は不要である。なお年金制度の歴史的推移などに関しては、厚生統計協会（1993）「保険と年金の動向」『厚生の指標』（臨時増刊）第1部、第1編、第1章に詳しい。
(6) 前掲注(4)参照。
(7) 林・石（1988）、p.4。「所得税法之議」や同法の元老院会議での提案理由説明によるとある。
(8) 同上書、p.38
(9) 同上書、pp.135-136。表2「所得税の納税者数等の推移」。
(10) 吉岡・兼村・江川（1984）、pp.10-13。シャウプ勧告前後の日本の経済状態が詳細に述べられている。『シャウプ勧告』は1950年税制として行使されたが、直前の1949年度の所得税収全体に対する構成比率をみると、農業者および個人事業者からの申告所得税収は約50％、法人税収は20％、給与者からの所得税収は10％であった。また、直後の1950年の所得税収全体に対する構成比率をみると、農業者および個人事業者からの申告所得税収は約42％、法人税収は38％、給与者からの所得税収は20％となっている。
(11) 大蔵省財政史室編（1977）、第7巻、pp.458-460、642。大蔵省財政史室編（1977）、第8巻、pp.394-395。
(12) 同上書、第7巻、p.292。
(13) 同上書、p.371。
(14) 前掲注(10)参照。
(15) 吉岡・兼村・江川（1984）、pp.32-34、47。
(16) 同上書、p.229。
(17) 同上書、pp.218-219。1949年8月の第一次報告書『シャウプ使節団日本税制報告書』からの引用である。
(18) 前掲注(11)、第7巻、pp.447-488に詳しい。
(19) 渡辺喜久造（1958）『昭和27年から31年の税制』大蔵省、pp.26-27。
(20) 藤田（1992）、p.283によると、「実際に、青色申告者の普及状況をみると、営庶業における申告納税者中の青色申告者の割合は、1950年4％、1955年32％、1965年33％、1975年53％、1985年51％、となっている。」すなわち、1954年には専従者控除の対象に配偶者を認め、1967年には、配偶者を対象にした「特典」によって青色申告者の普及が拡大していることがわかる。

(21) 大蔵省財政史室編（1990）、第6巻、p.23。
(22) 税制調査会『税制調査会第一次答申及びその審議の内容と経過の説明』（1960年12月）、pp.43-49、58-63。
(23) 前掲注（18）参照。
(24) 木下（1992）、pp.395-396。
(25) 同上書、pp.279-280。
(26) 林・石（1988）、p.95。
(27) 前掲注（5）参照。
(28) 前掲注（4）参照。

第7章

計量経済学分析：女性の働き方選択と、「パートの壁」制度の中立性

　本章は、2003年に査読審査を経て経済企画庁（現在の内閣府）の研究機関の学術雑誌に掲載され、「日本女性活躍・一億総活躍の働き方改革」の根拠である、2012年にIMFのラガルド専務理事が来日して提言したIMFレポートの参考文献として引用されている。

1. はじめに

　「パートの壁」あるいは「年収103万円の壁」と言われて久しい。2018年には関連する税制変更により、従来は他の関連諸制度適用を取り込んで1点で頑丈な壁であったが、残存する「103万円の壁」に加えて他に多くの壁を作ることで、税制のみによる問題提起を若干避けたといえよう（詳細は本書第8章図表8-3）。
　但し、他の関連制度の適用における妻の年間所得額次第で、「103万円の壁」は変わらず最も高い壁である可能性も考えられる。従って、税制の中立性の問題はなくならず、それを後押しする問題は、従来からあった簡素性の問題が高まり、一般にさらに理解されづらい複雑な制度になる点であろう。
　本章では、全関連制度が概ね1点の強固な壁で、多くの女性の働き方に影響を及ぼしていた時期のデータ（1990年代半ば）を用いて経済学分析をおこなう。従って本章の「パートの壁」とは、有配偶者が、年収103万円を超

えた場合に諸制度により夫婦合計の可処分所得が急激に減少するため、制度適用枠内の就業形態を選択することをいう。「かかわる制度」は、税の配偶者控除および配偶者特別控除制度、企業の配偶者（家族）手当、公的年金の第3号被保険者制度である。

特に配偶者控除制度は、1941年に「妻の家事労働への税制による評価」という趣旨で前身の制度が導入されたが［石塚（1995a）、pp.99-100；本書第6章第4-2節］、妻の家事労働も時代の流れとともに変化してきている[1]。1999年に男女共同参画社会基本法が創設されて以降その是非が改めて問われ、2002年12月の内閣府男女共同参画局の報告では女性のライフスタイルに中立的な制度について検討された[2]。同じ2002年12月の政府税制調査会の税制改正大綱において、2004年1月から配偶者特別控除制度の配偶者控除との二重適用が廃止された。また、2004年の年金制度改革に先立ち、厚生労働省の社会保障審議会年金部会では第3号被保険者制度の見直しや短時間労働者への厚生年金適用拡大などの議論が続いた。2016年に政府の「骨太の方針」に従い税制の配偶者控除と配偶者特別控除の廃止を提起したが、結論としては既述のように多様化して温存するという。さらに、1991年のバブル崩壊後は経済低成長期になり、企業が諸手当を見直す動きもみられた。

いずれの壁も、正社員の平均年収の約400万円には程遠く、職場呼称パートなどの非正社員にとって、就業調整するなどディスインセンティブ（就業意欲の喪失）効果のある壁が残ることは否めない。

本章の学術的展開は次のとおりである。まず、財政学理論の税原則として3項目をあげると、制度は公平性・中立性・簡素性を満足する必要がある[3]。本章では、「パートの壁制度」に注目し、有配偶女性の働き方（就業形態）の選択における制度の中立性について定量的に検証する。経済学理論および計量経済学分析の方法は、「パートの壁制度」適用後の夫婦の合計所得を予算式に表わし、これに基づいて就業形態を分ける。分析に際しては、制度適用による世帯所得の増額分を、適用から外れた有配偶女性自身にとっての機会費用である「就業コスト」と捉えて外生的に扱う。これらを応用ミクロ経済学理論として、配偶者控除制度の控除額の拡充が、有配偶女性の就業選択に与える影響を詳述する。さらに計量経済学における「同時決定バイアス」問題を排除し、就業コストを制度変数として説明変数の1つに加えて直接的

に推定した。

構成は、第2節で先行研究をサーベイし、第3節で「パートの壁制度」と実態、および諸制度に基づく就業コストの計算例を示し、有配偶女性の就業行動を概観した。第4節で制度を組み込んだ就業選択の理論モデルを示した上で、本章の仮説を整理し、推定モデルを定式化した。第5節ではデータについて述べ、推定結果を要約し、制度内容が変更された場合に就業行動に与える影響をシミュレーションし、まとめとした。

2．先行研究

まず、日本の「パートの壁制度」が、女性の就業行動へもたらす効果を分析した研究をあげる。樋口（1995）は非課税限度額に対する就業調整の有無を制度変数として推定し、パートの労働時間が大幅に抑制され、賃金率（時間給などの単位当たり賃金）が引き下げられるとしている。安部・大竹（1995）は制度適用対象の有配偶パートと非対象の未婚パートとの変化の差を比較し、配偶者控除制度および第3号被保険者制度により制度対象パートが労働時間を調整していることを示した。石塚（1995b）は配偶者控除制度などにより中年層のフルタイム確率が低下し、若年および高年層のパート確率が上昇するとしている。石塚（2002）は直近の約15年間では、配偶者控除制度などの影響により有配偶女性のパート就業化が拡大しているという結果を得た。八田・木村（1993）は年金の生涯負担と給付を就業形態別に比較し、公的年金が年収130万円未満の有配偶女性を優遇していることを導出した。

次に、制度の改訂と女性の就業行動についてみる。樋口（1984）はシミュレーション分析の結果を用いて、配偶者控除の拡充によりフルタイマーは減少し、パートおよび無業者は増加するとしている。大竹・橋本・跡田・齊藤・本間（1989）は、1989年の税制改訂の効果を妻の就業形態別、年齢階級別にシミュレーションした結果、専業主婦・パート（制度適用）世帯の大半が減税となり、共稼ぎ（制度適用外）世帯の大半が増税となるのは配偶者特別控除制度の大幅な拡充に起因するとしている[4]。しかし、これらの分析の大半が夫の年収のデータがなく、税制などの厳密な影響をみる場合には十分ではない。一方、制度と直接に関連づけてはいないものの女性の就業選

択モデルをみると、Hill（1984）や大沢（1993）では、有配偶女性の就業選択が自らの賃金の変動に影響を受けやすいことが指摘されている。つまり、税・年金制度の改訂が女性の就業選択に影響を及ぼしやすいという解釈もできよう。いずれも多項ロジットモデルにより推定されている。

諸外国の女性の就業行動と税・社会保障制度に関する先行研究は多数ある。特に、Hunt, DeLorme and Carter（1981）は妻自身への課税ではあるが、所得税をコスト関数と捉えることにより外生変数として推定式に加え、税制が有配偶女性の就業行動へ及ぼす影響を推定している。Konig（1995）は税錯覚のない、つまり夫婦に適用される税制などを考慮した後の純所得で表した就業形態別の予算制約に基づいて、税制が有配偶女性の就業行動に及ぼす影響を定量分析している。サーベイ論文としてはHausman（1985）が詳しい。また、Journal of Economic Studies, 18（5）の特集（1991）は、欧州各国における女性の就業行動と税制度に関する様々な実証分析が参考になる。なお、英国においても年金保険料の労使負担および課税の免除は、時間当たり賃金と週間就業時間に左右されるが[5]、Rubery, Horrell and Burchell（1994）では税・年金制度による不安定な女性のパート就業者の拡大を指摘している。

3．有配偶女性の就業選択と制度

3－1．「パートの壁制度」の概要と実態：
　　1990年代から「時間要件」で存在していたが、
　　2016年に「時間・月収要件等」になった「106万円の壁」

「パートの壁制度」が女性の就業選択について中立的ではないと考える理由は、女性の年収別分布がランダムに分布していないことによる。図表7-1は総務省、図表7-2は本章の推定に用いたデータに基づく。就業形態の定義や年収区分が異なるが、概ね同じような図になっている。いずれも年収100万円以下と300万円超が突出していることが分かる。特に左側の突出、つまり年収約100万円の「パートの壁」では、次に述べるように「パートの壁制度」の影響が大きいと考える。

図表7-3を用いて、「パートの壁制度」について概観する。本章で注目するのは、①所得税の、（A）配偶者控除および（B・C）配偶者特別控除制度、②企業の（D）配偶者（家族）手当、③公的年金の（E・F）第3号被保険

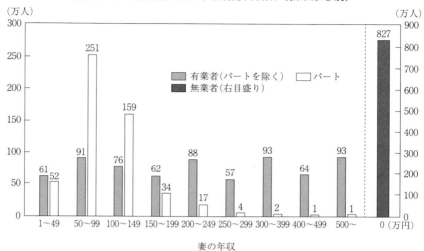

図表 7-1. 有配偶女性の年収別労働者数（就業形態別）

データ出所：総務省統計局『就業構造基本調査』（2012年）の数値を用いて、筆者が図表化した。
注1. 「有業者（パートを除く）」には、役員、正社員、自営業者、派遣社員、アルバイトなどが含まれる。当該統計の「パート」は、職場での呼称である。

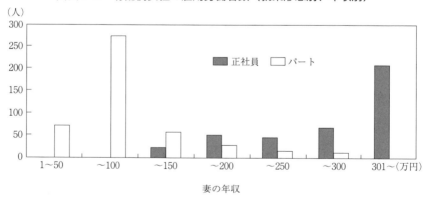

図表 7-2. 有配偶女性の雇用労働者数（就業形態別、年収別）

データ出所：（財）家計経済研究所「消費生活に関するパネル調査」（1993〜1995年）の個票データを用いて、筆者が図表化した。
注1. 本章の推定に用いたサンプルのみに基づく。正社員とは「常勤の職員・従業員」と答えた者、パートとは「パート・アルバイト」または「嘱託・その他」と答えた者。但し、配偶者控除制度の適用上限の年収100万円以下と答えた者は、優先的にパートに分類した。

第7章　計量経済学分析：女性の働き方選択と、「パートの壁」制度の中立性　　153

者制度である。ここで、①の両税制は1995年に35万円から38万円に拡充された。図表7-3をみると、妻の年収103万円近傍で諸制度の適用上限額がリンクしており、「パートの壁」が存在していることが分かる。本来、年収103万円とは、夫に配偶者控除制度が適用される上限額であり、同時に④（G）就業する妻自身が非課税となる上限額である。

1986年創設や2004年改訂の①配偶者特別控除制度により、夫の年間課税所得が1000万円超の妻を例外として、税制のみに基づく頑丈な壁は低くなったといえる。しかし、「配偶者特別控除制度の導入による『パートの壁』の解消」について「内容まで知っている」と答えた人は2.2%、「話を知っている」と答えた人を含めても30.3%にとどまり、本来の目的を達成しているとは言い難い［（財）家計経済研究所（1995）、p.319］。次に、②の配偶者手当は、全企業平均では78.1%が採用し月間平均10,500円を支給、採用企業のうち49.9%が適用要件を「妻の所得が非課税限度額（年収103万円）以内」としており、大企業のほうが顕著である［労働省『賃金労働時間制度等総合調査』1998年］。

最後に2003年の分析時点で、③の公的年金においては、（F）第3号被保険者制度となる年収130万円未満という年収要件の「年収130万円の壁」とは別に、（E）第2号被保険者の（労働）時間要件があった。

石塚（2003）は、次の図表7-4および図表7-6を通じて、この（E）時間要件が「年収103万円」近辺の壁の一要因であったことを検証していた。この（E）が、後の2016年に「年収106万円の壁」と呼称化して新たな「時間・月収要件等」になった制度であるが、既に1990年代から「時間要件」として存在していたことを検証していたのである。

図表7-4で、有配偶女性の年収別にみた厚生年金等の加入率を、厚生年金（第2号）についてみると、年収100万円以下では20〜45%であるが、100万円超〜110万円未満ではおよそ65%となり、110万円超では概ね85%以上となる。仮説として、パートの多くは時間あたりの賃金が低いため、（F）第3号の年収要件を超えて130万円に達する前に、（E）第2号の時間要件により「常用労働者」（労働時間や勤務日数が、通常の就労者のおよそ4分の3以上の就労者）とみなされ、年収103万円近傍で保険料負担のない第3号被保険者から外れているのではないか、と考えられる。図表7-6で就業形態別の平均年間労働時間をみると、制度外パート（配偶者控除制度等が適用

されず「パートの壁」を越えて就業するパート）の平均の年間労働時間は正社員の 78.4% と時間要件に一致する[6]。

　社会保険料負担は労使折半で企業にとってもコストになるため、パートの年収を「パートの壁」の適用枠（103 万円）内におさめる誘引は企業側にもあるといえよう。法人と従業員 5 人以上規模の個人事業主は、厚生年金に加入できる。

　加えて留意すべきは、第 3 号であれば妻本人も夫も妻分の保険料負担を免除されるが、老後の年金受給額は保険料を負担した第 1 号と同額となり、生涯所得と費用負担の関係でみると格差が広がってしまうということである[7]。

　以上のことから、制度が複雑に絡み合って諸制度の適用上限年収ラインが「パートの壁」となっていると考えられる。従って、配偶者控除制度が就業行動に与える影響を分析することは、「パートの壁」にかかわる全制度について分析することに概ね等しいといえよう。

3−2．制度を外れることによる「就業コスト」の大きさ

　労働者が就業を調整せず、制度の適用を外れたことで生ずる税・年金保険料などの負担増に基づく夫婦の可処分所得の減少分はどれくらいになるのか。本章では、この減少額を経済学の「機会費用」に基づき、制度の適用を外れることによる「就業コスト」と捉える。Hunt, DeLorme and Carter（1981）に倣って妻自身のコストと捉えることにより、分析の際に外生変数として組み込むことができ、制度が就業行動に及ぼす影響を推定することができる。

　まず、有配偶女性が年収 103 万円を超えた場合の平均的な就業コストを計算する。①配偶者控除 38 万円×夫の税率 20％＋配偶者特別控除 38 万円×20％＝152,000 円、②配偶者手当分 10,500 円×12 カ月×（1−20％）＝100,800 円、③が厚生年金の場合は約 14,892 円（＝約 103 万円÷12 カ月×17.35％）×12 カ月＝178,704 円を労使で折半して 89,352 円、リンクする健康保険は約 6,351 円（＝約 103 万円÷12 カ月×7.4％（平均））×12 カ月＝76,212 円を労使で折半して 38,106 円であり、合計 380,258 円となる。これはパートの時間給を 932.8 円とすると、407.7 時間分、72.8 日分、3.7 カ月分に相当し、かなり高い「壁」であることが分かる[8]。実際には、住民税の配偶者控除制度等の加算分や、被扶養者のフリンジ・ベネフィットもあり、

図表 7-3. 「年収 103 万円の壁」の諸制度の概要（2004 年～2015 年）

妻の税引き前年間賃金	A ①夫が、所得税の配偶者控除（年間38万円）を、	B ①夫が、所得税の配偶者特別控除を、最高38万円の消失控除 (夫の年間課税所得が1000万円以下の場合)	C (夫の年間課税所得が1000万円超の場合)	D ②夫が、勤務先企業から配偶者手当（月18,515円）を、	E ③妻が、年金の「時間要件」を、自身の就業時間等が満たせば（注5）、妻自身が第2号被保険者として、厚生年金保険料（17.474%の労使折半8.737%）を、	F ③妻が、夫（第2号保険者）の被扶養者である第3号被保険者の「年収要件」(130万円未満)（注6）、自身の年収が第2号被保険者超えれば、妻自身が第2号被保険者として、厚生年金保険料（17.474%の労使折半8.737%）を、あるいは妻が第1号被保険者として、国民年金保険料（月15,250円）を、	G ④妻が、自身の所得に対して、所得税（国税）を、	H ④妻が、自身の所得に対して、住民税（地方税）を、
100万円以下	受けられる	受けられない	受けられない	受給できる	（第3号被保険者であれば、夫婦のいずれも）負担しない	（第3号被保険者であれば、夫婦のいずれも）負担しない	課税されない	課税されない
103万円以下	受けられる	受けられない	受けられない	受給できる			課税されない	課税される
103万円超～130万円未満	受けられない	受けられる（消失控除）	受けられない	受給できない	負担する必要がある	負担しない	課税される	課税される
130万円以上～141万円未満	受けられない	受けられる（消失控除）	受けられない	受給できない	負担する必要がある	（第3号被保険者のいずれも）負担する	課税される	課税される
141万円以上	受けられない	受けられない	受けられない	受給できない			課税される	課税される

出所：各制度の詳細に基づき、筆者が図表化した。実際には、夫と妻という男女の限定はない。
注1. 網掛けの部分により、制度適用外の有配偶女性の「就業ペナルティの大きさ」が計算できる。
注2. ＡＢＣの制度は、国税の所得税と、地方税の住民税がある。所得税はＧと同じく「年収103万円の壁」であるが、住民税はＨと同じく「年収100万円の壁」となる。
注3. Ｄ：②の月額は、厚生労働省「就労条件総合調査」（2005年調査、2004年11月分の数値）の「家族手当、扶養手当、育児支援手当など」全企業平均である。
注4. Ｅ＆Ｆ：Ｅの保険料率は2014年9月～2015年8月の「一般の被保険者等」、Ｆは2014年4月～2015年3月の保険料。③は第1号～第3号被保険者のうち1つが適用義務である。
注5. 厚生年金制度の「時間要件」は、所定労働時間等が通常の就労者の概ね4分の3以上の者に適用される。1980年以上の者に適用される。2012年に厚生年金法に明文化された。
注6. 税制と異なり、年収130万円の詳細は、企業によって異なる。
注7. 本図表の、2017年版は本書第6章図表6-2、2018年版は本書第8章図表8-3、である。1986年～2003年にはＢの配偶者特別控除は103万円以下でも夫は「受けられた」ので、Ａの配偶者控除と二重適用であった。

第7章　計量経済学分析：女性の働き方選択と、「パートの壁」制度の中立性

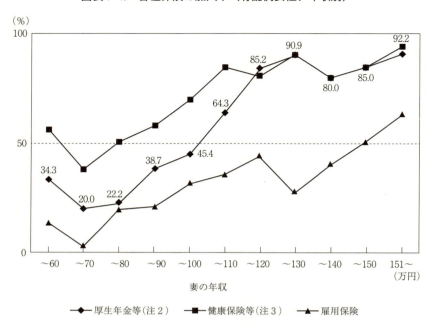

図表 7-4. 各種保険の加入率（有配偶女性、年収別）

データ出所：(財)家計経済研究所「消費生活に関するパネル調査」（1993〜1995 年）の個票データを用いて、筆者が図表化した。
注 1. 本章の推定に用いた 835 サンプルに基づく。
注 2. 厚生年金等には、船員保険、共済組合保険を含み、国民年金は除く。
注 3. 健康保険等には、船員保険、共済組合保険を含み、国民健康保険は除く。

③が国民年金や国民健康保険であれば増額になり、妻自身への課税も考慮すると、就業コストはさらに大きい。4-1 節でこの就業コストを女性の就業選択モデルに組み込んで理論モデルを展開する。

3−3．有配偶女性とパート就業

　パート就業者は今後どのように推移するのであろうか。まず、有配偶女性の就業行動を時系列でみると、1970 年代半ばから現在までの約 45 年間では 1984 年に構造的に変化しており、以後は就業形態の多様化、特にパート就業化が著しい[9]。女性雇用労働者におけるパート（週間就業 35 時間未満）

占率は、1985年の21.8％から2002年には39.8％となり、急速に拡大している［総務省『労働力調査』（各年）］。さらに2016年には、非農林業の女性雇用労働者のうち非正規従業員の割合は54.3％である［本書第2章図表2-6］。特に1985年以降、今後の雇用拡大が見込まれる第3次産業においては、パート労働者数の増加などに伴い労働者1人当たりの生産性は上昇しており、パートの実態も変化してきている［石塚（2002）、pp.201-202］。今後も制度等の条件が一定と仮定すれば、パートは増えていくであろう。一方、従来から「長時間パート」（長時間就業の呼称パート）が顕著な製造業では女性占率は33.6％（2002年）と高いが、1993年以降は女性就業者数が減り続けている。いずれの産業においても、正社員との時間当たり賃金格差は拡大しており、不安定な雇用条件で働くパートが多い。

次に、パートの大半を占める有配偶女性の就業選択を横断面でみると、約半数が無業者（「専業主婦」）であり、パート（アルバイトを含む）が20％、正社員が18％と続く［総務省『就業構造基本調査』（1997）］。制度とのかかわりでみると、女性パート（アルバイトを除く）では、非課税枠を意識して「就労調整する」と答えた者は38.6％と、「非課税限度額を超えても関係なく働く」と答えた者（26.5％）に比べて高い。さらに就業調整する者について理由別にみると、税の配偶者控除および配偶者特別控除制度81.4％、厚生・健康保険への加入42.4％、配偶者手当35.0％と高い［労働大臣官房政策調査部編（1997）］。

制度を考慮すると、有配偶者が直面する就業形態は次の排他的な4つの選択肢（雇用労働者に限定）[10]：

（ⅰ）正社員：正規雇用労働者
（ⅱ）制度外パート：配偶者控除および配偶者特別控除の適用対象外の非正規雇用労働者
（ⅲ）制度内パート：配偶者控除および配偶者特別控除の適用対象の非正規雇用労働者
（ⅳ）無業者：専業主婦

となり、上記のように定義して呼ぶことにする。図表7-1および図表7-2を用いてみると、制度内パートとは年収100万円以下の者であり、制度外パートは年収100万円超のパートである。パートでは、年収50～100万円が突出しており、制度内パートの割合が高い。

4. 制度を組み込んだ就業選択モデル

4−1.「パートの壁制度」を組み込んだ就業選択モデル

　有配偶女性が就業を選択する場合には、制度適用後の純所得で表された予算制約式に直面する。このとき、制度がもたらす夫婦の可処分所得の減少分を制度適用外の妻の就業コスト（機会費用）と捉え、制度およびその拡充が就業選択に与える効果をみる。

　いま、家計の効用関数は、$u_i = U_i (Lf_i, Y_i : \varepsilon_i)$ （$i = s, t, u, n$）であり、二階微分可能、原点に対して凸で、以下の時間および予算制約式の下に最大化される[11]。ここで、Lf：妻の家事や余暇時間、Y：家計の総収入、ε：その他の嗜好である。下付きの i は雇用労働者に限定された4つの就業形態、s：正社員、t：制度外パート、u：制度内パート、n：無業者を表す。時間制約式は、$Lf_i + Hf_i = T_0$ であり、Hf：妻の市場労働時間、T_0：外生的に与えられ1年間とする。

　Konig（1995）が課税後の純所得に基づいて就業形態を分けたように、予算制約式を4つの就業形態別にみると、

（ⅰ）正社員：$X \leq (1-g_s) Wf_s \cdot Hf_s + Im = Y$

（ⅱ）制度外パート：$X \leq (1-g_t) Wf_t (Hf_t) \cdot Hf_t + Im = Y$
　　　　但し、$Wf_t (Hf_t) \cdot Hf_t > 103$ 万円（$=$SYSTax（1995 年））

（ⅲ）制度内パート：$X \leq Wf_u (Hf_u) \cdot Hf_u + Im + BTax (Hf_u : SYSTax) = Y$
　　　　但し、$Wf_u (Hf_u) \cdot Hf_u \leq 103$ 万円（$=$SYSTax（1995 年））

（ⅳ）無業者：$X \leq Im + BTax (Hf_n : SYSTax) = Y$、但し、$Hf_n = 0$

となる。ここで、X：家計の総消費、g_i：妻の限界税率（$g_t \leq g_s$）、Hf_i：妻の就業時間、Im：夫の年間所得（配偶者控除制度の非適用時）である。$Wf_p (Hf_p)$（$p = t, u$）：パート就業の妻の時間あたり純賃金であり、Hf_p の増加関数である。つまり、パートは賃金および労働時間の選択が可能であり、古典的な労働供給曲線である後方屈折曲線の下半分を移動すると捉えられ、労働時間は時間あたりの純賃金に対して逓増的な関係にある。Wf_s：正社員就業の妻の時間あたり純賃金であり、正社員はパートに比べて長い労働時間と高い収入がセットで企業側から提示される。従って、パートでは $Wf_p (Hf_p)$ の増加関数が成立しており、Wf_s と Hf_s は非連続に高い数値になると考えら

れる。また、BTax（Hf$_i$：SYSTax）（i＝s, t, u, n）：正社員や制度外パートの妻の「就業コスト」（機会費用）であり、無業者や制度内パートでは「負の就業コスト」である。つまり Hf$_u$≧Hf$_s$≧0（＝Hf$_n$）⇒ BTax＞0、Hf$_s$≧Hf$_t$⇒ BTax＝0 と表すことができる。SYSTax は「パートの壁制度」が適用可能な上限額であり、本節では配偶者控除制度に代表される。

　この理論モデルを図示したのが図表 7-5 である。縦軸を夫婦合算の年間所得、横軸を妻の年収（税引き前）とし、太い実線で制度適用後の予算線を示すことにより、制度と就業形態（両パートと無業）の関係を表している。SYSTax は「パートの壁制度」が適用される上限額を、BTax は「パートの壁制度」の適用を外れることによる税・年金保険料の負担増を意味し、無業者や制度内パートでは「負の就業コスト」となる。1995 年税制であれば、予算線は n$_2$p$_2$DtE になる。妻の年収 103 万円で予算線がキンクし、点 p$_2$ から点 D へ減少しているが、これが制度適用外で働く妻の就業コストであり 3-2 節の 380,258 円に相当する。つまり夫婦の可処分所得は妻の労働時間に応じて連続的ではなく、年収で捉えた妻の就業形態によって変化する。

　さらに図表 7-5 は、配偶者控除制度の控除額が拡充されたことによる就業コストの変化が、有配偶女性の就業選択にもたらす影響についてのモデルも表している[12]。まず、無業者が労働力化するケースをみる。適用上限額が SYSTax から SYSTax' に拡充されたこと（100 万円→103 万円）により、負の就業コストが BTax から BTax' に変わるため、予算線は n$_1$p$_1$CDtE から n$_2$p$_2$DtE となる。変更前は効用 U$_u^1$ より U$_n^1$ のほうが高いため、無業（n$_1$）を選択していた妻は、変更後は U$_n^2$ より U$_u^2$ のほうが高くなり制度内パート（p$_2$）を選択し、結果として女性全体の労働力率を引き上げる効果が考えられる[13]。また、制度外パート（U$_t^3$）から制度内パート（U$_u^3$）へと就業形態を変えるケースもある。他にも、無差別曲線の形状によっては、夫の所得などの非勤労所得（負の就業コスト）の増加は妻の留保賃金を引き上げ、就業中の妻を無業化へと促す効果等が考えられる[14]。

4－2．仮説

　モデルの定式化に先立ち、本章の仮説をまとめる。まず「パートの壁制度」が、有配偶女性の就業選択において中立的であるか否かを検証する。実証分析の推定式で、「パートの壁制度」の代理変数として SYSTax を有配偶

図表 7-5. 配偶者控除制度の拡充が就業選択に及ぼす影響

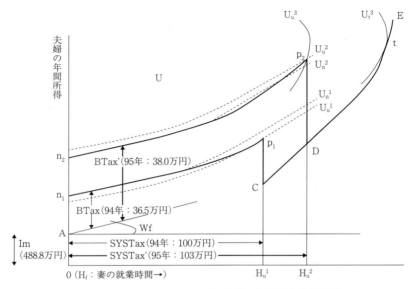

Im：夫の年間所得（配偶者控除制度の非適用時）、Wf_i：妻の時間あたり賃金（$i=s,t,u$）、
$BTax$：「パートの壁」にかかわる制度の適用を外れて就業したことによる「就業コスト」、
$SYSTax$：配偶者控除制度（「パートの壁」にかかわる制度を代表）の適用上限額
注1. $BTax$（就業コスト）の数値については、3-2節を参照されたい。
注2. 妻の労働時間および賃金、Im の数値は、『賃金構造基本統計調査』（2001年調査）より、企業規模10人以上の現金給与額（賞与等を含む）、実労働時間、実労働日数などを用いて計算した。女性パートの時間当たり賃金は932.8円であった。Im は所得税の基礎控除および給与所得控除に基づく配偶者控除制度の非適用時の課税後の手取り額である。

女性の就業選択の推定式に加えて仮説を検証する。ここで、制度の代理変数を $BTax$（妻の年収に応じて変化する適用額に基づく就業コスト）ではなく $SYSTax$（配偶者控除等が適用される妻の年収の上限額）とした理由は、妻の就業形態の決定と同時に変化して決まる $BTax$ を用いた場合に生ずる計量経済学の「同時決定バイアス」問題を排除するためである。「パートの壁」の存在が、既婚女性の就業選択に影響を及ぼしていれば、$SYSTax$ の推定値

は統計的に有意な値となる。

　次に、制度が有配偶女性の就業選択に対して中立的でない場合に、「パートの壁制度」の適用上限額の変化が有配偶女性の就業選択に与える影響について検証する。前節で示したように、「パートの壁制度」の適用上限額の拡充は、有配偶女性の就業選択に様々なインパクトを与えると考えられる。理論モデルによると、①無業から制度内パートに変わり、女性の労働力率を引き上げるケース、②労働力率には影響しないものの、制度外パートから制度内パートに変わるケース、③非勤労所得（夫の手取り所得など）の上昇が補助的稼得労働者としての妻の留保賃金率を引き上げ、妻の無業化を促し女性の労働力率を引き下げるケース、の3つの効果が予測された。いずれの影響が強いかは、推定結果を用いて計算される限界効果の符号や大きさによる。

　さらに、第3号被保険者制度が、「パートの壁制度」の一つとして機能しているか否かを検証する。3-1節で述べたように、パートの多くは時間あたりの賃金が低いため、第3号の年収要件の年収130万円未満を超える前に、第2号となる時間要件において「常用労働者」（労働時間や勤務日数が、通常の就労者のおよそ4分の3以上の就労者）とみなされ、年収100万円近傍で負担のない第3号から外れているのではないか、ということである。第3号被保険者制度が「パートの壁制度」の一つとして機能していれば、「厚生年金非加入ダミー」の係数が無業者および制度内パートの係数が有意にプラスになるであろう。

4－3．モデルの定式化

　4-1節の有配偶女性の就業形態の選択を被説明変数として、多項ロジットモデルを定式化する[15]。妻が直面する就業形態、つまり従属変数は、正社員＝0、無業者＝1、制度内パート＝2、制度外パート＝3、の非連続の4つのダミー変数である[16]。また、次の説明変数が有配偶女性の就業選択に影響するものとする。正負の非勤労所得として、制度非適用時の夫の年間賃金（無業者の期待される係数の符号は、プラス。以下のカッコ内は同じ）、預貯金（プラス）、ローン（マイナス）、人的資本にかかわるものとして妻本人の年齢（不明）、就学年数に代替する学歴ダミー（不明）、他の家族員の影響として夫婦の子どもの数（プラス）、未就学児の存在（プラス）、夫婦の父親（不明）や母親との同居（マイナス）を考慮した。特に雇用労働者の場合に

は、育児と仕事の両立には何らかのサポートが必要であり、未就学児の存在は留保賃金率を高めるため、就業率を低下させると考えられる。その裏返しとして、夫婦の親との同居は育児の肩代わりを意味する。また地域間で異なる需要側の要因等を考慮するため、大都市ダミー（プラス）等を用いた。さらに、本章の特徴であるが、制度の影響をみるために説明変数に独立した外生変数として、配偶者控除制度等の適用上限額や厚生年金非加入ダミーを加えた。データの加工方法は、次節で詳述する。

従って推定モデルは、理論モデルに基づいて、

$$P_i = \alpha + \beta \cdot Im + \gamma \cdot SYSTax + \delta \cdot Z_i \quad (i=0, 1, 2, 3) \qquad 式（1）$$

となる[17]。任意の個人（式では、個人を表す下付きの文字は省略）が i 番目の就業形態に属する確率は、$P_i = \Pr[u_i > u_j \ (i \neq j, \ i, j = 0, 1, 2, 3)]$ または、$P_i = \Pr[V_i + \varepsilon_i > V_j + \varepsilon_j]$ である。i 番目の就業形態の選択により、当該個人にとって u_i は他の u_j より必ず高い効用をもつことを意味する。ここで、P：就業形態 i を選択する確率、SYSTax：配偶者控除制度等（「パートの壁制度」の代理変数）の適用上限額（但し、図表7-8 の推定では、さらに厚生年金非加入ダミーとに分けた）[18]、Z：その他の説明変数ベクトル（妻本人の年齢、学歴ダミー、預金等、住宅ローンダミー、夫婦の子どもの数、未就学児ダミー、夫婦の親との同居ダミー、都市ダミー）である。

5．推定結果とシミュレーション

5-1．データ

推定に用いたデータは、（財）家計経済研究所の「消費生活に関するパネル調査」の個票データの 1993 年から 1996 年分である。当該調査では、年収は前年分が問われているため、少なくとも 2 年間続けて回答があったサンプルについて「昨年の所得」を前年の同一個人のデータに組み込んで用いた。さらに、各種制度の適用要件等を考慮して雇用労働者世帯の有配偶女性に限定した結果、1993 年から 1995 年分をプールしサンプル数は 2204 である[19]。変数の概要と記述統計量は図表7-6 にある。

なお、SYSTax（「パートの壁制度」の代理変数）は、理論モデル（図表7-5）では簡単化のために配偶者控除制度のみとしたが、実際の推定においては「『配偶者控除等（配偶者控除および配偶者特別控除制度）』の『適用上

限額』」を用いる。理由は、配偶者特別控除制度には夫の所得制限があるため、税制による「パートの壁」に現在でも直面している妻であれば就業選択への影響が異なると考えるためである[20]。SYSTax の計算例を示す。まず 1993 年の夫の年収（税引き前）が 500 万円で、妻が同 80 万円のケースをみる。妻が同 0 円の場合と同じく夫の年収から差し引かれる配偶者控除の控除額 35 万円と、配偶者特別控除の最高控除額 35 万円に基づく適用上限額の 135 万円を実質化した 134.19 万円を用いる[21]。また、夫の年収が 1300 万円で、妻が同 80 万円のケースをみる。配偶者控除の控除額 35 万円のみに基づく適用上限額 100 万円を実質化した 99.4 万円を用いる。なお、1995 年の税改訂により、両制度の最高控除額が各 38 万円に変更されている。

また、夫の年間賃金も、妻の年収により配偶者控除制度等の控除額が変化するため、同様の問題が生ずる。従って、配偶者控除制度等の上限控除額に基づく年収増加額を夫の年収から差し引いて加工し識別した[22]。

5－2．就業選択モデルの推定結果

推定結果をみる場合に就業形態間の比較に用いる数値は、図表7-7の下段の限界効果（任意の独立変数の 1 単位の変化に対する、各形態の就業確率の％変化）である［Greene（1997），p.916］。

まず、一般的な変数についてみる。短大卒や大学卒の増加は有意に両パート確率を引き下げることは予想どおりである。一方、従来は理論に反し四年制大学卒女性の二極化がいわれ、結婚・育児期に就業継続せずに離職した場合にはその後も無業であり続ける傾向があるとされた［大沢（1993）、p.82］。しかし推定結果をみると、大学卒ダミーでは有配偶女性の無業者（専業主婦）および両パート確率ともに減少し正社員確率を引き上げており、興味深い結果となった。対象年齢が 20～30 歳代であるため、出産・育児期を先延ばしにする「晩産化」と関係があることも考えられるが、四年制大学卒女性が婚姻後も就業継続する傾向が強くなってきているといえよう。預金等の増加は有意に正社員を増やしている[23]。無業者では、期待通りに住宅ローンがあれば有意に減少している。また、子どもの数が多いことや乳幼児の存在により、有配偶女性の無業確率は有意に高くなっている。しかし両パートでは、幼稚園等により育児の外部化が一般的な末子 4～6 歳になると就業確率が上がっている。つまり出産・育児による「M 字型ライン」は認められる

図表 7-6. 就業選択モデルの変数の概要、および記述統計量（平均）

変数名など		単位(注2)	全体	就業者	正社員(注1)	制度外パート(注1)	制度内パート(注1)	無業者
配偶者控除等の適用上限額(注3)		万円	127.378	128.501	130.199	131.753	125.630	126.600
夫の年間賃金(注4)		万円	463.055	429.913	433.752	401.538	433.422	483.271
厚生年金非加入ダミー		ダミー	0.489	0.321	0.051	0.260	0.650	0.592
妻の年齢		歳	30.546	30.970	30.992	30.781	30.997	30.266
就学状況(注5)	高校卒業	ダミー	0.468	0.471	0.379	0.469	0.577	0.466
	専門・専修学校卒業	ダミー	0.170	0.164	0.187	0.208	0.125	0.173
	短大・高専卒業	ダミー	0.206	0.195	0.212	0.125	0.195	0.212
	大学・大学院卒業	ダミー	0.099	0.113	0.187	0.083	0.035	0.091
妻の預貯金等・有価証券総額		万円	246.605	269.334	336.366	137.662	228.797	232.572
世帯の預貯金等・有価証券総額		万円	148.386	158.561	209.569	92.576	118.140	142.076
住宅ローンあり		ダミー	0.272	0.308	0.295	0.365	0.306	0.250
子どもの数		人	1.594	1.469	1.369	1.635	1.539	1.669
末子の年齢	0歳	ダミー	0.230	0.149	0.179	0.146	0.114	0.280
	1～3歳	ダミー	0.328	0.263	0.237	0.271	0.292	0.366
	4～6歳	ダミー	0.142	0.175	0.136	0.229	0.204	0.123
夫婦の親と同居	父親	ダミー	0.261	0.309	0.379	0.208	0.257	0.231
	母親	ダミー	0.338	0.430	0.505	0.385	0.356	0.282
居住地域(注7)	13大都市	ダミー	0.211	0.180	0.174	0.146	0.195	0.229
	その他の市部	ダミー	0.581	0.541	0.513	0.500	0.586	0.605
1994年ダミー(注8)		ダミー	0.337	0.340	0.351	0.260	0.350	0.335
1995年ダミー		ダミー	0.334	0.360	0.333	0.458	0.364	0.318
妻の時間当たり賃金率		円	—	1046.670	1189.254	1082.197	872.841	—
妻の年間労働時間		時間	—	1866.639	2246.792	1760.689	1457.398	—
妻の年収		万円	—	207.374	332.251	169.816	73.713	—
妻の年間労働時間1825時間未満率			—	0.417	0.149	0.458	0.787	—
サンプル数			2204	835	396	96	343	1369

データ出所：(財) 家計経済研究所「消費生活に関するパネル調査」の個票データ

注1. 職務の問いに対して「常勤の職員・従業員」と答えた者は正社員、「パート・アルバイト」または「嘱託・その他」と答えた者はパートとした。但し、所得税の配偶者控除制度の適用者は優先的に「制度内パート」に分類した。

注2. 単位が金額のものについては、消費者物価指数（全国、総合）を用いて実質化した。

注3. 妻が年収0円の場合に、夫の年収に応じて配偶者控除等が適用される上限額 (SYSTax) である。なお、配偶者控除等とは、配偶者控除および配偶者特別控除制度をいう。

注4. ［夫の年収］から「配偶者控除等の控除上限額×税率」を差し引いた額である。

注5. 就学状況のベースカテゴリーは「中学卒業」である。

注6. 妻個人の預金等を除く。

注7. 居住地域のベースカテゴリーは「その他の都部」である。

注8. 調査年のベースカテゴリーは「1993年」である。

図表 7-7. 就業選択モデルの推定結果（その1）

被説明変数 \ 就業形態	無業者 ln(Pn/Ps) 係数	t値	限界効果	制度内パート ln(Pu/Ps) 係数	t値	限界効果	制度外パート ln(Pt/Ps) 係数	t値	限界効果
定数項	5.167***	4.146	0.743	0.940	0.898	-0.250	-0.040	-0.058	-0.100
配偶者控除等の適用上限額（万円）	-6.217***	-0.016	-0.0024	-3.215***	-0.010	0.0002	0.585	0.003	0.0006
夫の年間賃金（万円）	8.337***	0.004	0.00068	3.124***	0.002	-0.00013	-0.562	-0.001	-0.00013
年齢（歳）	-4.365***	-0.108	-0.021	-0.102	-0.003	0.009	-0.422	-0.019	0.002
高校卒業ダミー（=1）	-0.318	-0.104	0.0019	-0.264	-0.097	0.0022	-1.389	-0.639	-0.0223
専門学校卒業ダミー（=1）	-1.410	-0.489	0.006	-2.478***	-1.002	-0.076	-1.399	-0.703	-0.009
短大・高専卒業ダミー（=1）	-1.283	-0.443	-0.003	-1.743*	-0.689	-0.038	-2.109**	-1.132	-0.030
大学・大学院卒業ダミー（=1）	-3.313***	-1.215	-0.011	-4.757***	-2.313	-0.172	-2.068**	-1.234	-0.004
妻の預金等（万円）	-2.050**	0.000	-0.000011	-1.361	0.000	0.000004	-2.358***	-0.001	-0.000044
世帯の預金等（万円）	-2.942***	-0.001	-0.000080	-1.704*	0.001	0.000010	-0.409	0.000	0.000009
住宅ローンありダミー（=1）	-2.833***	-0.415	-0.081	-0.364	-0.064	0.027	0.813	0.210	0.018
子どもの数（人）	3.641***	0.307	0.054	0.493	0.050	-0.027	0.849	0.128	-0.002
0歳児ダミー（=1）	5.813***	1.102	0.232	-0.628	-0.161	-0.117	0.051	0.020	-0.022
1～3歳児ダミー（=1）	6.245***	1.099	0.180	1.775*	0.375	-0.051	0.633	0.207	-0.019
4～6歳児ダミー（=1）	2.326**	0.497	0.045	1.856*	0.449	0.007	1.879	0.659	0.012
夫婦の父親と同居ダミー（=1）	2.125**	0.439	0.103	0.034	0.008	-0.031	-2.064**	-0.752	-0.040
夫婦の母親と同居ダミー（=1）	-5.977***	-1.172	-0.170	-2.860***	-0.661	0.021	-0.511	-0.160	0.025
13大都市ダミー（=1）	4.242***	0.852	0.134	1.914**	0.472	-0.013	-0.849	-0.316	-0.035
他の都市ダミー（=1）	4.841***	0.757	0.118	2.233**	0.429	-0.011	-0.944	-0.257	-0.030
1994年ダミー（=1）	-1.152	-0.207	-0.033	-0.333	-0.074	0.009	-0.235	-0.084	0.002
1995年ダミー（=1）	-0.508	-0.094	-0.033	0.122	0.028	0.007	1.557	0.531	0.023
各サンプル数	1369			343			96		
全サンプル数	2204								
対数尤度	-2001.34								

注1. 上段は係数、中段は漸近的t値、下段は限界効果を表す。
注2. *** は1%、** は5%、* は10%で有意を表す。

ものの、その効果は末子が3歳までである。また夫婦の母親が同居していれば就業するが、父親では逆である。つまり同居するのが夫婦の母親であれば育児の肩代わりがなされるが、父親の存在は有配偶女性の就業を抑制する効果がある。都市部では有意に無業者確率が上昇しているが、対象年齢によるものとも考えられる。

次に、本章の目的、「パートの壁制度」が就業形態の選択に対して中立的であるか否かを検証するために導入した「配偶者控除等の適用上限額」をみる。まず、無業者や制度内パートでは有意であり就業選択への制度の影響はあるといえる。従って、制度の中立性を満足していない。制度外パートでは有意とはならなかった。また、適用上限額が拡充されると、制度内パートを増やすインセンティブ（就業意欲促進）効果があり、無業者を減らすという結果が得られた。つまり、専業主婦促進的ではなく、制度内パート促進的であるということを示している。樋口（1984）と、制度内パートの増加のみ同じ結果である。但し、雇用時の年齢制約の影響が弱いサンプルを対象としたことが、結果に影響しているとも考えられる。また、樋口・西崎・川崎・辻（2001）に倣えば制度のもう一つの経路を通じた効果として、夫の年間賃金の限界効果を併せてみることもできる。妻にとっての非勤労所得、つまり夫の年間賃金の上昇により無業者が増え、制度内パートが減っている。しかし、「配偶者控除等の適用上限額」と夫の年間賃金を比べると、後者はデータ自体の数値が大きいうえ限界効果は非常に小さい。従って、両変数の相殺された効果としてみても、専業主婦促進的ではなく、制度内パート促進的といえる。

最後に、3-1節でとりあげた仮説は、第3号被保険者制度が「パートの壁制度」の一つとして機能しているのではないか、ということであった。そこで4-3節で述べたように、制度変数を就業選択モデルに組み込む際に、配偶者控除制度等の適用上限額から切り離し、別個の変数として厚生年金非加入ダミーを導入して検証を試みた。推定結果では他の変数に特筆すべき影響はなく、3変数のみを図表7-8でみる。いずれの就業形態においても厚生年金非加入ダミーは有意である。厚生年金非加入者が増えれば、無業者と制度内パート確率が上昇し、制度外パート確率が減少する。つまり、厚生年金加入は制度外パートの特徴の一つといえる。年金加入の労働時間要件を厳密に取り出した検証ではないものの、税の配偶者控除制度の年収ライン103万円

図表 7-8. 就業選択モデルの推定結果（その 2）

就業形態 被説明変数	無業者 ln(Pn/Ps)		制度内パート ln(Pu/Ps)		制度外パート ln(Pt/Ps)	
配偶者控除等の適用上限額（万円）	−3.539***	−0.011 −0.0017	−1.283	−0.045 0.0004	1.205	0.064 0.0005
厚生年金非加入ダミー（＝1）	14.46***	3.734 0.270	14.07***	3.856 0.099	6.123***	2.112 −0.019
夫の年間賃金（万円）	8.673***	0.005 0.00067	4.314***	0.003 −0.00013	−0.0490	−0.001 −0.00013
各サンプル数	1369		343		96	
全サンプル数	2204					
対数尤度	−1755.19					

注1．上段は係数、中段は漸近的 t 値、下段は限界効果を表す。
注2．*** は 1%、** は 5%、* は 10% で有意を表す。

（1995 年〜2017 年〜？）と、厚生年金加入年収がいくらかはリンクしており、第 3 号被保険者制度が「パートの壁」にかかわる制度の一つとして機能しているといえよう。

5−3．制度変更の政策シミュレーション

　制度変更が各就業形態へ及ぼす影響をみるためシミュレーションをおこなう。図表 7-7 の推定結果を用いて制度変数が変更された場合に各就業形態に属する就業確率の理論値を導出し、図表 7-9 にまとめた。

　基本ケース a は、無業者と制度内パートのみに配偶者控除制度および配偶者特別控除制度が適用されている現行制度に基づく。理論値では、無業者 63.3% と制度内パート 27.9% であり、制度適用者がおよそ 90% を占めている。次にケース b は、1988 年まで施行されていた、配偶者特別控除がなく配偶者控除のみのケースである。制度内パート確率の減少分約 4% は、主として無業者へと移行している。つまり他を一定とすると、配偶者特別控除のみの効果は専業主婦を減らし、制度内パートを増やすということになる。ケース c は税型の一括金であり、夫が課税者であれば、正社員と制度外パートも含めた有配偶者全員に配偶者控除が適用されるケースである。大幅に無業者は減少し、正社員は増加する。また各パートの区別がなくなるため、両パ

図表7-9. シミュレーションによる各就業形態への就業確率（理論値）

ケース	a	b	c	d	e
制度の内容	基本形	配偶者控除のみのケース（配偶者特別控除なし）	夫が課税者であれば、全有配偶女性に配偶者控除を適用したケース	一律給付金として、全有配偶女性に配偶者控除と同様の影響のある制度を適用したケース	配偶者控除および配偶者特別控除をなくしたケース
正社員	7.4%	7.8%	26.6%	27.6%	8.7%
制度外パート	1.4%	1.4%	6.3%	7.1%	1.6%
制度内パート	27.9%	24.0%	17.7%	18.7%	15.5%
無業者	63.3%	66.8%	49.4%	46.7%	74.3%

注1．ケースbは、基本ケースaの「配偶者控除等の適用上限額」に「配偶者控除のみの適用上限額」の数値を代入した。
注2．ケースcは、夫が課税者であれば、妻全員（正社員や制度外パートも含む）に「配偶者控除のみの適用上限額」を代入した。
注3．ケースdは、無条件に、妻全員（正社員や制度外パートを含む）に「配偶者控除のみの適用上限額」を代入した。

ートの差は小さくなる。ケースdは、夫を課税者に限定せず有配偶者全員に配偶者控除が適用される給付金型を仮定した。無業者はさらに減少し、他の3つの就業形態すべてが増加する結果になった。つまり「パートの壁」がなくなり、有配偶女性全員に同様の制度が適用されれば就業者は増える。最後に、ケースeで「パートの壁」にかかわる制度自体をなくした。現行制度（ケースa）と比べると、ケースdと同様に制度内パートは減少し、正社員と制度外パートはわずかではあるが増加している。一方、無業者は10%程度増える結果となっている。しかし、一時的にはこのような結果も考えられるが、近年の有配偶女性の労働市場への進出は根強いものがあり、大学（学部）への進学率も上昇するなどの変化もあり、長期的には逆戻りすることは考えにくい。

6．おわりに

本章では次のことが得られた。
① 理論モデルに基づき、「パートの年収103万円の壁」にかかわる制度

（税・公的年金制度など）が女性の就業選択へ及ぼす影響を実証分析した結果、無業者（専業主婦）や制度内パートでは制度変数の係数は有意であり就業選択への制度の影響はあり、制度の中立性が満たされていないことが認められた。

② 「パートの壁制度」を代表する配偶者控除等の改訂による控除額拡充の効果を包括的に捉えると、制度内パートを増やし無業者を減らすため、「専業主婦」促進的とはいえず、制度内パートを増やすインセンティブ効果がある。但し、理論的、実証的に様々な効果がみられることも述べた。

③ 実証分析の推定結果を用いたシミュレーションによると、全ての妻に現行の配偶者控除と同程度を無条件で提供すると、正社員が20.2ポイント、制度外パートが5.7ポイント増加し、制度内パートは9.2ポイント、無業者は16.6ポイント減少するという結果を得た。課税対象という大半の夫に無条件で同程度を提供しても、準ずる結果が得られた。特定の「年収の壁」をつくらず、無条件に妻本人に提供する効果が最も大きいことが認められた。

一方、「パートの壁制度」の影響を排除したシミュレーション結果では、制度廃止の後、制度内パートが減少し、正社員および制度外パートがわずかながら増加し、無業者が増えるという結果を得た。しかし、実際には有配偶女性の労働市場への進出は根強いものがあり、「パートの壁」にかかわる制度が廃止されたからといって逆戻りすることは考えにくいため、他の要因との関係や、突然の廃止による一時的な効果ということも考えられる。

④ 公的年金の第3号被保険者制度が「パートの壁」にかかわる制度の一つとして機能していることが、実証分析により導出された。つまり、税の配偶者控除制度の年収ライン（103万円）と、保険料負担のない第3号被保険者から外れて第2号被保険者の労働時間要件を満たす時点での年収ラインとがいくらか合致しているといえる。

2016年に、所謂「106万円の壁」と呼ばれる、第2号被保険者加入の「時間・月収要件等」が導入されたが、実際には以前から公的年金制度でも103万円近辺に壁があったことを、既に2003年に検証していたことを確認した。

石塚（1995a；本書第6章）の歴史分析によると、配偶者控除制度の創設の主旨は「専業主婦」への税制面での評価であった。しかし、現在では他の制度と複雑に絡み合い「パートの壁」にかかわる制度として、制度の適用対象者である制度内パート化を促進している効果がみられる。就業決定は個人の合理的な選択の結果とはいえ、日本のパートの労働条件は正社員に比べてかなり低い。今後、日本経済の低成長が続けば、企業側のさらなるコスト節約の要因等によりますます不安定な制度内パートが拡大することが考えられる。

　本章は女性の労働供給側の分析であるが、労働需要側の分析も同様に重要である。特に厚生年金などの社会保険料の負担は労使折半でおこなわれているので、企業側にも大きく影響を及ぼす。この点についての分析は本章の範囲を超えるものであり、今後の研究の課題とする。また、科研費基盤研究（C）（2017年度〜2019年度。代表：石塚浩美）のテーマ「生涯所得の世代間・男女間の経済分析を通じてみる日本と中国の労働市場の比較研究」において、本章で紹介した諸制度に多様な制度を加えて取り込む。

【注：第7章】

(1) 配偶者控除制度の歴史的推移について、日本は石塚（1995a）、諸外国はChan（1993）に詳しい。
(2) 内閣府男女共同参画局影響調査専門調査会の「『ライフスタイルの選択と税制・社会保障制度・雇用システム』に関する報告」。
(3) 当該原則は、半恒久的な制度を前提としており、短期的な状況の是正のための制度についてはこの限りではないことも留意が必要である。
(4) 税制改訂が労働供給へ及ぼす効果は、効用最大化行動に組み込まれているため、論文中で個別に導出されていない。
(5) Employment Gazette, 101（11）: 498（1993）により、週間就業時間別の有配偶および子どものいる非婚女性の就業者数をみると、16時間近傍に英国版「パートの壁」ができていることが分かる。
(6) さらに図表7-6によると、正社員並み（年間1825時間以上）に働く制度外パートは、制度外パートのなかの54.2％である。なお、制度内パート（配偶者控除制度等が適用されるパート）の平均の年間労働時間は正社員の64.9％である。
(7) 夫が厚生年金を受給する場合、一定の条件のもとに、配偶者のための加給年金、配偶者特別加算、振替加算が加えられる。
(8) 本章の分析では、2003年度の制度として、妻の年収が103万円以下の場合に、夫の課税所得から所得税の配偶者控除と配偶者特別控除がダブルで適用されていたので、

最大のコストとして両者を加えている。女性パートの時間給は、『賃金構造基本統計調査』（2001年）より、企業規模10人以上の現金給与額（賞与等を含む）、実労働時間、実労働日数を用いて計算した。

(9) 石塚（2002）では、女性の労働供給関数について、チョウの方法（Stepwise Chow test）を用いて構造変化の時期を推定した。

(10) 夫婦いずれも雇用労働者に限定した。理由は、配偶者控除制度等および配偶者手当が適用される上、専従者控除制等の選択肢が他になく、夫の所得の捕捉率が完全に近いので、影響をみる場合に適当と考えたからである。

(11) 前提条件は、①家計は夫婦2人で構成され、夫婦の稼得所得以外に世帯の収入はない、②夫は賃金に対する労働供給が非弾力的であり、妻の所得に依存しない、③妻が選択する就業形態は、無業者、制度内パート、制度外パート、正社員の4つである、④労働時間は、正社員は企業から提示されるが、両パートでは選択が可能である、⑤時間あたり賃金率は、就業形態別に企業から提示される、である。

(12) 1995年の税改訂における基礎控除拡充の影響は厳密には排除できない。

(13) 樋口（1991）は実証分析の推定結果を用いたシミュレーションにより、パートの純賃金率の上昇がパート確率を増やす効果が大きいため、結果として無業者の就業を促し、全体でみた就業者は増加することを導出している。

(14) 無差別曲線の形状による就業選択への影響は樋口（1984）を参照されたい。

(15) 多肢選択モデルには、同時選択だけでなく入れ子型（nest）の構造をもつNested Analysisもある。しかし、本章で取り上げた選択肢を実際に有配偶女性がどのような順序で選択しているかは明確ではなく、先見的にどのモデルが適当かは言及できない。

(16) 夫が雇用労働者であっても、妻が家族従業者、自営業者および家庭内職者等の場合も配偶者控除制度の適用が可能である。しかし、夫が雇用労働者で妻が自営業者の22サンプルを加えて5肢選択の多項ロジットモデルについても推定したが、変数およびモデルの説明力とも低くなることから除いて推定した。理由は、選択のプロセスが入れ子型の構造であるためか、あるいはサンプル数が少なく欠損値も多く、推定が不安定になるためと考えられる。

(17) 樋口・西崎・川崎・辻（2001）では、本章とデータの加工方法は同じであるが、モデルでは諸制度の影響の経路を配偶者控除等の適用上限額と、夫の年間賃金の2つに分けている。

(18) $BTax_i$（Hf_i：SYSTax（SYS①, SYS②））と改め、式（1）の $\gamma \cdot SYSTax$ を $\eta \cdot SYS① + \psi \cdot SYS②$ に置き換えて推定することができる。ここで、SYS①は配偶者控除制度等、SYS②は厚生年金制度である。

(19) （財）家計経済研究所「消費生活に関するパネル調査」の個票データのうち、職務についての質問において、「常勤の職員・従業員」と答えた者は正社員、「パート・アルバイト」また「嘱託・その他」と答えた者はパートに分類した。但し、制度適用の対象者は、優先的に制度内パートとした。結果として、制度内パートのなかに「常勤の職員・従業員」と答えた者が17サンプル含まれることとなった。また、制度変更に伴い、1995年に年収が100万円超〜103万円以下と答えた者も制度内パートに分類した（2サンプルが該当）。

(20) SYSTax を配偶者控除制度のみにした推定もおこなったが、結果に特筆すべき影響は

なかった。
(21) 本章では、プールデータを用いた場合の常として、適用上限額についても推定に際して実質化した。結果として、時系列の価格指数の変動による影響を排除できない。従って、3年間の各年毎の推定をおこなった。結果を図表7-7と比べると、3つの就業形態とも符号については同じであり、無業者および制度外パートの有意性も同じで安定していたが、制度内パートの有意性は1993年が0％、94年が13％、95年が28％となった。サンプル数が多くないことも原因として考えられる。また図表7-8に対応した年度別の推定結果では、1995年の制度外パートの厚生年金非加入ダミーの限界効果の符号がプラスに転じたことを除いては、適用上限額についても符号および有意性とも変化はみられなかった。なお、他の変数には特筆すべき影響はなかった。
(22) 妻の年収を0円とした場合に配偶者控除制度等が適用される夫では、観測される年収から、両制度の控除上限額を識別して年間所得を計算した。計算例として、1993年の夫の年収が500万円のケースをみる。夫の「課税所得」は322.5万円（＝500万円－基礎控除35万円－給与所得控除142.5万円）であり、税率は20％となる。配偶者控除の控除額35万円に基づく年間所得の増加額は7万円（＝35万円×20％）、配偶者特別控除の控除額35万円に基づく年間所得の増加額は7万円（＝35万円×20％）である。従って、「夫の年間賃金」として用いた数値は486万円（＝500万円－7万円－7万円）を実質化した483.08万円となる。
(23) 妻が正社員であれば、本人や世帯の蓄財が顕著に増えるという逆の因果も否定できない。つまり、当該変数自体が、妻の正社員化と同時決定とも考えられる。

第8章

第Ⅲ部のまとめと現状

1．所得税の配偶者控除制度などの変遷

　日本の税制度は、原則として個人単位である。しかし、妻（あるいは夫、以下同じ）の働き方（収入）に応じて夫（あるいは妻、以下同じ）の収入から配偶者控除が差し引かれるなどして、夫の税引き後の所得が増加する場合には、夫婦単位といえる。

　所得税の配偶者控除制度の前身は戦時下の1940（昭和15）年に創設され、今日に至る。戦争という非常事態の下に「家庭の維持」は不可欠であり、既に扶養控除の対象であった年少者・高齢者・障がい者に、低額所得者の配偶者が加えられた。税制上、当該配偶者は稼得能力者から除外されたのである。1951年、配偶者を含む世帯員の所得を合計して扱う世帯合算課税が廃止され、個人課税が適用されることになった。1954年に青色申告事業者の専従者控除の対象に配偶者が加えられた。1961年には、白色申告事業者にも同様の制度が適用され、雇用労働者対象は配偶者控除と名称が改められた。当時の税制調査会は配偶者控除の導入の説明として、専従者控除とのバランスと、「夫の所得に貢献」する「妻の座」の容認をあげ、夫婦共稼ぎ世帯は低所得層であり特別な配慮はしないとしている。その後、配偶者控除と2つの専従者控除は、3者のバランスを保ちながら拡充されていく。

1980年代になるとパート就業する妻が増加し、「パートの年収の壁」を超えないように妻が就業調整する問題が生じた。消費税法案が国会に提出され始めた1987年、税制面の壁に対する解決策として配偶者特別控除が創設されたが、妻の年収は夫を通じて申告するためプライバシーを侵害し、税務行政を複雑にした。1989年に「年収100万円の壁」で、配偶者控除と基礎控除が35万円になった。さらに1995年「年収103万円の壁」で、同じく38万円になり、さらに2004年には配偶者控除と配偶者特別控除の二重適用が廃止された。税制面のみでの壁を103万円から引き上げたが、結果として103万円の壁はなくなっていない。

　2018年には所得税の配偶者控除と特別控除制度が大幅に変更され、夫に多様な所得制限を設けたり、夫の課税所得が1000万円超であれば、従来の配偶者特別控除だけでなく配偶者控除も非適用になる。また、特別控除制度の消失控除部分の適用者の妻の年収を150万円超から201万円以下の間に引き上げるという。

　しかし「年収103万円の壁」は税制でも存在し続け、妻自身の課税最低限は103万円のままであり、配偶者控除のみの適用上限も変更はなく、妻の年収が103万円を超えても同額の配偶者特別控除が適用されるケースがあることに変化はない。実際には概ね同位置の106万円、従来からの130万円などの年収の壁は残るのであり、企業の家族手当がどの点に置かれるかによるが、全体適用の最低ラインで、税制の扶養対象の配偶者控除の103万円が相変わらず壁となる可能性は高い。

2．公的年金制度の変遷と現状

　1942年に厚生年金の前身の制度が雇用労働者を対象として創設されたが、現在の構造になったのは1954年である。前提とする標準世帯モデルは、一貫して正社員の夫と「専業主婦」の妻、子ども2人である。1961年には国民年金が始まり、雇用労働者世帯の「専業主婦（夫）」も任意で加入できるようになった。

　1980（昭和55）年に、厚生年金の第2号被保険者の「時間要件」が一般化された。適用基準については、雇用保険法による短時間就労者の取扱い、および人事院規則による非常勤職員の取扱いを基準に、「通常の就労者の所

定労働時間及び所定労働日数のおおむね4分の3以上である就労者については、原則として健康保険及び厚生年金保険の被保険者として取り扱うべき」とされた。

　1986年には妻の無年金問題などを受け、雇用労働者（第2号被保険者）の妻は、彼女の年収などに応じて第3号被保険者と認定された。公的年金の被扶養者の年収要件は年収130万円未満であり「130万円の壁」ができた。その保険料は、適用される夫婦独自ではなく、夫が加入する年金制度の加入者全員で負担している。第3号被保険者の約7割は制定前に国民年金に任意加入していたが、負担の必要がなくなったのである。

　1994年、夫が死亡した場合、妻自身の老齢厚生年金受給権を放棄し、夫の遺族厚生年金を選択したほうが有利になる問題を解消するため、第3の選択肢が設けられた。但し遺族年金などにおいて、一定要件を満たしている事実婚の配偶者は法律婚と同様の権利があることは留意すべき点である。

　2007年4月、離婚時の「厚生年金の分割制度」が実施された。従来の国民基礎年金の受給額に加え、夫婦の合意か裁判所の決定があれば、夫の報酬比例部分のうち最大半分までを妻が受け取ることができる。夫婦共稼ぎの場合でも夫婦各の報酬比例部分を合算して半分に分割できる。

　2012年に、導入から約30年を経た厚生年金保険の「時間要件」を厚生年金保険法に明文化し、さらに2016年10月には所謂「パートの年収106万円の壁」などと呼ばれる「時間・月収要件等」が施行された。因みにこの壁は、既に石塚（2003）が「時間要件の約103万円近辺の壁」として実証的に確認していた（本書第7章）。妻自身が第2号被保険者になる時間要件として、①正社員の4分の3以上の就業時間と就業日数であること、②日雇いや季節的業務などの臨時就業者ではないこと、③勤務先が厚生年金保険適用の事業所であること、が要件であった。

　従って、「106万円の壁」は完全に新たな壁ではなく、従来から緩やかに存在していた壁であった。これまで、パートが第2号被保険者となる政策提案は何度も公表されてきたが施行に至らなかった。今回は施行に至り、第1号と第3号の一部保険者を、第2号に移行させることを義務づけたといえる。厚生年金保険法によると、所謂「106万円の壁」の要件は、①年間収入106万円（月収8.8万円）以上、②週間就業時間20時間以上、③勤務期間1年以上、④従業員501人以上規模企業の事業所、⑤学生は対象外のケースを、

第 2 号被保険者とすることを義務づけている。

　但し、多くの企業が施行していない問題も明らかになっている。対象の事業所のうち、約 210 万事業所は加入しているが、約 52 万事業所は未加入であるという（2017 年 6 月）。先だつ 2015 年に、厚生労働省と日本年金機構の職員が直接指導することにより、約 11.5 万事業所が加入したという。

　また、2015 年 10 月に第 2 号被保険者の厚生・共済年金が一元化された。双方の制度は完全に一致していなかったため、現在も統一化に向けた問題は浮上している。また、20 歳を過ぎれば学生でも月に 1.5 万円強の第 1 号被保険者の保険料納付が義務化されるが、困難な人も多く、国民年金の空洞化が生じている。

　社会保障制度は抜本的に形を変える時期に来ている。2007 年から始まった「団塊の世代」の大量定年退職に伴い、負担者と受給者の構成比が変化している。1990 年代以降は、第 2 号も第 3 号の加入者数も逓減している。正社員比率の低下などに伴う適格者の減少や、厚生年金の対象事業所の加入問題により、「厚生年金の空洞化」も生じている。国民皆年金と自助努力は、生涯を通じて安定した社会生活を営むために必要不可欠と考える。安定した国の将来像は、少子化の歯止めにも通じる。

　2016 年 12 月、年金改革法（正式名称：「公的年金制度の持続可能性の向上を図るための国民年金法等の一部を改正する法律」）が施行された。具体的には、1) 2017 年に 500 人以下の企業も、労使の合意に基づき、企業単位で短時間労働者への適用拡大可能とする。2) 2019 年に第 1 号被保険者の産前産後期間の保険料の免除（基礎年金を保障）、3) 2018 年以降、平均賃金・物価変動に応じた年金額の新調整ルール、4) 2017 年に年金積立金管理運用独立行政法人（GPIF）の組織等の見直し、5) 2016 年に日本年金機構の国庫納付規定の整備、を挙げている［厚生労働省ホームページ］。

　図表 8-1 は、現行の公的年金制度の概要と、男女別にみた各制度の加入者数である。1 階部分の国民基礎年金は国内在住の 20 歳以上 60 歳未満の全員が、加入対象の義務としているため「国民皆年金」といわれる。最下段の加入者数の構成比には、明らかな男女差がある。第 1 号被保険者は概ね同数であるが、第 2 号は男性が女性の約 1.7 倍、第 3 号は 100：1.2 で大半が女性すなわち妻である。

　また、図表 8-2 の雇用労働者数に対して、図表 8-1 の第 2 号被保険者数の

図表 8-1. 公的年金制度の概要と男女別にみる加入者数（2017 年）

			確定拠出年金（企業型）	確定給付企業年金	厚生年金基金	年金払い退職給付
3 階部分：						
2 階部分：	国民年金基金	確定拠出年金（個人型）	厚生年金保険			
1 階部分：	国民年金（基礎年金）					

	第 1 号被保険者	第 2 号被保険者		第 3 号被保険者
（対象者）	20歳以上60歳未満の自営業者、学生、無職者など。第2号・第3号の非加入者。	民間の雇用労働者	公務員など	第2号被保険者に扶養される（年収106万円未満など）配偶者。
（保険料の負担）	国民年金保険料（注3）（月あたり）：16,490円	厚生年金保険料：月収および賞与から標準報酬月額の18.3%を労使折半で負担。		保険料負担者は、被保険者でなく、配偶者加入の年金保険者が全員で負担。
加入者総数：67,361千人（男性：34,777千人）（女性：32,583千人）比率（女性：男性）	18,107千人（男性：9,279千人）（女性：8,829千人） 100：105.1	35,373千人（男性：22,614千人）（女性：12,759千人） 100：177.2	4,385千人（男性：2,773千人）（女性：1,613千人） 100：171.9	9,493千人（男性：111千人）（女性：9,382千人） 100：1.2

注 1. 図は『厚生労働白書』（平成 28 年、p.238）を参考に筆者が作成した。国民保険料と、厚生年金保険料は 2017 年度の数値である。2015 年に第 2 号被保険者の厚生・共済年金が一元化された。

注 2. 加入者数は厚生労働省ホームページより、2015 年 12 月に公表された「平成 25 年公的年金加入状況等調査」の数値である。比率は筆者の計算による。なお加入者総数の比率は、女性 100：男性 106.7 である。

注 3. 保険料を納めることが経済的に難しいときは「保険料免除・納付猶予制度」、学生（前年所得 118 万円以下）は「学生納付特例制度」、退職者などは「特例免除制度」、障害年金受給者は「法定免除制度」があり、申請により保険料の納付が一定期間猶予される。但し、追納しなければ老齢基礎年金が減額される。また申請しなければ、「障害基礎年金」や「遺族基礎年金」が支給されないこともある。

割合をみると、女性は100：58、男性は100：80である。つまり女性雇用労働者のほうが、第2号ではなく、第1号あるいは第3号という働き方をしている人が多いといえる。

3．家族と働き方の変化

　図表8-2は、1955年という白色専従者控除創設と同時に配偶者控除に名称変更する直前と、2004年と、現在（2015年）における、ワーク（労働市場での働き方）とライフ（家族とのかかわり、自己啓発など）の変化を表したものである。

　まず家族の変化をみる。図表8-2の（1）生涯未婚者は、1955年には男女とも約1％であったが、現在では男性23.4％、女性14.1％になり、人口減少しているうえ、非婚化は男女共に進んでいる。（2）初婚年齢も上がって「晩婚化」と、出産年齢が高くなる「晩産化」も進み、（5）合計特殊出生率（女性が産む子どもの平均人数）は日本の人口置き換え水準の2.07（2015年）には至らない。また（6）離婚率は近年で若干減少しているが、同居20年以上の「熟年離婚」の割合は増え、夫婦が長く連れ添えば安泰とはいえない。一貫して上昇しているのは（3）平均寿命で、女性は世界第1位、男性は第6位である。例えば、初婚年齢差1.7歳分に平均寿命差6.3歳分を加えると、寡婦期間は8.0年間になる。（7）1世帯あたりの平均世帯人員は減少し、高齢者、特に高齢女性のひとり暮らしが増えている。

　（9）人口構成をみると60年間で、日本の将来を担う年少人口が約20ポイント減少し、老年人口は約20ポイント増加しており、少子高齢・人口減少社会は確実に進んでいる。また現在の日本経済を支える生産年齢人口は、直近10年間で8ポイント減少している。

　次に働き方に関する変化をみる。直近の10年間で変化しているのは、（4）高等教育を受ける機会は、女性のほうが男性より1.3ポイント高く、新卒時の就職率も女性のほうが僅かに高い傾向がある。但し、大学（学部）への進学率を比べると、男性のほうが8ポイント高い。（8）就業者のうち女性が約40％を占めていることは、1955年から半世紀以上変わりないが、女性割合は41.6％から43.2％になり1.6ポイント増加している。現在は男女共に、雇用労働者割合が約90％で、男性は自営業主が11％で、女性は自営業主と

図表 8-2. 家族と働き方の変化

	1955年		2004年(注2)		2015年	
	男性	女性	男性	女性	男性	女性
(1) 生涯未婚率(%)	1.2	1.5	12.6	5.8	23.4	14.1
(2) 平均初婚年齢(歳)	26.6	23.8	29.6	27.8	31.1	29.4
(3) 平均寿命(歳)	63.6	67.8	78.6	85.6	80.8	87.1
(4) 短大・大学(学部)への進学率(%)	15.0	5.0	51.1	48.7	55.4	56.7
(5) 合計特殊出生率	2.37		1.29		1.45	
(6) 離婚率(‰)	0.84		2.25		1.80	
うち同居20年以上の比率(%)	4.4(注1)		15.9		17.1	
(7) 1世帯あたり平均世帯人員(人)	4.97		2.67		2.33	
(8) 就業者数(万人、カッコ内%)	2390 ▲58.4	1700 ▲41.6	3713 ▲58.7	2616 ▲41.3	3622 ▲56.8	2754 ▲43.2
雇用労働者	1247 (52)	531 (31)	3152 (85)	2203 (84)	3166 (87)	2474 (90)
自営業主	761 (32)	267 (16)	487 (13)	169 (6)	407 (11)	136 (5)
家族従業者	382 (16)	902 (53)	58 (2)	232 (9)	30 (1)	132 (5)
(9) 総人口(万人、カッコ内%)	4386 ▲49.1	4542 ▲50.9	6211 ▲48.9	6482 ▲51.1	6184 ▲48.7	6525 ▲51.3
0〜14歳:年少人口	1508 (34)	1462 (32)	946 (15)	901 (14)	813 (13)	775 (12)
15〜64歳:生産年齢人口	2665 (61)	2808 (62)	4328 (70)	4294 (66)	3839 (62)	3789 (58)
65歳以上:老年人口	203 (5)	272 (6)	922 (15)	1278 (20)	1449 (23)	1898 (29)

出所:(1)は国立社会保障・人口問題研究所『人口統計資料集』、(2)(3)(5)(6)は厚生労働省『人口動態統計』、(4)は文部科学省『学校基本調査』、(7)(9)は総務省『国勢調査』、(8)は総務省『労働力調査』の各年。
注1. 1960年の数値。
注2. (1)(7)(9)は2000年、(6)は2003年の数値。
注3. ▲は男女の割合を示す。

家族従業者が各5%である。但し、女性が出産・育児期による就業中断の要因などにより、女性の正社員比率は43.8%で、男性の78.3%に比べて低い[本書第2章図表2-6(2015年)非農林業の雇用労働者]。

4.「パートの年収の壁」にかかわる制度の概要と、税の3原則の課題

　図表8-3は、「パートの年収の壁」にかかわる制度の概要である。①税の配偶者控除と配偶者特別控除制度、②雇用労働者である夫の勤務先からの配偶者手当(家族手当や扶養手当ともいう)、③公的年金の第3号被保険者制度である。妻の年収に応じて①と②は夫の手取り額が増減し、③は妻の手取

図表 8-3. 「パートの年収の壁」にかかわる制度の概要 (2018年)

妻の税引き前年間賃金	A	B	C	D	E	F	G	H
	①夫が、所得税の配偶者控除 (年間38万・26万・13万円の所得控除):	①夫が、所得税の配偶者特別控除 (年間最高38万円の所得控除の消失控除):		②夫が、勤務先企業から配偶者手当 (月17,282円)	③妻が、年金の「時間・月収要件等」を、自身の年収約106万円 (注4) 以上で満たせば、妻自身が第2号被保険者として、厚生年金保険料 (18.3%の労使折半9.15%)、あるいは妻が第1号被保険者として、国民年金保険料 (月16,490円) などを、	③妻が、夫 (第2号被保険者) の被扶養者である第3号被保険者の「年収要件」(130万円未満) を、自身の年収が超えれば (注5)、妻自身が第2号被保険者として、厚生年金保険料 (18.3%の労使折半9.15%) を、	④妻が、自身の所得に対して、所得税 (国税) を、	④妻が、自身の所得に対して、住民税 (地方税) を、
	38万 (夫の年間課税所得900万円以下)、26万 (同900万超～950万円以下)、13万 (同950万超～1000万円以下) (夫の年間課税所得が1000万超の場合)	38万～3万円 (夫の年間課税所得900万円以下)、26万～2万円 (同900万超～950万円以下)、13万～1万円 (同950万超～1000万円以下) (夫の年間課税所得が1000万超の場合)						
100万円以下	受けられる	受けられない	受けられない	受給する？ (*適用要件は各企業による)	(第3号被保険者であれば、夫婦のいずれも) 負担する	(第3号被保険者であれば、夫婦のいずれも) 負担しない	課税されない	課税されない
103万円以下		受けられる						
103万円～106万円未満	受けられない			受給しない？			課税される	課税される
106万円以上～130万円未満			受けられない		負担する			
130万円以上～150万円以下		受けられる				負担する		
150万円以上～201万円以下		受けられない						
201万円超								

第Ⅲ部 パートの「年収の壁」と税・年金制度の経済学・歴史・実証分析

出所：各制度の詳細部分に基づき、筆者が図表化した。実際には、夫と妻という男女の限定はない。
注1. 網掛けの部分により、制度適用外の有配偶女性の「就業ペナルティの大きさ」が計算できる。
注2. ＡＢＣの制度は、国税の所得税と、地方税の所得税がある。所得税はＧと同じく「年収103万円の壁」であるが、住民税はＨと同じく「年収100万円の壁」となる。
注3. Ｄ：②の月額は、厚生労働省「就労条件総合調査」(2015年調査)、2014年11月分の「家族手当、扶養手当、育児支援手当など」全企業平均である。
注4. 2016年10月以降、5要件すべてを満たす必要がある。1) 従業員数（被保険者）が501人以上、2) 月間賃金88,000円以上、3) 週間所定労働時間が20時間以上、4) 雇用期間1年以上、5) 通常学生以外。2017年4月以降、500人以下加入企業も、労使合意を得たうえで、2) 3) 4) 5) の要件をすべて満たせば適用できる。
注5. 税制と異なり、年収130万円の詳細は、企業によって異なる。
注6. Ｅ＆Ｆ：Ｅの保険料率は2017年9月～2018年8月の「一般の被保険者等」、Ｆは2017年4月～2018年3月の保険料。③は、第1号～第3号被保険者のうち1つが適用義務である。
注7. 本図表の、2004年～2015年版は本書第7章図表7-3、2017年版は本書第6章図表6-2、である。

り額が減る制度であり、全て夫婦単位といえよう。ここで、実際には、夫と妻という男女の限定はない。

　①税の両控除制度変更の 2018 年からも、「年収 103 万円の壁」は基本的に税制でも存在し続け、妻自身の課税最低限は 103 万円のままであり、夫の所得に制限は創設されるが、配偶者控除のみの適用上限も配偶者（妻）の年収 103 万円に変更はなく、妻の年収が 103 万円を超えても同額の配偶者特別控除が適用されるケースがあることに変化はない。大きな変化は、課税所得が 1000 万円超の夫は、両控除制度が非適用となり、制度廃止といえる（図表 8-3 の C 欄）。また課税所得が 1000 万円以下の夫は 3 分類され、両控除制度の最高控除額は 38 万円のみではなく、26 万円、13 万円となり（A・B 欄）、夫の特別控除額は妻の年収の 103 万円と 150 万円〜201 万円で変化することとなった（B 欄）。従って、多くの世帯で最も手前の壁は 103 万円ではあるが（地方税では 100 万円）、世帯によって壁の存在、高さ、位置などが異なるといえる。

　②配偶者手当は、従来から最も「年収 103 万円の壁」を頑丈に支えてきた夫の勤務先企業の制度である。図表 8-4 により、D 欄の点線について説明する。配偶者手当等は 76.8％の企業で支払われており、そのうち所得税の配偶者控除対象の配偶者を被扶養者と認定している企業が 65.9％である。従って、企業のルールが変わらないとすると、「103 万円の壁」は相変わらず一番手前に存在することになる。

　③公的年金のうち、従来からあった厚生年金の第 2 号被保険者の「時間要件」（本書第 7 章図表 7-3 の E 欄）は、石塚（2003；本書第 7 章図表 7-4）によると、年収 100 万円を超えると厚生年金加入者が 60％を超え、年収 110 万円超では 80％以上になるということが既に検証されていた。つまり第 2 号被保険者の認定の可否は年収 103 万円辺りの「時間要件」として、多くのパートが直面していたと考えられる。2016 年に、図表 8-3 の E 欄の注 4 にある、所謂「約 106 万円の壁」と呼ばれる年収 103 万円辺りの「時間・月収要件等」の 5 つの条件を明文化して企業への強制力を課し、厚生年金保険料の負担が発生する（18.3％の労使折半 9.15％）。加えて第 2 号被保険者である夫の、公的年金の被扶養者である妻が第 3 号被保険者として認定される「年収要件」（130 万円未満）の「年収 130 万円の壁」があり、130 万円以上で第 2 号であれば既述の保険料納付が、第 1 号被保険者であれば国民年金保

図表 8-4. 企業の配偶者手当と、配偶者の年収制限

項目＼企業規模				規模計	500人以上	100人以上 500人未満	50人以上 100人未満
家族手当制度がある				76.8	76.7	77.7	73.8
	配偶者に家族手当を支給する			(87.0)	(83.4)	(92.2)	(95.6)
		配偶者の収入による制限がある		[85.4]	[89.5]	[80.3]	[75.0]
			103万円	〈65.9〉	〈69.7〉	〈60.0〉	〈57.6〉
		収入制限の額	130万円	〈29.5〉	〈24.4〉	〈37.5〉	〈40.8〉
			その他	〈4.6〉	〈5.9〉	〈2.5〉	〈1.6〉
		配偶者の収入による制限がない		[14.6]	[10.5]	[19.7]	[25.0]
	配偶者に家族手当を支給しない			(13.0)	(16.6)	(7.8)	(4.4)
家族手当制度がない				23.2	23.3	22.3	26.2

データ出所：人事院「職種別民間給与実態調査」（平成 28 年版）、表 12。
注 1．配偶者に家族手当を支給する事業所の従業員数の合計を 100 とした割合である。
注 2．（ ）内は、配偶者に対する家族手当を見直す予定がある又は見直すことについて検討中の事業所の従業員数の合計を 100 とした割合である（複数回答）。

険料（月 16,490 円）納付が発生する。

　税の 3 原則とは、税制度が満たすべき原則であり、(1)「水平的公平性」（所得が同じ人は、同じ税負担をする）と「垂直的公平性」（所得が高い人ほど、高い税負担をする）、(2)「中立性」（税が人々の経済活動に影響を与えない）、(3)「簡素性」（納税者が制度を理解しやすく、税務行政が簡素で合理的であり、脱税・節税の可能性が低い）をいう［本書第 6 章第 3 節］。

　この原則に基づき諸制度の問題点をあげる。図表 8-3 の①は所得控除のため累進税率の下では高額所得者の控除額は低くなるが、これを解消するためか、控除適用の夫の年間課税所得を 4 段階に分けて垂直的公平に配慮したと考えられる。水平的公平では、担税力の正確な計測と課税単位が重要になる。例えばひとり親世帯と、制度適用外の共稼ぎ世帯と、制度適用の片稼ぎ世帯で年収が同じ場合、水平的公平を満足しない。さらにバランスとして共に施行されてきた、雇用労働者の配偶者控除や給与所得控除と、事業者の専従者控除や費用計上などを比較すると公平といえるのだろうか。

　図表 8-3 に諸制度について記載したとおり、2018 年以降の①配偶者控除

と特別控除制度、および2016年以降の③公的年金の3種類の被保険者の要件は、2004年〜2015年（本書第7章図表7-3）と2017年版（本書第6章図表6-2）に比べて非常に複雑化したため、一般にさらに理解されづらく、制度の詳細を知る人は少ない。すなわち、簡素性を満足しない。

「パート」という非正社員の時間給と年間就業時間を考慮して実態をみると、年収は100万円台が主流である［本書第2章図表2-7］。働いて稼得するのに従い、100万円台に多数の壁として出てきて、実際には世帯単位であるので、就業、婚姻の決定について中立性を満たさない。石塚（2003；本書第7章）の当時の経済分析により、多様な働き方に対する「年収の壁」の諸制度の影響が異なることが導出された。また諸制度が適用されない場合、夫婦の手取り額は41万2400円減るが、これはパートの64日分の就業に相当する［石塚（2002）；本書第5章］。「年収の壁」は、妻にディスインセンティブ（就業意欲の喪失）効果をもたらし就業調整を促す。

一方、安部（2001）や永瀬（2001）の当時の経済分析によると、「年収の壁」にかかわらず、非正社員の年収は概ねその程度であることを導出している。すなわち問題は、非正社員と正社員という異なる二重の働き方といえる。

5. 税・社会保障改革と働き方：女性に多い「貧困の罠」

経済学に「貧困の罠（わな）」という財政学の専門用語がある。図表8-5にあるように、日本における多くの有配偶女性は、家庭レベルでは家事（育児・介護を含む）時間が男性に比べて長く、職場レベルでは時間の制約なく長時間就業をこなす男性就業者に多くの正社員の座が提供され、国などの制度レベルでは「パートの年収の壁」にかかわる制度がパート就業を奨励し、パートであるため家庭では家事労働を担うという悪循環をいう。結果として、個人単位でみると有配偶女性の貧困化という現実があるにもかかわらず、夫婦単位でみると隠れてしまう。離婚などで急に個人単位になると、問題が露呈する。

さらに「パートの年収の壁制度」は、「パートの壁」すなわち夫婦単位にかかわらない若年層の非正社員などの賃金や就業待遇も同様の待遇となるなど、労働市場全体に影響している。低い条件に留まるように就業調整する就業者が相当数いるため、同様の就業者は同じく低い条件に甘んじるしかない。

図表 8-5. 経済学の「貧困の罠」

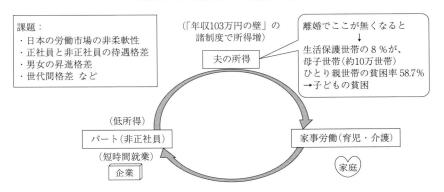

近年の非正社員の増加や、若年層にも拡大している非正社員化や貧困化にも、労働市場を通じて拡大している1つの要因といえる。日本における正社員と非正社員の待遇格差の縮小は必要である。

現在は「皆結婚社会」とはいえず、非正社員が拡大しており、家族形態や就業形態の流動化に対応した税・公的年金制度が必要になる。制度改革の流れは、夫婦単位から個人単位に向かうのが望ましい。併せて、育児・介護負担をどの制度がどのように組み込むのかの議論は欠かせない。既に、厚生年金保険料負担の免除、育児・介護休業制度、同給付制度などはあるものの、主たる対象者は正社員である。育児・介護期の女性の正社員比率は低く、制度が女性の育児・介護負担を軽減しているとは言い難い。但し、年金改革法による第1号被保険者の出産前後の保険料免除は評価に値する［本章第2節］。

男性正社員は長時間就業者が多く、育児・介護負担が難しい現状が、育児・介護休業の取得率の低さからも伺える。

また制度改正時の過渡期に考慮すべきことは、現行制度を前提として人生設計をしてきた人々への配慮も必要であろう。但し、複雑な制度が長期継続されると、制度の簡素性が満たされないため、中立性や公平性も保持できる単純な制度への移行や、制度自体の継続の可否の検討が必要であろう。大沢（1993）は、社会政策論の観点からであるが、日本の現状の詳細を表しているので参考になる。

一方、2016年の日本の一般会計税収は7年ぶりに減少し55兆円台になった。2008年のリーマンショックの影響で、翌年の税収は38.7兆円で近年最低であったが、その後は上昇して2015年には56.2兆円になった。そもそも国の歳出は約100兆円であり、30兆円以上を、毎年、債務という借金でまかない、将来世代の負担を拡大している［本書第1章図表1-3］。

　財務省によると、配偶者控除制度と配偶者特別控除制度の廃止により、630億円（2016年）の税収が確保されるという。

　一方、日本は、人口減少に伴い、生産年齢人口も1995年をピークに減少しているので［本書第1章図表1-2］、所得税などの直接税に主として頼るのは適切とはいえない。直間比率（所得税等の直接税：消費税等の間接税）は、高齢化のあるイギリス・ドイツ・フランスではおよそ55：45、人口増加で高齢化ではないアメリカで77：23、人口減少で先進国第1位の高齢化の日本が68：32で問題である［財務省］。間接税の代表である消費税（付加価値税）の標準税率の高さは、ハンガリーが世界第1位で27％、旧西側のEU（欧州連合）加盟国である先進諸国では25％（ノルウェー等）から19％（ドイツ）、中国17％、ニュージーランド15％、フィリピン12％、韓国10％で、日本は第141位の8％である［外務省］。

　間接税の消費税では、日本での保安など受益者負担の原則に即して、増大する外国人観光客、地域から恩恵を受ける国内観光客、住居地域から恩恵を受ける高齢者なども税負担できる。

第IV部

グローバル社会で存続していくための、日本の働き方ダイバーシティの課題

第9章

ジョブ型働き方実現のための韓国・中国企業との経済学比較分析と、日本労働市場の課題

　近年、日本の経済発展のために、本書のテーマである働き方・労働市場改革について、共通点と先駆的な側面を持つ韓国企業および中国企業と比較の経済学分析をおこなってきた。2015年に女性雇用拡大の努力義務制度の「女性活躍推進法」が施行された日本企業は、共通点のある韓国や中国から学べることは学ぶとよいであろう。

　既に本書第3章4-1節で、Ishizuka（2016）の日本で初めての研究成果に近い「くっつく床」と、「ガラスの天井」の3カ国比較の推定結果の概要を示しているので、併せて参照されたい。

1. 日本の女性活躍推進と企業収益を、韓国と中国の実質クォータ制から学ぶ

　図表9-1にあるように、3カ国共に、GGGI（Grobal Gender Gap Index：世界男女間格差指数）は100位前後で大きい。教育部門と保健部門は、世界第2位のノルウェー、第49位のアメリカ、第10位のフィリピン（アジア最上位国）と比べても大差なく、数値も概ね男女差のない1.0である。しかし、経済部門と政治部門は低い。特に経済部門は、労働力という労働の量、管理職や専門職という労働の質、賃金と、すべての男女間格差が大きい。特に日本と韓国は、中国に比べて格差は大きい。

　日本の働き方改革開始の2012年から直近2017年の順位の経緯は、日本は

図表 9-1. GGGI（男女間格差）の内訳（2017 年）
（日本・中国・韓国・ノルウェー・アメリカ・フィリピン）

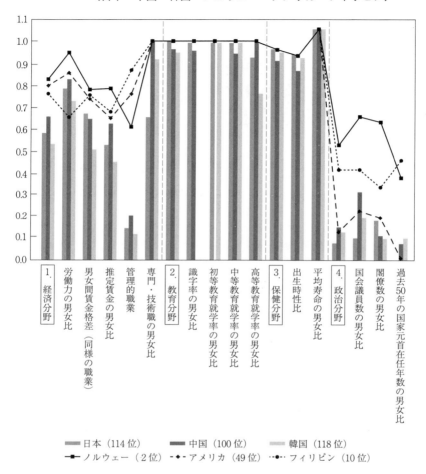

データ出所：World Economic Forum（2017）に基づき、著者が作成した。

先進国最低レベルの格差拡大、韓国は先進国最低を維持するが格差は若干縮小である。中国は格差は拡大しているが、3 カ国では最小で推移している［本書第 2 章図表 2-3］。

　3 カ国の経済的推移をみる。日本は、1970 年頃から 21 世紀初めころまで

は、アジアで唯一、経済的に世界を先導してきた。1996年に韓国がOECD（経済協力開発機構）に加盟し、2001年に中国がWTO（世界貿易機関）に加盟、2010年には中国が日本を抜いて世界第2位の経済大国になった。加えてASEAN（東南アジア諸国連合）も経済発展が著しく、アジア経済圏は活性化している。なかでも日中韓3カ国がアジア経済や世界経済に果たす役割は、現時点では重要と考える。アジアでの産業集積や、アジア内需は既に重視されており、日本の人口減少も考慮すると、経済のボーダレス化は進行している。今後、相互の企業進出や就業者の移動は増加すると考えられるうえ、現在は日本と各国の平均所得格差はまだ大きいものの将来的には縮小していくであろう。既に、北東アジアの労働市場は部分的に単一になっており、国別にみる労働市場に及ぼす影響は増していくと考えられる。

日本的雇用慣行は、1970年頃に確立し、1974〜1990年の平均実質GDP成長率4.2%の安定経済期の経済発展も支えてきたが、1991年のバブル崩壊以後、不良債権処理もあり、少なくとも2012年頃までは「失われた20年」と言われる平均実質GDP成長率0.9%の経済衰退期になり、日本では待遇格差の大きい非正社員の拡大がある。

韓国と中国との比較をおこなう理由は、共通点として①北東アジアの近隣国、②経済的重要度、③男女格差を有する儒教的考えを従来から有する、④少子・高齢化の進展がある。

学ぶべき相違点として①日本はメンバーシップ型（正社員は勤務先企業で業務など限定されずに全般的に働く）で固定的な労働市場であり、②韓国は日本同様のメンバーシップ型で固定的な労働市場であるが、政策などにスピード感があり、実質的なクォータ（割り当て義務）制導入から約10年が経過しており、③中国はジョブ型（業務などが確定の仕事）の流動的な労働市場で、実質的なクォータ制導入から約70年が経過している。

まず、石塚（2017）の経済分析結果は、3カ国の管理職（や正社員）の女性割合の増加と、企業の収益性の関係の計量経済学による結果を、本書第3章4-2節の「カンターの人数割合の理論」に当てはめて照合した。Step1である日本企業の現状では、当該数値は15%以下で概ねマイノリティ（少数派）にも達しておらず、労働経済学の「差別嗜好理論」に従い、企業収益はやや高まる。日本企業の今後のStep2である韓国企業では、日本の女性活躍推進法施行より約10年早く、2006年の男女平等法の積極的雇用改善措置制

度により目標は同産業同規模企業平均値の60％という緩やかな実質クォータ制の導入から約10年を経て、未達成企業は国家公務員が達成方法の指導などに訪問したり、未達成企業は企業名公開などの罰則規定も原則としてあるため、女性比率が日本より僅かに逓増しており、日本同様から次の段階に入っている現状では、女性比率の増加が企業収益を増加させるとは限らないという結果が得られた。さらに日本企業の女性活用の未来といえるStep3の中国企業では、1949年の計画経済採用の毛沢東氏による「女性が天の半分を支える」という実質クォータ制導入から約70年を経て、女性就業が一般化し管理職の女性割合は40％超であり、係長レベルなどでは女性のほうが男性よりも多く、女性比率の増加が企業収益を高めることが導出された。つまり中国は女性労働がマイノリティではなくなり役割行動が変わり、本来のダイバーシティ能力が発揮できる労働市場といえよう。但し、流動的労働市場ではあるが、定年退職年齢に男女差があるなど課題もなくはない。さらに、当該結果を裏付ける要因として、Ishizuka（2017）の男女間賃金格差の要因分解分析により、経済合理的な格差要因が、日本は最小で、次が韓国で、中国では男女間賃金格差自体が殆どないことが導出された。

　つまり企業の収益性の推移は、Step1の日本では「差別嗜好理論」（本書第3章3-2節）段階で、女性を限界生産性よりも安価に雇用できるため、女性活用が企業の収益性を上げる。Step2の韓国企業は、正社員の女性割合が高い大企業などで収益性が低下していたり、管理職の女性割合と収益性には相関が有意に認められないなど、収益性との正の相関は確認できない。Step3の中国企業は、管理職の女性割合が高いほど企業収益は高いという傾向がある［石塚（2017）］。

　従って、法制度の実行や、労働慣行の変化が殆ど見られない日本の労働市場で、最終的に中国のようなジョブ型の流動的労働市場を目指して、女性割合が先進国並みに40％超を達成すると、企業の収益性も上がり、日本経済で老若男女のダイバーシティ能力が発揮されて活き活きと活躍できる人口維持の経済大国を実現できるのではなかろうか。

　一方、固定的労働市場の特徴である日本的雇用慣行（年功賃金、終身雇用、企業別労働組合）の維持については、年功賃金と終身雇用に近い傾向は、流動的な労働市場である欧米などの先進国においても、ホワイトカラーのエリートには確認できることが、小池和男氏の一連の研究成果である。

2．日本労働市場の課題

　まず、本書の内容、および川口（2013）の提言により、日本労働市場と「働き方改革」に至る前に修正のための課題をあげる。

　男女のワーク・ライフ・バランス施策として、本書第2章第2節で現状を確認したように、①長時間労働の規制、②仕事と育児の両立支援策の推進として、まずは保育の外部化による待機児童の減少、③男性の育児休業取得率の向上を検討する。

　結果として、現行制度では日本女性に多い「貧困の罠」の悪循環と逆に、男女の好循環の効果が予測できる。1）長時間労働の規制や、割増賃金の欧米並みの増額により、効率的な就業が評価されるようになり、世界的に低い日本の生産性の向上が期待される。男女共に家庭時間のワーク・ライフ・バランス実行が期待される。労働基準法の時間規制が一般化することで、若年層にも、長時間労働を強いることなく、キャリア形成や活き活きとしたインセンティブ（就業意欲）をもたらすことができる。2）男性社員が育児休業を取得し、育児との両立が一般化すると、職場レベルと家庭レベルでの男女格差がなくなる。3）女性の就業モチベーションが達成され、「年収の壁」もなくなり活き活きと働き、所得税や消費税も負担して将来世代の借金返済は減少する。4）男性の育児モチベーションが達成され、視野が拡がることにより、コミュニケーション能力、余暇時間の愉しみ、時間管理能力向上により仕事の効率と生産性の向上、5）当事者男女を含む管理職や経営者としてのダイバーシティ・マネジメント力（DM：多様性を活かして、多様な人財を高く評価して活用できる経営能力）が高くなる。

　結果として、当事者の男女の活き活きとした人生のみならず、次世代の子どもの生きがいも含む家族力、日本経済の成長、日本社会の成長が期待できる。

　さらに大沢（2015、終章）の現状分析に基づく提言のまとめは、「女性の活躍を推進し、少子化の流れを止め、格差社会の形成を食い止めるためには、日本の社会を共稼ぎ社会に転換し」、「男性正社員の雇用保障も揺らいでおり、やり直しのできる社会を作ること」が必要という。その根拠は高学歴女性調査や企業調査等に基づくものである。1）企業は女性の専業主婦願望が問題

というが、調査結果では減少しており、同じ世代に意識の多様化が生じた結果である、という。2) 離職理由は結婚・出産よりキャリアの発展のなさが増加しているという調査結果である。つまり社会学の「予言の自己成就」理論に従い「おこってほしくないことを避けようと事前に対策を立てることが逆におきてほしくないことを実現させてしまっている」という。3) 一方、「女性は暗黙のうちに職場で結婚か仕事（キャリア）かの選択を迫られていることになり、……若い女性たちの多くは、……キャリアを積み上げることに躊躇している」ため、結婚・出産・育児を考慮したキャリア中断志向者は多く、長時間労働の管理職になりたい者は少ない、という。4) 加えて、典型的な日本企業は、結婚や出産女性を、補助的業務・部署の異動・降格させるマタハラ（マタニティ・ハラスメント）傾向が認められるため、間接差別の禁止が必要という。

3. メンバーシップ型固定的労働市場から、ダイバーシティ・ジョブ型流動的労働市場への働き方改革

　本書第3章第2節で詳述のように、日本の労働市場は固定的労働市場であり、正社員はメンバーシップ型で日本的雇用慣行（終身雇用、年功賃金、企業別組合）が強く、非正社員は身分の差といわれるほど正社員とは全く異なる労働条件の二重労働市場である［本書第2章、第3章］。日本的雇用慣行は、日本では大企業のみならず中小零細企業にも認められ、ホワイトカラー（事務系のスタッフ従業員）のみならずブルーカラー（工場労働者等のライン従業員）にも認められることが特徴であり、内部労働市場の正社員にのみ認められる固定的雇用慣行といえる。

　日本において、太平洋戦争敗戦後、高度経済成長を経て、バブル経済崩壊までの世界第2位の経済規模を2009年まで維持して日本経済の成長を支えてきたのは、男性に多い学校新卒の20歳程度から60歳程度の約40年間に亘る個別企業特有の長期的人材育成で企業の求めに応じたメンバーシップ型の長時間労働可能な滅私奉公の労働供給と、女性に多い自宅の家事労働供給者と、彼らを包括的に金銭的に支援する家庭温厚的な家族手当や生活費提供型の職務給の労働需要であったといえる。正社員は、同期全員が昇進することはなく、非正社員の待遇と大きい格差がある。

　しかし現在、日本経済は成熟期を経て、喫緊の経済課題を抱え［本書第1

章]、縮小期に入る可能性が高い。日本労働市場を含む経済・社会システムは、老若男女のダイバーシティ（多様）な人財がワーク・ライフ・バランスをとりながら、活き活きと働いて、さらに多様な個々の能力を高く評価して活用する多様人財評価経営（DM：Diversity in Management）を達成できる労働市場に再考、再建をすべき時といえよう。

　一方、日本と韓国以外の、欧米先進諸国や中国などでは、他の企業でも能力発揮が可能な一般的技能の「ジョブ型の流動的労働市場」である。概ね同一労働同一賃金で、自分の職務能力キャリアを上げながら、生涯で約10社の企業で働いて貢献する。同様のジョブ能力を有する多様な属性の人材が活用される。企業を超えた横断的な職業別の労働組合が、労働者の権利を守るために力を発揮することになる。但し、労働経済学者の小池和男氏の一連の研究成果によると、大企業のホワイトカラーのエリート社員に対しては、日本的雇用慣行に基づく労働条件などが適用されることがある。

　ダイバーシティ・ジョブ型流動的労働市場を実現して成功したのが「オランダ・モデル」である。フルタイム労働者（1日8時間就業）、パートタイム労働者（1日6時間就業）、ハーフタイム労働者（1日4時間就業）という1日の就業時間別の働き方の選択肢がある。女性の労働参加率（FLFPR）が、1980年の約35%から、2008年には80%超になり、経済成長も果たした。フルタイムとパートタイムなどの雇用契約の垣根が取り払われたことに加え、給与と職場が保証される育児休暇に基づくものである。つまり、パートタイム労働者やハーフタイム労働者は、フルタイム労働者と同一の時給、社会保障内容、雇用保護、雇用規則から利益を享受し、パートタイム勤務等からフルタイム勤務への移行が容易におこなえる［Steinberg and Nakane（2012）］。パートタイム女性労働者であっても、経験や実績などから管理職となることはでき、昇進に影響はない。例えば子どもの幼少期に、夫婦でハーフタイム労働者を選択してワーク・ライフ・バランスを実行することもある。育児と仕事で視野が拡がったりするであろう。

　日本は、このような流動的労働市場におけるジョブ型の働き方を導入しないとワーク・ライフ・バランスの達成や、日本特有の多様なハラスメント（いやがらせ）防止は困難であろう。

第10章

若年男女が活き活きと働くための、キャリア形成の現状・政策提言・リーダーからのメッセージ

　筆者は、これまで新古典派の経済学者の教員として、国内外の多くの大学で数万人の若年層を支援してきた。さらに本書を通じて、より多くの若年男女におさえてほしい知識という武器を挙げる。

　本章の主たる目的は、日本は存続の危機に面しているといえるが、日本の将来をより長期間に亘り担うことになるのは若年男女であり、活き活きと働き、生活をエンジョイしながら、日本を支えていただくための知識などの武器を挙げることである。直接かかわる若年層には、口頭でお願いしてきた。

　まず本書全体によりグローバルな視点で日本経済や日本労働市場の特徴や現状を理解し、加えて若年層対象の本章を深めてほしい［石塚（2012b；2012a）］

　第1節は本書の既述の知識に加え、特に若年層のキャリア設計に際して把握してほしい項目を挙げ、第2節は中高年者・経営者・政策担当者などへの提言を挙げ、第3節は日本企業等の現状と、リーダーからのメッセージを紹介する。

1. 若年男女の日本的就業圧力と、働き方別の生涯賃金

　1-1節は、一般に日本的性別役割分業が女性のみに圧力をかけていると捉えられがちであるが、実際には子どもの時から就職までの期間は、むしろ男

の子のほうが働き方選択の圧力を有する傾向にあるといえよう。1-2節が働き方によって異なる生涯賃金などの検討である。まとめとして1-3節では、就職前などにおさえてほしいキャリア形成のポイントを示す。

１－１．日本的性別役割分業傾向による、若年男性への就業継続圧力と、若年女性への仕事と家庭の二者択一圧力

　現在、就業する前の就学修了時までは、若年男女に大きな格差はあるとはいえないが、就職活動の頃から女子学生が就業機会の男女差に気付くのが一般的である。就職後、女性に就業継続者が少ない要因は、既に本書で解説してきた。

　一方で、日本の若年男性は就業継続を前提に、経済力獲得のため、就業への執着が高い傾向がある。特に、1991年のバブル経済崩壊後の「失われた20年」といわれる日本の低成長経済の下で、若年層においても非正規就業者が拡大し、雇用が厳しい状況にあっても、若年日本男性の就業意欲は若年日本女性よりも強い。

　すなわち、日本的性別役割分業という傾向は、中年等の女性だけでなく、若年等の男性にも圧力をかけているといえよう。

　図表10-1は、若年フリーターの将来設計タイプ別・男女別割合を示したものである。本書第2章図表2-5で記載のように、フリーターの人数は女性のほうが多い。その上で正社員として安定的に就業しなければ、という「将来不安型」フリーターは、男性が52.2％であるのに比べ、女性はおよそ3割と低い。但し「自己実現型」は、男性が29.6％、女性は22.5％で同様である。両者の合計値は、男性は81.8％であるが、女性は同53.3％である。

　一方、女性の割合のほうが高い将来設計タイプは、「家庭に入りたい」が25.4％で女性フリーターの4分の1が専業主婦になれば結果OKという傾向があるのに比べ、男性の専業主夫志向は1.7％でゼロに近い。また、「フリーター継続型」は女性が10.1％であるが、男性は2.6％でゼロに近い。但し、本書第9章第2節に既述のように、「女性は暗黙のうちに職場で結婚か仕事（キャリア）かの選択を迫られていることになり、……若い女性たちの多くは、……キャリアを積み上げることに躊躇している」という側面はある［大沢（2015）］。

図表10-1. 若年フリーターの将来設計タイプ別・男女別割合

	自己実現型	将来不安型	フリーター継続型	その他	家庭に入りたい
男女計	25.3%	39.4%	7.0%	28.2%	15.8%
女性	22.5%	30.8%	10.1%	36.7%	25.4%
男性	29.6%	52.2%	2.6%	15.7%	1.7%

データ出所：リクルートリサーチ「アルバイターの就労等に関する調査」（2000年実施）
注1．ここでいうフリーターとは、学生・正社員・主婦でなく、非正規で就業している30歳未満の者（派遣社員、契約社員などを含む）をいう。

図表10-2. 働き方の違いによる生涯賃金

「働き方」のタイプ	「働き方」の詳細	生涯賃金	機会費用	損失率
(1) 正社員継続型	正社員として20～60歳まで就業	2億3600万円	—	—
(2) 正社員から、正社員再就職型	正社員として20～27歳と32～60歳に就業	1億7300万円	6300万円	26.8%
(3) 正社員から、パート復帰型	正社員として20～27歳、パートとして32～60歳に就業	5100万円	1億8500万円	78.4%
(4) フリーターから、パート復帰型	フリーターとして20～27歳、パートとして32～60歳に就業	3700万円	1億9900万円	84.3%

出所：(1)(2)(3)の生涯賃金は、経済企画庁『国民生活白書』(1997年版)
注1．筆者が、各「働き方」の機会費用と損失率、および(4)の「働き方」の全数値を追加した。

1－2．働き方別の生涯賃金は多様

　結果として、女性のほうが働き方と生活の選択が多様になっており、生涯賃金も多様になる。特に非正社員という働き方の選択や、就業中断によって生涯賃金が異なる。無論、男性も同様の働き方選択をした場合、同じ生涯賃金となる。

　図表10-2は、4つの働き方別に、生涯の賃金総額を示したものである。筆者が、働き方毎に、「機会費用」（正社員継続型という働き方を選択していたら稼げたが、他の働き方を選択したために実現しなかった賃金）、と「損失率」（正社員継続型という働き方の生涯賃金と比較した減額率）、および「(4)フリーターからパート復帰型」を追記した。一定の条件の下に計算さ

れたものであり、詳細は出典にある。

　（1）正社員として20歳から60歳まで就業する働き方では、生涯賃金は2億3600万円となる。（2）20歳から27歳までは同じでも、5年間の就業中断がある働き方の生涯賃金は1億7300万円で機会費用は6300万円である。（3）一般に日本女性に多く認められる正社員から就業中断後にパートとして就業する働き方は5100万円の生涯賃金となり、機会費用は1億8500万円で、損失率は78.4%に上る。（4）最後に筆者が計算して追加した、近年増加傾向にあるフリーターから就業中断後にパートとして就業する働き方の生涯賃金は3700万円で、実現しなかった賃金は約2億円となる。ここで、働き方による労働条件の違いは、本書第3章2-1節を参照されたい。日本の正社員の賃金は基本給に加えて、原則として企業保険・各種手当・賞与・退職金などの多様な追加がある、働き方による生涯賃金の違いが大きい。

　また働き方による生涯賃金の違いは、ひとり親世帯となった個人単位の場合の男女差にも現れる。就労平均年収は、母子世帯の181万円に対して、父子世帯360万円である。生活保護が2番目に多いグループは母子世帯であり、子どもの貧困にもつながる［本書第2章図表2-5］。

　就業前の教育において、本書の多様な働き方の生涯賃金を提供することにより、若年男女個々人が生涯を通じた「ワーク・ライフ・バランス」を自ら納得して選択できるように促すことが望ましい。特に若年男性にとっては、自身が働き方を選択する上で参考になるだけでなく、妻の働き方の選択に関して、パートナーである夫の意見の影響は無視できないことが多い。

1-3．キャリア形成のポイント

　本節のまとめとして、若年層のキャリア形成のポイントを挙げる。

　①現在の日本では、学校を卒業して初めて就業する（初職）時に、正社員になるか非正社員になるかで、中高年の再就職時にまで影響し、生涯賃金が変わる傾向がある。やり直すためには、新たな努力と成果が必要となる［本書第2章第2節、第3章第2節］。

　②現在、夫婦の働き方は、共稼ぎが主流である。女性は非正社員のほうが多いが、共稼ぎが主流である［本書第2章図表2-9］。

　③特に女性は、母子世帯として、夫婦単位から個人単位になった場合、貧困率が高い傾向がある［本書第2章図表2-5］。

④現在の日本の企業・経営者・管理職等は、男女いずれであっても、ダイバーシティ（DM）能力の低い者と、DM能力の高い者に二分するといえる。部下としては、対応を変えるほうが望ましい［本書第2章第3節］。

⑤20歳になると、学生や無業であっても、公的年金保険料を毎月16,490円納付する義務が生ずる（2017年）。2年分前払いなどの割引制度もある。保険料を納めることが経済的に難しいときは「保険料免除・納付猶予制度」、学生（前年所得118万円以下）は「学生納付特例制度」、退職者などは「特例免除制度」、障害年金受給者は「法定免除制度」があり、申請により保険料の納付が一定期間猶予される。但し、追納しなければ老齢基礎年金が減額される。また申請しなければ、「障害基礎年金」や「遺族基礎年金」が支給されないこともある、という［本書第8章図表8-1・図表8-3］。

⑥グローバル視点でみると、日本的雇用慣行が全正社員に適用されるのは日本と韓国のみである。他の国で就業する際には、就業評価や制度などの環境が異なる。

⑦日本には大きな経済課題があり、特に2012年以降、IMFなどから日本の経済・社会システムや働かせ方の変革を迫られているといえる［本書第1章、第2章第1節］。これが実現すれば、本節で記載のポイントも変わる。

⑧上記の各場面や、将来の日本労働市場を考慮すると、企業特殊的技能だけでなく、一般的技能をより高めていくことが望まれる［本章2-2節］。

⑨現在の日本での働かせ方が過渡期にあるとすると、就職・再就職共通で、ワーク・ライフ・バランス処遇が良くハラスメントがない企業で正社員になって固定企業に貢献すると同時に、自身のジョブ職務キャリア形成を引き上げていくことがお勧めといえる［本書第9章第3節］。

2．若年男女が活き活きと働けるための政策提言

2-1節で日本若年層の生き甲斐などの現状をみて、2-2節は日本における若年層の初期キャリア形成の重要性を確認し、2-3節では日本の固定的な労働市場や経営者志向の改善方法を提示する。

2－1．日本若年層の希望と意欲の各国比較

内閣府が2013年に、日本を含む先進7カ国の満13〜29歳の若年層を対象

に実施した「我が国と諸外国の若者の意識に関する調査」の結果を紹介する。
　調査の概要は、同年11〜12月に、ソフトクォータ制でwebによるアンケート調査をおこない、各国1000サンプル程度の回答があり、日本は1175サンプルの回答結果を得たものである。対象国は日本、アメリカ、イギリス、ドイツ、フランス、スウェーデン、韓国の先進7カ国で、子ども・若者育成支援施策のため、自己認識、家庭、学校、友人関係、職場、結婚・育児の6つの項目を調査している。
　日本の若年層の回答結果の一部を挙げると、「①自己肯定感：私は、自分自身に満足している」は、「そう思う」が7.5%、「どちらかといえばそう思う」が38.3%で、7カ国中第7位である（以下、同じ）。「②意欲：うまくいくかわからないことにも意欲的に取り組む」は、8.9%、43.3%、第7位。「③将来像：あなたは、自分の将来について明るい希望を持っていますか」は、12.2%、49.9%、第7位。「④心の状態：この1週間のあなたの心の状態についてうかがいます。つまらない、やる気が出ないと感じましたか。」は、42.6%、34.3%、第1位、などである。
　従って、日本の現状では、若年層が希望や意欲を持ちづらい先進国という結果が得られたといえる。活き活きと働けるためには、働き方改革が必要といえよう。

2−2．若年層の初期キャリア形成の改善を
　日本の労働市場は、四半世紀を経て大きく変化した。1990年当時、24歳以下の若年層の新卒は正社員が一般的であったが、現在は非正社員が増えている。学校基本調査（文部科学省）によると、2016年3月の大学（学部）新卒者の74.7%が内定を得るなどして就職しているが、このうち正社員は71.3%で、約3割が非正社員である。就職も進学もしない者などが10.5%で、進学者が12.1%である。すなわち正社員として就職するのは、大学卒業者の約半数の53.3%である。微増する退学者も合わせると割合はさらに減少する。直近20年強で大学新卒の就職者割合が最高に達したという背景があるのに、である。
　一方、生涯未婚率は、男女共に逓増していて、2015年には男性が24.2%、女性は14.9%で過去最高となった。専業主婦はマイノリティとなり、共稼ぎ夫婦がマジョリティである。男子学生が就職後に専業主婦を養う比率は低

下しており、女子学生も男子学生同様に、内定獲得に必死の時代が到来している。

この間の日本経済は、1991年にバブル景気が崩壊し、その後の失われた20年間の実質経済成長率は5回のマイナス成長を含み平均0.8％に留まっている。現在の日本経済の喫緊の課題は、人口減少と財政赤字である［本書第1章］。

日本の今後を支える若年層が、働き甲斐や希望をもって労働市場にある企業で活き活きと働いていくことが求められる。まず特異な雇用慣行のある日本では、初職や2番目の職業において人的資本の蓄積がなされる初期キャリア形成が重要である。

現行の正社員を対象にした初期キャリア形成とは、企業の主導により新入正社員に対して実施されるものである。労働経済学の人的資本論によると、企業の人材育成教育によって身につく技能には2種類ある。1つはすべての企業で有効な「一般的技能」であり、社外教育のOff-JTなどの教育に基づく技能である。他の1つは、1つの企業のみで有効な「企業特殊的技能」であり、社内の先輩などからのOn-the-Job Trainingなどの教育により習得できる技能である。教育費は原則として概ね企業が負担し、新入社員は人的資本の蓄積という恩恵を受ける。一般的技能は他の企業でも活用できる技能であるため、転職などのキャリアアップにも活かせる。

2－3．日本の固定的二重労働市場を改善して、ダイバーシティ能力の高い経営者の逓増推進を

本書第3章で既述のように、日本では、固定された二重労働市場が根強い。次に、第3章図表3-3の日本の二重労働市場のアルファベットに基づき解説する。

日本全体でみても四半世紀に、内部労働市場Aにいる正社員は減少し、外部労働市場Bにいる非正社員は就業者の約4割に増えた。また高齢化などで非労働力人口Cが増加していて、人口減少もあり労働市場自体が小さくなっている。

労働市場の移動のルールは、第3章に示した通りである。若年の生徒や学生が正社員の内定を得て内部労働市場Aで初期キャリア形成を経験すれば、男女共に就業中断や転職してもキャリアアップにも活かせるため、再び正社

員になる可能性がある。

　しかし新卒時に非正社員を選択すると、「キャリア・サーファー」として、同様の職種を渡り歩かざるを得ない傾向がある。若年を過ぎた今でもキャリア・サーファーが多い世代とは、バブル崩壊後の不況期に新卒者であった現在の40歳代である。一方、内部の正社員も必ずしも安泰とはいえず、リストラや各種ハラスメントなどで外部労働市場との壁に直面している。

　非正社員は、1980年代上半期頃には学生アルバイトと主婦パートが主であり被扶養家族であったので、雇用の不安定や低い労働条件による問題は生じなかった。1986年に男女雇用機会均等法の施行に伴い派遣社員ができ、契約社員・嘱託社員、フリーター、職場での呼称パートやアルバイトなど多様な形態の非正社員として、老若男女が働くようになっているが、雇用の不安定や労働条件の低さは変わりない。相対的にみて若年層の非正社員割合が増加しているため、世代間や同世代での格差が拡大している。

　日本企業が、固定的な二重労働市場を採用してきたのは、2つのフレキシビリテキィ（柔軟性）と呼ばれる体系に基づく。労働の質の点で正社員の人的資本の蓄積を高める支援をおこない企業独自の戦力とし、労働の量の点で非正社員により労働時間や労働人員の調整を果たしてコスト削減を図ってきたからといえる。1970年頃の高度経済成長期の終焉時までに、日本では中小零細企業のブルーカラー労働者も含めて正社員として日本的雇用慣行を適用して日本経済を支えた。小池和男氏の研究によると、日本の雇用慣行は、先進各国でも認められるが、欧米では少数派のエリート限定で、労働市場自体は流動的という点が異なる。

　若年層が価値のある正社員を経験して初期キャリア形成を果たし、やや緩やかになった日本の労働市場で活き活きとキャリアアップして、子育ても経験することで職業人として創造性も高まり、企業の生産性を高めていけるようになるであろう。

　その実現のために、図表3-3のDに位置する緩やかな日本型の正社員を内部労働市場の正社員に加えることが必要である。2012年に厚生労働省は、日本の正社員（期間の定めがない、フルタイム、直接雇用）のうち、職種、勤務地、労働時間が限定的な正社員と、非限定的な正社員に分けて調査をおこなっている。既に、調査対象企業の半数が限定的な正社員制度を採用しているという。相対的な賃金の低下や昇進の減少はあるものの、正社員として

初期キャリア形成により習得できる技能は大きい。

具体的には、正社員にジョブ型の仕事を創設し、職務給を検討し、例えば5年後に労使の合意に基づき必ず他の正社員と同様にするという契約をし、若年層にも働きがいのある仕事を割り当てることが考えられる。併せて、キャリアアップを図れる緩やかな労働市場の実現が必要である。

グローバル化を考慮すると、労働市場が固定的なのは日本と韓国のみである。アメリカの流動的な労働市場では、転職の際に、前の職場の経営者が転職先に推薦書を書くことが一般的である。ここでパワハラなどの虚偽の記載などがあれば争議となる。前職の経営者が励ましの推薦書を書くことで、労働者は嬉しい気持ちを持ちながら転職先でキャリアアップに励むようになるであろう。隣国の世界最大人口の中国の市場はさらに拡大していくであろうが、1949年の計画経済導入時に実質的な低賃金男女雇用平等というクォータ（割り当て義務）制を導入しており、現在でも女性雇用は一般的であり、都市部の労働市場は欧米に類似して流動的である。課長クラスは若年で男女比率は女性のほうが多いほどである［石塚（2017；2014a；2014b）；Ishizuka（2016）］。

日本の労働市場が固定的な要因のひとつに、既得権益保守派の経営層のダイバーシティ能力が低いことがある。ダイバーシティ能力とは、思考を止めて長時間働くマジョリティ人材とは異なり、思考して言動ができるマイノリティ人材（少数派。必ずしも人数ではなく、評価の低いグループをいう。）の提案を聴く耳を持ち、多様な価値観を享受でき、高い評価をして人財活用できる経営能力をいう。一方、ダイバーシティ能力が低い経営層は、自らの失点を補うため、マイノリティ社員の発想を略奪する傾向がある。

現在の日本において、女性であれば総じてダイバーシティ能力を有しているわけではない［本書第3章4-2節］。現在の日本の指導的地位の女性割合は約10％であるので、マイノリティグループの最低ラインの15％にも達しておらず、「個人に対して、全体の約85％以上を占める支配グループが圧力をかけるため個人は対応できない」ということになる。従って、日本の女性リーダーは、コア男性同様以上に従来の日本的働き方を徹底していくタイプと、柔軟な新たな働き方を高く評価して人材育成できるタイプに大別できる。

すなわち、管理職や経営者の女性が40％を超えると、女性のみならず、ダイバーシティ能力の高い男性や若年男女にとっても、能力を発揮して長期

的企業収益の向上に貢献できるようになり、企業収益も上昇する［本書第9章第1節；石塚（2017）］。無論、現在の男女の経営層にも、当該能力を有する者はいる。

　まとめると、まず若年層に限定的正社員を含めて正社員を経験させて、経営者はダイバーシティ能力を高め、その後は日本の労働市場をジョブ型で、多様な人財を高く評価し流動的にしていくことで、希望をもって活き活きと働ける日本の労働市場になると考える。

3．日本企業等の現状と、リーダーからのメッセージ

3－1．インタビュー調査の方法
　日本で活躍する知人の女性リーダーを対象に、2014年にインタビュー調査を実施した。企業等の属性は多様とした。但し、個人を特定できる表記はしない。

　設問は、各企業等における、①女性活用の現状、②女性に管理職が少ない要因、③役職別・男女別に求められる能力、④女性リーダーの今後の取り組み、さらに⑤大学生・起業家志望者・就業中断後の再チャレンジ者などに向けての女性リーダー個人のメッセージ、である。

3－2．リーダーからのメッセージ
(1) 上場企業、部長
①女性正社員が約1割であり、20～30歳代の男性正社員は転職退社し、女性正社員は結婚せずに継続就業する傾向にある。数値目標もしておらず、女性社員を増やそうとはしておらず、女性活用推進は戦略的課題ではない。但し、社内保育施設はある。
②男性には妊娠・出産がなく、育児・介護負担もしていない。人事決定ポストに男性が多く、男性のほうが出世意欲は高く、責任ある仕事が与えられる。一方、女性は就業継続意欲が低い傾向の人が多いといえる。
④数値目標はないが、女性登用は進んできた。但し、管理職権限があるのは一定時期なので、改良が必要である。男女共に管理職は長時間就業であるため、実働者はアウトソースが多い。女性リーダーは、CSRや広報の部署に限定される傾向にある。

⑤女子大学生へ：学生時代すべてが就職活動くらいの気概をもってください。世間は「あなた」を育ててくれないし、自分の成長の場が就職先だと思わないで。仕事は取りに行くことはあるが、与えられるものではありません。女子大学生には、日本の現状は、まだまだ厳しいと思いますので、頑張ってください。

再チャレンジ者・起業家志望者へ：自分の持つスキル・社会ネットワークを分析し、次の挑戦をしてください。40歳代は世間的に厳しい年齢です。20歳代・30歳代の蓄積が40歳代でみられないとなるとさらに厳しいかもしれません。夢を描いて、実現してください。

その他：数パーセントの大企業と、97～98％の中小企業の取り組みが異なる点が気になります。

（2）上場企業、次長

①男性社員のほうが多いが、男女の正社員が結婚・育児を経ても継続就業する傾向にある。数値目標はないが、女性社員を増やそうとしており、女性活用推進は戦略的課題の上位10位以内にある。具体的には、人材多様化の企業文化の醸成・社内メンター制度・短時間勤務を導入している。

②男性には妊娠・出産がなく、育児・介護負担もない。人事決定ポストに男性が多く、男性には責任ある仕事が与えられるから、と思う。

④現在の女性リーダーは、従来の日本的就業継続方法である家族・知人に育児協力を仰ぎながら男性同様に長時間就業や管理業務をこなしてきた。一方で、次世代女性リーダー予備軍は、休業・短時間勤務・育児補助などの環境で育児をおこなっている。次の世代では、男女共に働き方が変わる気がする。

⑤女子大学生へ：仕事は自分の夢を叶える場です。時には嫌な事もあるでしょうが、目の前にある仕事に一生懸命取り組み、その仕事が好きになるまでやってみることが次のチャンスにつながり、自分の夢を叶えるきっかけになります。数年ごとの自分の未来像を描き、諦めることなく今やれることに真剣に取り組んでほしい。就活は辛い時期もあるでしょうが、鍛えてもらっているのだと思って頑張ってください。

（3）上場企業、部長
①女性正社員が2割弱であるが、男女の正社員が結婚・育児を経ても継続就業する傾向にある。数値目標を定めて、女性社員を増やそうとしており、女性活用推進は戦略的課題の上位5位以内である。具体的な施策は、経営層のコミットメント・人材多様化の企業文化の醸成・女性社員ネットワーキング・短時間勤務・在宅勤務を導入しており、かなり積極的といえる。
②男性には妊娠・出産がなく、育児・介護負担もない。人事決定ポストに男性が多く、男性のほうが出世意欲は高く、責任ある仕事が与えられるから、と思う。
④高めの数値目標はあるが、数合わせのために能力がないのに昇進はさせない。男性と異なり、女性リーダーは従来の男性を真似るタイプと、女性独自のタイプに二極化する傾向がある。しかし今後は、多様なリーダーが出現していく必要がある。
⑤女子大学生へ：まだまだ日本の世の中は男社会ですが、どうかめげずに生き抜いてください。
　再チャレンジ者へ：追い風がようやく吹いてきたところだと思いますので、ここで頑張って再就職または起業してください。

（4）上場企業、課長
①男性正社員のほうが多く、男性正社員は未婚者が多く継続就業し、女性は結婚・育児を経ても継続就業する傾向にある。女性社員を増やそうとはしておらず、女性活用推進戦略もない。但し、短時間勤務は選択できる。
②男性には妊娠・出産がなく、育児・介護負担もないから、と思う。
③係長は業務遂行力・コミュニケーション能力、課長はコミュニケーション能力・部下の育成、部長は戦略的思考・人脈。
④最近はリーダー手前の男性が、定時退社をして育児参加し始めており、今後のワーク・ライフ・バランスに変化を感じている。
⑤女子大学生へ：「女性だから……」と自分で制約を設けずに、前向きに進んでください。
　再チャレンジ者へ：就業中断中は、レベルダウンしないように勉強を継続したほうがよい。時間管理意識を持ちそのスキルを磨くと、仕事でも役に立ちます。

その他：自分自身がリケジョ（理系女子）のためか、就業継続していれば、職場や昇進の男女差は感じない。

（5）公務・部長
①数値目標を定めて、女性社員を積極的に増やそうとしている。具体的には、社内保育施設がある。
②男性には妊娠・出産がなく、育児・介護負担もない。人事決定ポストに男性が多く、男性のほうが出世意欲は高く、責任ある仕事が与えられるから、と思う。
④具体的な数値目標を設定し、実際に女性管理職を増やしている。
⑤女子大学生へ：長い人生、何が起きるかわかりません。一時的に誰かに経済的に依存しなければならない時があるかもしれないけれど、自分がどうすれば自立して生きていけるかを常に考えておくべきだと思います。

（6）非上場企業、専門職
①女性正社員が2割弱で、20〜30歳代の男女正社員は、結婚・育児を経ても継続就業する傾向にある。女性の就業継続力は低くない。数値目標はないが、女性社員を増やそうとしており、女性活用推進は戦略的課題の上位10位以内にある。具体的には、取締役への女性登用・女性社員のスキル育成プログラム・短時間勤務・社内保育施設を導入している。
②男性には妊娠・出産がなく、育児・介護負担もない。人事決定ポストに男性が多く、男性のほうが出世意欲は高く、責任ある仕事が与えられるから、と思う。
③係長・課長は業務遂行力・問題形成解決力。部長は業務遂行力と、男性は人脈、女性は部下の育成で異なる。
④数値目標はない。近年、女性の採用数を増やしてきたため、管理職にも女性を登用せざるをえないという意識が社内に作られてきている段階である。数値目標が導入されると、スピードが速まると思う。
⑤女子大学生へ：焦らず、慌てず、諦めず。仕事も結婚も子育てもバランスを取って生きていくことが可能な社会、可能な会社にしていきましょう。
　　起業家志望者へ：これからの日本を支えるのは、皆さんです。新しい価値を生み出すことが、社会の活力を生みます。

再チャレンジ者へ：就業中断時の体験を、新しいチャレンジに活かしていってください。その経験から、新しいビジネスのヒントにつながるものを見つけられるのはあなたです。

　　その他：日本社会はいまだ、女性リーダー育成の仕組みが乏しい。女性リーダーになれる、女性リーダーに期待するというコンセンサスが育ってほしい。

（7）非上場企業、専門職

① 20～30歳代の男性正社員は転職のため退職し、女性正社員は結婚・育児を経ても継続就業する傾向にある。数値目標はないが、女性社員を増やそうとしていることは確かである。具体的な施策は乏しく、短時間勤務に尽きる。

②男性には妊娠・出産がなく、育児・介護負担もない。人事決定ポストに男性が多いから、と思う。

④深夜労働や転勤が昇進要件と捉えられる状況であるため、数値目標はない。男性と異なり、女性リーダーは家事・育児を実際に負担しながらワーク・ライフ・バランスを計っている人と、そうでない人に二極化する傾向がある。

⑤女子大学生へ：働くことは自分を成長させてくれるし、楽しいことです。但し、働き続けることは大変なのは確かで、企業選択は重要です。育児の現実に向き合うと、女性は全国転勤がなく土日休みの会社がお勧めです。

　　再チャレンジ予備軍へ：基本的には就業を中断しないことを奨めています。

（8）非上場企業、経営者

①女性正社員が6割弱で、特に20～30歳代の女性正社員は、結婚・育児を経ても継続就業するか非婚傾向にある。女性の就業継続力は低くない。数値目標はないが、女性社員を増やそうとしており、女性活用推進は戦略的課題の上位5位以内にある。具体的には、一般の日本企業に比べて短時間の勤務を導入しており、管理職も男女差よりも専門スキルの能力差を重視している。

④女性リーダーは、男性以上に長時間労働など従来の日本的働き方を徹底し

ていくタイプと、柔軟な新たな働き方を導入しようとするタイプに分かれると思う。後者は、女性リーダーの優位性の一つといえ、社会がどう対応するかによると考える。現状では、女性管理職の悩みは、自分のパートナーが理解してくれているかである。

女性は、男性と張り合うのではなく、女性を意識した働き方を構築してほしい。男性化した女性は、同じ女性を敵にするように感じる。女性がリーダーシップを発揮できる社会には、いまだなっていない。今、リーダーになっている女性は、お手本になる生き方を社会に示すことが大切と考える。

⑤女子大学生へ：採用面接で、ビジョンのない就活が気になる。また、女性の身体の仕組みは、男性と異なり、妊娠・出産には期限があることを知りビジネスキャリアの構築をしてほしい。35歳以上で結婚・出産に苦労している方を多く見かける。

女性起業家へ：起業はたやすいものではない。弊社が継続できているのは、一つの共有できるビジョンをわかり合えるスタッフと構築できたからです。男性と張り合うのではなく、女性性を活かした活動方法をみつけるとよいかもしれません。女性比率が高い状況から、男女同数に近づき、拡大路線がみえてきたと考えます。

再チャレンジ者へ：パートではなく、女性が再就職する際に求められるのは、「働く」という覚悟だと思います。育児を言い訳にせず、女性が女性を助けられる「お互い様」の精神を持つことではないかと思います。

(9) 起業家・経営者

④より多くの女性がリーダーの立場に就かなければ、今後の日本はないと思います。

⑤男女大学生へ：商業ベースの「キャリア開発」や「やりたいこと探し」などにあまり乗せられずに、情報のみを手に入れるくらいのしたたかさを持ってください。学生時代の「（仕事上の）能力」などたかが知れているので、現在の自分の状態をベースにして進路を選ぶと選択肢が非常に狭くなってしまいます。長期的に見て働き続けやすい環境を選んでください。

起業家志望者へ：自分の経験上、よほどの特別な能力を持つ人以外には起

業を奨めることはしていません。その能力や技術が数十年後にも、大企業相手であっても、通用するかどうかを冷静に判断してください。逆に、社会人生活も後半に入り、実力もあり、今後の生活に経済的な見通しが付いている人には、チャレンジしてみる価値があると思います。

再チャレンジ者へ：まずはどんな形でも再び働き始めてください。その後は戦略的にキャリアを開拓してください。今後の人生を考えると、思い立った今が一番、気力も体力もある時ですよ。

参考文献

1．各章の基になる研究成果

●第1章
Ishizuka, Hiromi（2014a）"Gender Diversity in Management and Work-Life Balance Policies have Started in Japan!: Comparison with Labor Markets in China and Korea."（in panel "Changing Labor Market in Asia"）, May 2014.（Shanghai Forum 2014 招聘研究発表＆パネリスト）。

Ishizuka, Hiromi（2014b）"Gender diversity in management in Japan is finally emerging: Comparison with China and South Korea,"（VoxEU 掲載）。など。

●第2章
石塚浩美（2016）「日本企業における雇用量拡大と『女性活躍』経済政策の検討：中国企業・韓国企業との比較」『経済社会とジェンダー』JAFFE：日本フェミニスト経済学会誌、第1巻、pp. 99-114。

石塚浩美（2006）「労働条件と変形労働時間」、「第Ⅱ部　労働組合にみるジェンダー不平等」、『家庭内配分とジェンダー統計の研究』、pp. 81-98、2006年3月（代表者：篠塚英子、科学研究費補助金研究報告書）。

●第3章
首都大学東京・東京国際大学（大学院）での「労働経済学」の講義用配布資料。

石塚浩美（2012a）「二重労働市場論に基づく若年層の新しい初期キャリア形成の提示　―航空業就業者の初期キャリア形成の歴史分析による実証―」『紀要』第45号。

Ishizuka, Hiromi（2016）'An Empirical Analysis of Women's Promotion in Japanese Companies: Comparison with Chinese and Korean Cases,' "Theoretical Economics Letters," 2016, 6, pp. 570-582.

Ishizuka, Hiromi（2017）'An Empirical Analysis of Substitution and Complementarity of Labor Demand for Men and Women in Enterprises in Japan, the Rep. of Korea, and China, and a Factor Decomposition of Gender Wage Differentials: Identifying Economic Policies for Japanese Labor Market Reform,' EASP2017; IAFFE2017; 労働経済学カンファレンス 2017．など。

●第 4 章
首都大学東京・東京国際大学（大学院）での「労働経済学」の講義用配布資料。
石塚浩美（2010）『中国労働市場のジェンダー分析 ―経済・社会システムからみる都市部就業者―』勁草書房。など。

●第 5 章
石塚浩美（2002）「第 7 章『女性労働政策』の効果はどのように変化したのか ―夫婦単位から個人単位へ―」、久場嬉子編著『第 1 巻 経済学とジェンダー』、竹中恵美子・久場嬉子監修「叢書 現代の経済・社会とジェンダー」明石書店。

●第 6 章
石塚浩美（1995a）「所得税における女性と家族 ―1940 年代以降の配偶者控除制度史に関する考察―」『横浜市立大学大学院紀要』第 2 号、pp. 79-111。
Chan, W. (1993) 'Taxing the Female: As Woman or Wife?' Scott, Claudia ed., "Women and Taxation," Wellington: Institute of Policy Studies, pp. 53-73.［石塚浩美訳（1999）「第 1 章第 2 節　課税単位と税の原則」「第 1 章第 3 節　税と給付金」、古郡鞆子編訳『女性と税制 ―ジェンダーにみる福祉国家の再構築―』東洋経済新報社。］

●第 7 章
石塚浩美（2003）「女性の就業選択と制度の中立性に関する実証分析 ―「パートの壁」にかかわる制度の影響―」『季刊　家計経済研究』第 59 号、pp. 64-75、（財）家計経済研究所。

●第 8 章
石塚浩美（2007）「税・社会保障改革の動向と男女平等」（Ⅳ. 社会福祉の思想・理論と研究の方法、5. 女性と福祉）、仲村優一・一番ヶ瀬康子・右田紀久恵監修、岡本民夫・田端光美・濱野一郎・古川孝順・宮田和明編集『エンサイクロペディア社会福祉学』（Encyclopedia of Social Welfare Studies）、中央法規出版 60 周年記念出版（日本図書館協会選定図書）。

●第 9 章
石塚浩美（2017）「日本・韓国・中国企業における女性活躍ダイバーシティ経済政策と収益性の実証分析 ―クォータ制の検討―」『現代女性とキャリア』第 9 号、日本女子大学現代キャリア研究所。
石塚浩美（2014a）「日本・中国・韓国企業におけるジェンダー・ダイバーシティ経営の実状と課題 ―男女の人材活用に関する企業調査（中国・韓国）605 企業の結果―」RIETI Discussion Paper Series 14-J-010、経済産業研究所（経済産

業省).
Ishizuka（2016）（2017）．など。

● 第 10 章
石塚浩美（2012b）「女子生徒に『ワーク』の『お値段』が分かる家庭科教育を！」『男女共同参画と教育』（2012 年 JAUW シンポジウム報告書）。
石塚浩美（2015）「企業における女性リーダーのキャリアと『女性活躍』経済政策―日本は『202030』に近づけるのか―」『紀要』第 48 号。など。

2．参考とした文献

● はじめに
Ishizuka（2014a）（2014b）

● 第 1 章
日本創成会議・人口減少問題検討分科会（2014）「ストップ少子化・地方元気戦略」。

● 第 2 章
石塚浩美（2014a）
Steinberg, Chad and Masato Nakane（2012）'Can Women Save Japan?' "IMF Working Paper," No. 12/248.
World Economic Forum（2017）"the Global Gender Gap Report 2017."

● 第 3 章
石川経夫、出島敬久（1994）「労働市場の二重構造」、石川経夫編『日本の所得と富の分配』東京大学出版会。
石塚浩美（2002）（2010）
岩田正美、大沢真知子、日本女子大学現代女性キャリア研究所編（2015）『なぜ女性は仕事を辞めるのか ―5155 人の軌跡から読み解く―』青弓社。
氏原正治郎（1954）『京浜工業地帯における労働市場の模型』（神奈川県編）、京浜工業地帯調査報告書：産業労働篇各論。神奈川県。
梅村又次、南亮進、赤坂敬子、新居玄武、伊藤繁、高松信清（1988）『長期経済統計：2. 労働力』東洋経済新報社。
大沢真知子（1993）『経済変化と女子労働』日本経済評論社。
太田聰一（2010）『若年者就業の経済学』日本経済新聞出版社。
大橋勇雄、荒井一博、中馬宏之、西島益幸（1989）『労働経済学』有斐閣。
小方直幸（2009）「若者のキャリアと大学」、小杉礼子編著『若者の働きかた』ミ

ネルヴァ書房。

尾高煌之助（1984）『日本労働市場の構造 ―二重構造の日本的展開―』岩波書店。

川口章（2008）『ジェンダー経済格差 ―なぜ格差が生まれるのか、克服の手がかりはどこにあるのか―』勁草書房。

小池和男（1999）『仕事の経済学』東洋経済新報社。

中馬宏之（1995）『労働経済学』新世社。

中馬宏之、中村二朗（1994）「ヘドニック賃金アプローチによる女子パートタイム労働者の賃金決定」『日本労働研究雑誌』第415号。

樋口美雄（1991）『日本経済と就業構造』東洋経済新報社。

古郡鞆子（1997）『非正規労働の経済分析』東洋経済新報社。

ホーン川嶋瑤子（1985）『女子労働と労働市場構造の分析』日本経済評論社。

八代尚宏（1983）『女性労働の経済分析 ―もう一つの見えざる革命―』日本経済新聞社。

八代尚宏（1997）『日本的雇用慣行の経済学 ―労働市場の流動化と日本経済―』日本経済新聞社。

山口一男（2011）「労働生産性と男女共同参画：なぜ日本企業はダメなのか、女性人材活用を有効にするために企業は何をすべきか、国は何をすべきか」RIETI Discussion Paper Series 11-J-069、経済産業研究所（経済産業省）。

山本勲、松浦寿幸（2011）「ワークライフバランス施策は企業の生産性を高めるか？」RIETI DP 11-J-032、経済産業研究所（経済産業省）。

脇田成（2003）『日本の労働経済システム ―成功から閉塞へ―』東洋経済新報社。

Abegglen, James C.（1958）"The Japanese Factory: Aspects of its Social Organization," Free Press.［占部郁美監訳（1958）『日本の経営』ダイヤモンド社；山岡洋一訳（2004）『日本の経営』日本経済新聞社。］

Albrecht, James, Anders Björklund and Susan Vroman（2003）'Is There a Glass Ceiling in Sweden?' "Journal of Labor Economics," Vol.21, No.1, pp. 145-177.

Arrow, Kenneth J.（1973）'Higher Education as a Filter,' "The Journal of Political Economy," Vol.81, No.2, pp. 193-216.

Arrow, Kenneth J.（1974）"The Limits of Organization," W. W. Norton&Company.

Becker, Gary S.（1964）"Human Capital: A Theoretical and Empirical Analysis," with Special Reference to Education. Columbia University Press: New York, 1964: 1993.［佐野陽子訳（1976）『人的資本論：教育を中心とした理論的・経験的分析』東洋経済新報社。］

Becker, Gary S.（1965）'A Theory of the Allocation of Time,' "The Economic Journal," Vol. 75, No. 299, pp. 493-517.

Becker, G. S.（1957：1971）"The Economics of Discrimination," University of Chicago Press, 2nd edition.

Becker, G. S.（1975）"Human Capital. 2nd ed.," Columbia University Press.

Bergmann, B. R.（1971）'The Effect on White Incomes of Discrimination in

Employment,' "the Journal of Political Economy," March/April.
Bihagen, E. and M. Ohls (2006) 'The Glass Ceiling: Where is it? Women's and Men's Career Prospects in the Private Versus the Public Sector in Sweden, 1979-2000,' "Sociological Review," Vol.54, No.1, pp. 20-47.
Blinder, Alan S. (1973) 'Wage Discrimination: Reduced Form and Structural Estimates,' "The Journal of Human Resources," Vol.8, No.4, pp. 436-455.
Booth, Alison, Marco Francesconi and Jeff Frank (2003) 'A Sticky Floors Model of Promotion, Pay and Gender,' "European Economic Review," Vol.47, No.2, pp. 295-322.
Doeringer, Peter B. and Michael J. Piore (1971) "Internal Labor Market and Manpower Analysis," Lexington Books.［白木三秀監訳（2007）『内部労働市場とマンパワー分析』早稲田大学出版部。］
Gronau, Reuben (1977) 'Leisure, Home Production, and Work—the Theory of the Allocation of Time Revisited,' "Journal of Political Economy," Vol. 85, No. 6.
Hultin, Mia. (2001) 'Consider Her Adversity: Four Essays on Gender Inequality in the Labor Market,' "Swedish Institute for Social Research," Stockholm University.
Ishizuka (2014a)
Kanter, Rosabeth Moss (1993) 'Chapter8 Numbers: Minorities and Majorities,' "Men and Women of the Corporation: 2nd edition," Basic books: US, 1977: 1993.［高井葉子訳（1995）『企業のなかの男と女』生産性出版。］
Killingsworth, M. R. (1987) 'Heterogeneous preferences, compensating wage differentials, and comparable worth,' "The Quarterly Journal of Economics," Vol. 102, No. 4.
Killingsworth, M. R. and J. J. Heckman (1986) 'Female Labor Supply: A Survey,' in O. Ashenfelter and R. Layard (eds.), "Handbook of Labor Economics, Volume I," Elsevier Science Publishers: North Holland.
Lazear, Edward P. and Sherwin Rosen (1990) 'Male-Female Wage Differentials in Job Ladders,' "Journal of Labor Economics," 8 (1), pp. 106-122.
Lazear, Edward P. (2000) 'Performance Pay and Produuctivity' "The American Economic Review," Vol.90, No. 5, pp. 1346-1361.
Lindbeck, Assar and Dennis J. Snower (1988) "The Insider-Outsider. Theory of Employment and Unemployment" MIT Press: Cambridge.
Madden, J. F. (1975) 'Discrimination: A manifestation of Male Market Power?,' Cynthia B. Lloyd ed. "Sex, Discrimination and the Division of Labor," Columbia University Press: New York.
Mincer, J. (1962) 'Labor Force Participation of Married Women,' in H. G. Lewis ed., "Aspects of Labor Economics," Princeton University Press: New Jersey.
Mincer, Jacob and Solomon Polachek (1974) 'Family Investment in Human Capital: Earnings of Women,' "Journal of Political Economy," Vol.82, Issue 2, pp. 76-108.

Oaxaca, Ronald L. and Michael R. Ransom (1994) 'On Discrimination and the Decomposition of Wage Differentials,' "Journal of Econometrics," Vol. 61, No. 1, pp. 5-21.

Phelps, Edmund S. (1972) 'The Statistical Theory of Racism and Sexism,' "The American Economic Review," Vol.62, No.4, pp. 659-661.

Polachek, Solomon (1975) 'Potential Biases in Measuring Male-Female Discrimination,' "Journal of Human Resources," Vol.10, No.2, pp. 205-229.

Rosen, Sherwin (1974) 'Hedonic Prices and Implicit Markets: Product Differentiation in Pure Competition,' "The Journal of Political Economy," Vol.82, No.1, pp. 34-55.

Rosen, Sherwin (1986) 'Prizes and Incentives in Elimination Tournaments,' "American Economic Review," Vol.76, No.4, pp. 701-715.

Saint-Paul, G. (1997) "Dual Labor Markets", MIT Press.

Schultz, T. Paul edit. (1995) "Investment in Women's Human Capital," the University of Chicago Press.

Spence, A. Michael (1973) 'Job Market Signalling,' "Quarterly Journal of Economics," Vol.88, pp. 355-379.

Thurow, Lester C. (1975) "Generating Inequality," Basic Books: New York.

●第 4 章

青木昌彦、奥野正寛 (1996)『経済システムの比較制度分析』東京大学出版会。

浅倉むつ子 (1991)『男女雇用平等法論：イギリスと日本』ドメス出版。

石塚浩美 (1995a)(2003)(2016)

石塚浩美編著 (1999)「女性と税制 ―現状と問題点・7 カ国の制度比較―」(横浜市女性協会助成研究冊子)。

乾昭三、二宮周平 (1993)『新民法講座 5. 家族法』有斐閣。

梅村又次、南亮進、赤坂敬子、新居玄武、伊藤繁、高松信清 (1988)

大沢真知子 (1993)『経済変化と女子労働』日本経済評論社。

岡部実夫 (1972)『家内労働法の解説』労務行政研究所。

小川由美子 (1996)「女性と家族法」、上田純子、小川由美子、森川麗子『女と法とジェンダー』成文堂。

熊沢誠 (1995)「日本的経営と女性労働 ―2 つのフレキシビリティ―」、基礎経済科学研究所編『日本型企業社会と女性』青木書店。

白井泰四郎 (1992)『現代日本の労務管理：第 2 版』東洋経済新報社。

中村二朗、石塚浩美 (1997)「労働時間短縮の意義と効果 ―マクロ経済的視点から―」『日本労働研究雑誌』第 448 号、pp. 14-23。

中村政則編 (1985)『技術革新と女子労働』国際連合大学。

中村政則編 (1992)『日本の近代と資本主義：国際化と地域』東京大学出版会。

南亮進 (1992)『日本の経済発展 (第 2 版)』東洋経済新報社。

山岡ひろ子（1989）「わが国初期『パートタイマー』の導入経過とその特徴」『日本労働研究雑誌』第 359 号。
山本吉人（1987）『女子労働法制』一粒社。
労働省『労働白書』各年（労働組合など労使関係の動向）。
労働省婦人少年局編（1975）「第 1 部 法制上にみる婦人の地位の変化」『婦人の歩み 30 年』労働法令協会。
脇田晴子、林玲子、永原和子編（1987）『日本女性史』吉川弘文館。
Steinberg and Nakane（2012）

●第 5 章
青木昌彦、奥野正寛（1996）
浅倉むつ子（1991）
安部由紀子、大竹文雄（1995）「税制・社会保障制度とパートタイム労働者の労働供給行動」『季刊　社会保障研究』31（2）、pp. 120-134。
石塚浩美（1995a）（2003）
猪木武徳（1999）「労働法制と労働市場」『日本労働研究雑誌』第 463 号。
今田幸子（1996）「女子労働と就業継続」『日本労働研究雑誌』第 433 号。
大沢真知子（1993）
木村陽子（1994）「女性と年金」東京都職員研修所『季刊 行政管理』第 377 号。
滋野由紀子、大日康史（1998）「育児休業制度の女性の結婚と就業継続への影響」『日本労働研究雑誌』第 459 号。
篠塚英子（1989）『日本の雇用調整』東洋経済新報社（特に、第 7 章以後）。
中馬宏之、中村二朗（1994）
中村二朗、石塚浩美（1997）
樋口美雄、清家篤、早見均（1987）「労働市場：男女労働力の就業行動の変化」、浜田宏一、黒田昌裕、堀内昭義編『日本経済のマクロ分析』東京大学出版会。
樋口美雄（1995）「『専業主婦』保護政策の経済的帰結」、八田達夫、八代尚宏編『「弱者」保護政策の経済分析』日本経済新聞社、pp. 185-219。
古郡鞆子（1981）「女子就業行動の実証分析」『日本労働研究雑誌』第 264 号。
労働大臣官房政策調査部編（1997）『パートタイマーの実態』（1995 年調査）。
Becker, Gary S.（1965）
Chan, W.（1993）[石塚浩美訳（1999）]
Hill, M. A.（1984）'Female Labor Force Participation in Japan: An Aggregate Model,' "Journal of Human Resources," 19（2）, pp. 280-287.
Mincer, J.（1962）
OECD（1983）"Employment Outlook."

●第 6 章
石井寛治（1991）『日本経済史（第 2 版）』東京大学出版会。

石塚浩美（1995b）「有配偶女性の就業選択における実証分析　―税および公的年金制度の影響を加えて―」『女性労働』第 20 号、連合・婦人労働研究会、pp. 55-63。
大蔵省財政史室編（1977）『昭和財政史（終戦から講話まで）』第 7 巻：租税（1）、第 8 巻：租税（2）、東洋経済新報社。
大蔵省財政史室編（1990）『昭和財政史（昭和 27～48 年度）』第 6 巻：租税、東洋経済新報社。
大沢真知子（1993）。
木下和夫（1992）『税制調査会』税務経理協会。
佐藤進、宮島洋（1979）『戦後税制史』税務経理協会。
林健久、石弘光（1988）『所得税百年史』大蔵省主税局編。
藤田晴（1992）『所得税の基礎理論』中央経済社。
吉岡健次、兼村高文、江川雅司（1984）『シャウプ勧告の研究』時潮社。
Atkinson, A. B. and J. E. Stiglitz（1980）"Lectures on PUBLIC ECONOMICS," Singapore: McGRAW-HILL BOOK Co.
Goode, R.（1964）"The Individual Income Tax," Brookings Institution.［塩崎潤訳（1966）『個人所得税』日本租税研究協会。］
Musgrave, R. A.（1959）"THE THEORY OF PUBLIC FINANCE," McGRAW-HILL BOOK Co.［木下和夫監訳（1962）『財政理論』有斐閣。］
Musgrave, R. A. and P. B. Musgrave（1989）"Public Finance in Theory and Practice: Fifth edition," Singapore: McGRAW-HILL BOOK Co, 1973: 1989.
Simons, H. C.（1938）"Personal Income Taxation," University of Chicago Press.
Stiglitz, J. E.（1988）"Economics of the Public Sector: Second edition," McGRAW-HILL BOOK Co, 1985: 1988.［薮下史郎訳（1989）『公共経済学』マグロウヒル。］

●第 7 章
安部由紀子、大竹文雄（1995）
石塚浩美（1995a）（1995b）（2002）
大沢真知子（1993）
大竹文雄、橋本恭之、跡田直澄、齊藤慎、本間正明（1989）「税制改革のシミュレーション分析」、本間正明、跡田直澄編『税制改革の実証分析』東洋経済新報社、pp. 167-199。
（財）家計経済研究所編『消費生活に関するパネル調査（報告書）』（各年）。
八田達夫、木村陽子（1993）「公的年金は、専業主婦世帯を優遇している」『季刊社会保障研究』29（3）、pp. 210-221。
樋口美雄（1984）「所得減税と主婦の労働供給」『季刊　現代経済』第 59 号、pp. 70-81。
樋口美雄（1991）「既婚女性の短時間・普通雇用機会の選択図式」『日本経済と就

業構造』東洋経済新報社、pp. 198-244。
樋口美雄（1995）
樋口美雄、西崎文平、川崎暁、辻健彦（2001）「配偶者控除・配偶者特別控除制度に関する一考察」『経済月報』9月、pp. 55-96。
労働大臣官房政策調査部編（1997）
Chan, W.（1993）［石塚浩美訳（1999）］
Employment Gazette（1993), 101（11）.
Greene, W. H.（1997）"Econometric Analysis: Third edition," Upper Saddle River: Prentice Hall.
Hausman, J.（1985）'Taxes and Labor Supply,' J. Auerbach and Martin Feldstein eds., "Handbook of Public Economics," Amsterdam: North-Holland, pp. 213-263.
Hill, M. A.（1984）.
Hunt, J. C., DeLorme, C. D. and Carter, H. R.（1981）'Taxation and the Wife's Use of Time,' "Industrial and Labor Relations Review," 34（3), pp. 426-435.
Journal of Economic Studies（1991), 18（5).
Konig, H.（1995）'Tax Illusion and Labour Supply of Married Women: Evidence from German Data,' "Kyklos," 48（3), pp. 347-368.
Rubery, J., S. Horrell and B. Burchell,（1994）'Part-Time Work and Gender Inequality in the Labour Market,' Alison MacEwen Scott ed., "Gender Segregation and Social Change: Men and Women in Changing Labour Markets," Oxford and New York: Oxford University Press, pp. 205-234.

●第8章
安部由起子（2001）「103万円の壁はパートの時間あたり賃金率を下げているか？」『日本労働研究雑誌』第489号。
石塚浩美（2002）（2003）
大沢真理（1993）「企業中心社会を超えて ―現代日本を『ジェンダー』で読む―」時事通信。
永瀬伸子（2001）「パートの賃金に103万円の壁は重要か」『日本労働研究雑誌』第489号。
Scott, Claudia ed.（1993）"Women and Taxation," Wellington: Institute of Policy Studies.［古郡鞆子編訳（1999）『女性と税制 ―ジェンダーにみる福祉国家の再構築―』東洋経済新報社。］

●第9章
石塚浩美（2008）「2つの『柔軟な働き方』は、ワーク・ライフ・バランスに貢献しているのか」、財団法人連合総合生活開発研究所『労働組合におけるジェンダー平等 ―男女平等参画の実現に向けて労働組合は何をすべきか―』。
石塚浩美（2010）（2012a）（2016）

石塚浩美（2012c）「コラム：中国女性の短い職業人生」「コラム：中国特有の子育て」、南亮進、牧野文夫監修『中国経済入門（第3版） ―世界第二位の経済大国の前途―』日本評論社。

石塚浩美（2014b）「日本・中国・韓国企業における女性の活躍と収益・生産性・積極的雇用改善措置制度」RIETI DP 14-J-029、経済産業研究所（経済産業省）。

大沢真知子（2015）『女性はなぜ活躍できないのか』東洋経済新報社。

川口章（2013）『日本のジェンダーを考える』有斐閣選書。

杜進、石塚浩美（2013）「第10章 外資企業の雇用創出」、南亮進、牧野文夫監修『中国経済の転換点』東洋経済新報社。

Du, Jin and Hiromi Ishizuka（2014）'Ch. 8 FDI and Employment,' Ryoshin Minami, Kwan S. Kim, and Fumio Makino edit. （1993）"Lewisian Turning Point in the Chinese Economy: Comparison with East Asian Countries," Palgrave Macmillan Ltd: UK .

Ishizuka（2014a）（2014b）

Kanter, Rosabeth Moss.（1993）

Steinberg and Nakane（2012）

World Economic Forum（2017）

●第10章
石塚浩美（2012a）（2012b）（2014a）（2014b）（2017）
大沢真知子（2015）
篠塚英子（2004）『女性リーダーのキャリア形成』勁草書房。
Ishizuka（2016）

索 引

●アルファベット

ASEAN（東南アジア諸国連合） 195
DM（Diversity in Management） 26, 49, 51, 196-198, 205, 207
G7 9, 27, 75
GDM（Gender Diversity in Management） 13, 27, 46, 51
GDP（国内総生産） 6, 9, 71, 195
GGGI（男女間格差指数） 15, 75, 193
ILO 29, 43, 54, 57, 58, 61, 64, 67
IMF（国際通貨基金） 6, 9, 14, 74, 149, 205
OECD 14, 15, 27, 29, 75, 195
Off-JT 207
On-the-Job Training（企業内訓練） 37, 207
SDGs 75
TPP 74
UN（国際連合） 11, 50, 54, 58, 67, 69, 73, 75
WLB（→ワーク・ライフ・バランス）
WTO（世界貿易機構） 195

●あ行

アンペイドワーク（無報酬労働） 126
育児休業制度 63, 73, 97, 103, 110, 189
育児休業法 73, 100
一億総活躍 11, 26, 50, 74, 149
1.57ショック 73
一般職 51, 69, 99
一般的技能 36, 205, 207
インサイダー・アウトサイダー理論 109

インセンティブ（就業意欲促進）効果 169, 172
失われた20年 71, 141, 195, 502, 206
M字型ライン（カーブ） 16, 18, 97, 165
オランダ・モデル 199

●か行

可処分所得 121, 125, 161
家事労働 189, 198
家族手当（→配偶者手当）
韓国 11, 15, 49, 74, 193, 205, 209
間接差別 75, 190, 36, 39, 43, 47, 63
間接税 190,
外部労働市場 36, 39, 43, 47, 63
ガラスの天井（Glass Ceiling） 14, 48
機会費用 13, 126, 155, 160, 203
基幹パート 21
企業特殊的技能 36, 47, 70, 205, 207
キャリア（形成） 13, 14, 17, 18, 50, 197, 201, 204, 206
キャリア・サーファー 208
クォータ制 11, 75, 195, 209
くっつく床（Sticky Floor） 14, 21, 48
経済・社会システム 16, 17, 26, 53, 54, 73, 93, 205
継続就業型（率） 17, 18, 24
計量経済学 38, 48, 49, 51, 100, 195
後期高齢者［人口学］ 5
公共経済学 43
国民皆年金 180
個人単位 14, 17, 53, 95, 100, 125, 132, 136, 143, 177, 189, 204
コース別人事 69, 99
固定的労働市場 22, 195, 198, 207

合計特殊出生率（TFR）　5, 9, 73, 95, 182

●さ行

最低賃金　107
裁量労働制　11
サービス経済化　14, 67
差別（理論）　41, 42, 195
財・サービス市場　34
財政赤字　3, 6, 75
財政学　150, 188
自営業　17-20
時間の3分割理論　34, 42, 95
時間の2分割理論　34, 42, 95
七五三現象　51
指導的地位　11, 12, 18, 50, 75
シミュレーション　170
若年者雇用促進法　11, 74
若年者活躍　50
若年人口［人口学］　5
収益性　46, 195
熟練労働者　54, 57
女性活躍推進法　10, 13, 74, 195
女性活躍（経済）政策　10, 13, 15, 50, 74, 149
生涯賃金　203
生涯未婚率　5, 18, 182, 206
少子高齢　26, 182
消費税　6, 74, 190, 197
初期キャリア（初職）16, 40, 49, 204
初婚年齢　18, 95
所得控除　119, 125, 127, 133, 134, 136
所得税　119,
ジョブ型（働き方・雇用）　36, 49, 198, 209
進学率　10, 18, 50, 95, 182
人口減少　3, 5, 6, 9, 10, 73, 75, 182
税額控除　60, 119, 125, 127, 130, 142, 143
生産性　24, 27, 34, 43, 44, 48

生産年齢人口［人口学］　5, 10, 22, 23, 182
税の3原則　127, 187
　公平性　150
　垂直的公平性　109, 127, 132, 187
　水平的公平性　127, 132, 187
　中立性　149, 150, 187
　簡素性　76, 127, 150, 187
性別役割分業　14, 202
専従者控除（青色、白色）　17, 62, 65, 128, 133, 134, 143, 177, 182, 187
総合職　51, 69

●た行

待機児童　14, 197
第3号被保険者　17, 68, 70, 99, 101, 110, 138, 150-152, 163, 170, 179, 183
ダイバーシティ能力（→DM）
ダグラス＝有沢の第1法則　102
多項ロジットモデル　152, 163
男女間格差指数（→GGGI）
男女共同参画社会基本法　73, 150
男女雇用機会均等法　43, 69, 73, 75, 93, 99, 117
中国　11, 49, 55, 74, 193
長時間労働（就業）　14, 18, 24, 27, 57, 68, 108, 159, 189, 197
直接税　190
妻の座　135
ディスインセンティブ（就業意欲喪失）効果　102, 150, 188
同一（価値）労働同一賃金　34, 43, 58, 62, 66, 199
同時決定バイアス［計量経済学］　150, 162

●な行

内部労働市場　16, 27, 36, 39, 47, 48, 63, 198

203050　11, 75
202015　11
202030　11, 13, 19, 29, 75
二重労働市場　36, 39, 48
ニート　71
日本的雇用慣行　25, 37, 40, 195, 198, 205, 208
人形の家効果［財政学］　117
人数割合理論　11, 50, 195
年収の壁(＝パートの壁)　94, 100, 102, 13, 106, 109, 117, 151, 152, 159, 162, 170, 178, 183, 188
年収 100 万円の壁　141
年収 103 万円の壁　76, 120, 142, 149, 178, 186
年収 106 万円の壁　76, 152, 179, 186
年収 130 万円の壁　154, 186
年収 150 万円の壁　142

●は行

配偶者控除　60, 65, 68, 76, 99, 100, 109, 117, 121, 124, 128, 130, 133, 134, 137, 141, 142, 150-152, 155, 159, 169, 170, 177, 182, 183
配偶者手当　17, 101, 121, 150, 152, 183
配偶者特別控除　17, 68, 70, 76, 99, 100, 109, 117, 121, 126, 137, 141, 143, 150-152, 155, 159, 170, 178, 183
働き方改革　6, 10, 11, 74, 149, 193, 197
バブル経済　6, 24, 27, 38, 69, 71, 202
ハラスメント　199, 208
　　　パワー――　14, 209
　　　マタニティ――　25, 198
晩婚化　95, 113, 182
晩産化　95, 103, 165, 182
ヒト・モノ(・カネ)　33
貧困の罠［財政学］　117, 188, 197
夫婦単位　14, 17, 53, 93, 95, 99, 100, 104, 109, 119, 125, 142, 143, 186, 204
２つのフレキシビリティ　67, 208

プライマリーバランス　6, 10
フリーター　17, 19, 27, 71, 202, 203
フリンジ・ベネフィット　155
ブルーカラー　34, 38, 198, 208
平均寿命　18, 95
法定労働時間　24, 99, 111
ホワイトカラー　34, 38, 44, 72, 111, 198

●ま行

マイノリティ　43, 50, 195, 206, 209
マジョリティ　50, 206, 209
ミクロ経済学（応用ミクロ経済学）　33, 41, 42, 48, 51, 95, 100, 150
無差別曲線　161
メンバーシップ型（働き方・雇用）　34, 195, 198

●ら行・わ行

ライフステージ　16-18
離婚率　14, 95, 182
流動的労働市場　195, 198
留保賃金　161
ルイス転換点　62
労働経済学　33, 36, 41, 42, 48, 54, 100, 114, 207
労働基準法　24, 43, 61, 64, 72, 99, 111, 197
労働供給　16, 33, 41, 43, 53, 62, 107, 118, 160, 173, 198
労働時間短縮　111
労働者派遣法　99
労働需要　34, 41, 43, 53, 62, 102, 108, 173, 198
労働力率　18-20, 22
老年人口［人口学］　5
ワーク・ライフ・バランス（WLB）　14, 24, 34, 53, 197, 198, 204

●著者プロフィール…………

〈所属学会〉
日本経済学会（新古典派の経済学者）、J-WEN（女性の新古典派経済学者の会）
労働経済学研究会学会（日本の新古典派経済学の労働経済学者の学会、統計研究会と合同）
JAFFE：日本フェミニスト経済学会（幹事、編集委員）
中国経済経営学会（日本）
日本人口学会
EASP：East Asian Social Policy Research Network ［東アジア社会経済政策学会］（英国）
SOLE：Society of Labor Economists ［国際労働経済学会］（アメリカ）
AEA：American Economic Association ［アメリカ経済学会］（アメリカ）
IAFFE：International Association for Feminist Economics ［国際フェミニスト経済学会］（アメリカ）
GWI：Graduate Women International ［国際大学女性連盟］（ジュネーブ、ニューヨーク）

〈教育歴〉
東京国際大学大学院（経済学研究科）「労働経済学演習」、首都大学東京＆東京都立大学（経済学部など）「労働経済学（理論・基礎）」「労働経済学（応用）」、東京国際大学（経済学部）「労働経済学」、お茶の水女子大学（文教育学部グローバル学環）「グローバル化と労働」など

〈特別講義担当歴〉
横浜市立大学大学院経済学研究科、華南師範大学（中国・広州市）、東北財経大学大学院（中国・大連）など

〈政府等の委員歴〉
経済産業省・RIETI経済産業研究所「ダイバーシティとワークライフバランスの効果研究」の研究会委員、人事院「国家公務員の人事のあり方」の研究会委員、連合総合生活開発研究所「労働組合における男女の就業」の研究員、お茶の水女子大学COE「日本・中国・韓国におけるジェンダー研究のフロンティア」の研究員、南亮進氏主催「東アジアのルイス転換点の経済分析研究」など

〈招聘発表など〉
2014年：Shanghai Forum 2014 招聘パネリスト：個人発表 "Gender Diversity in Management and Work-Life Balance Policies have Started in Japan!: Comparison with Labor Markets in China and Korea."（in panel "Changing Labor Market in Asia"）（at 中国・復旦大学）
2016年：中国計量経済学会招聘発表：'An Empirical Analysis of Women's Promotion in Japanese Companies: Comparison with Chinese and Korean Cases,' "Theoretical Economics Letters," 2016.（at 中国・東北財経大学）
2017年：日本・中国・韓国女性経済会議（at JETRO：日本貿易振興機構）

石塚浩美（いしづか ひろみ）

経済学者（新古典派）、Leading Economist（VoxEU）
博士（社会科学（経済学）：お茶の水女子大学）、修士（経済学）
東京都立大学（現・首都大学東京）大学院博士課程（経済学）単位取得満期退学
専門：労働経済学、応用ミクロ経済学、国際経済、公共経済学、経済政策、計量経済学、
　　　日本および東アジアの男女の就業と経済社会システムの経済学分析

〈主要業績〉

『中国労働市場のジェンダー分析──経済・社会システムからみる都市部就業者』勁草書房、2010年刊（「国際開発研究大来賞」最終候補）

'An Empirical Analysis of Substitution and Complementarity of Labor Demand for Men and Women in Enterprises in Japan, the Rep. of Korea, and China, and a Factor Decomposition of Gender Wage Differentials: Identifying Economic Policies for Japanese Labor Market Reform,' EASP2017; IAFFE2017; 労働経済学カンファレンス2017. など

働き方と年収の壁の経済学
（はたらかた　ねんしゅう　かべ　けいざいがく）

●……… 2018年3月30日　第1版第1刷発行

著者………石塚浩美
発行者……串崎　浩
発行所……株式会社　日本評論社
　　　　　〒170-8474　東京都豊島区南大塚 3-12-4
　　　　　電話 03-3987-8621（販売）　振替00100-3-16
　　　　　https://www.nippyo.co.jp/

装幀………神田程史
印刷所……精文堂印刷
製本所……牧製本印刷

ⓒISHIZUKA, Hiromi　2018
ISBN 978-4-535-55894-6

JCOPY 〈(社)出版者著作権管理機構 委託出版物〉

本書の無断複写は著作権法上での例外を除き禁じられています。複写される場合は、そのつど事前に、(社)出版者著作権管理機構（電話03-3513-6969、FAX03-3513-6979、e-meil: info@jcopy.or.jp）の許諾を得てください。また、本書を代行業者等の第三者に依頼してスキャニング等の行為によりデジタル化することは、個人の家庭内の利用であっても、一切認められておりません。